SCORPIO

Rose Elliot

Der Mönch, die 4 Wahrheiten und ich

Glück, Gelassenheit und innerer Frieden in 8 Wochen

Aus dem Englischen von
Ulla Rahn-Huber

SCORPIO

Titel der Originalausgabe: I Met a Monk
All Rights Reserved
Copyright © Watkins Media Limited 2015
Text copyright © Rose Elliot 2015
First published in the UK and USA in 2015 by Watkins,
an imprint of Watkins Media Ltd.
www.watkinspublishing.com

MIX
Papier aus verantwor-
tungsvollen Quellen
FSC® C014889

© der deutschen Ausgabe: 2019 Scorpio Verlag GmbH & Co. KG, München
Umschlaggestaltung: Guter Punkt, München
Layout & Satz: Robert Gigler, München
Druck und Bindung: Pustet, Regensburg
ISBN 978-3-95803-231-6
Alle Rechte vorbehalten

Für Robert, meinen geliebten Mann,
für alles.

Inhalt

Vorwort

Ich war eine hart arbeitende Kochbuchautorin und verbrachte meine Tage damit, mir Rezepte für meine Bücher und Artikel auszudenken, sie auszuprobieren und zu Papier zu bringen. Im Übrigen hangelte ich mich durchs Leben mit all seinen üblichen Stressmomenten, Herausforderungen und Höhen und Tiefen – bis ich einem Mönch begegnete. Er kam zu uns ins Haus, um für eine Gruppe von Interessierten einen Kurs zu geben – und veränderte mein Leben. Die Erfahrung brachte mir so viel, dass ich mich entschloss, sie lebendig zu halten, indem ich sie auch anderen zugänglich mache. Und so ist dieses Buch entstanden.

Ich würde mich freuen, wenn du beim Lesen dieses Buches das Gefühl hast, selbst live dabei zu sein – und hoffe, dass sich dein Leben durch den Kurs ebenso tief greifend ändert, wie es bei mir der Fall war.

Du kannst das Buch einfach von Anfang bis Ende lesen; noch mehr würde es dir aber bringen, es als Kurs zu betrachten und dir jede Woche – oder was immer deinem eigenen Tempo entspricht – ein Kapitel vorzunehmen und wie die Leute im Buch alle Übungen mitzumachen.

Ich wünsche dir, dass du von der Begegnung mit dem Mönch in meinem Wohnzimmer ebenso profitierst wie ich.

Also dann, tritt ein. Willkommen.
Rose Elliot

Einleitung

Der Mönch in meinem Wohnzimmer

Es ist früher Nachmittag an einem herrlichen Junisonntag, als der Mönch bei uns vor der Tür steht. Er ist mittelgroß, muskulös und in ein goldbraunes Tuch gehüllt, das er wie ein wadenlanges Gewand um Schultern und Taille geschlungen trägt. Sein Kopf ist kahl rasiert und glänzt, und er trägt lederne Sandalen. Wie eine Umhängetasche baumelt ihm eine große Metallschüssel von der Schulter. Ich weiß, dass sie sein einziger Besitz ist und ihm als Geschirr für die zwei Mahlzeiten dient, die er täglich zu sich nimmt – ein Frühstück und ein frühes Mittagessen, das er vor zwölf Uhr einzunehmen hat.

Ich zögere und widerstehe dem Impuls, ihm die Hand zu reichen, denn mir ist bewusst, dass ihm als ordinierter Mönch jeglicher physische Kontakt mit anderen verboten ist, besonders der zu einer Frau. Ich lächle also, lege einer spontanen Eingebung folgend die Hände in Gebetsposition vor der Brust zusammen und sage:»Willkommen.«

Einen Besucher wie ihn empfange ich nicht alle Tage. Der Mönch ist gekommen, um vor einer Gruppe von Leuten über »Achtsamkeit, Meditation und die Erlangung von Glück, Freiheit und Frieden« zu sprechen. Die Idee zu dem Ganzen stammt von Robert, meinem Mann. In einer schwierigen Lebensphase hatte er angefangen, ein nahe gelegenes buddhistisches Kloster zu besuchen, um das Meditieren zu lernen. Er hatte das Gefühl, dass es ihm sehr guttat, und es hatte ihn wirklich verändert. Allen war aufgefallen, dass er viel ausgeglichener und zufriedener wirkte. So war er auf die Idee gekommen, einen der hochrangigeren Mönche zu bitten, bei uns im Haus vor einer Gruppe von Leuten Unterweisungen zu geben.

Er sprach mit ein paar buddhistischen Gruppen hier am Ort, mit Freunden von Freunden, praktisch mit allen, die irgendwie Interesse an einem Kurs über Achtsamkeit und Meditation haben könnten. Sein Vorhaben sprach sich herum, und schließlich entwarf er einen Flyer und schickte ihn herum. Die meisten Leute, die sich daraufhin angemeldet haben, kenne ich nicht.

Wie es aussieht, ist das Interesse an Achtsamkeitsmeditation groß. Und wenn sich jemand damit auskennt, sind es buddhistische Mönche, die täglich mehrere Stunden damit zubringen. Nachdem Robert so gute Erfahrungen damit gemacht hat, hoffen wir, dass auch andere davon profitieren werden.

Ich bin selbst neugierig und prinzipiell offen für seine Idee, gehe aber trotzdem ein wenig misstrauisch an die Sache heran.

Misstrauisch? Ja, ich gebe zu, dass ich gewisse Vorerfahrungen mit Gruppen habe. Du musst wissen, dass ich in einem religiösen Retreat-Zentrum aufgewachsen bin, das von meiner Großmutter und meinen Eltern geleitet wurde. Bevor ich meine eigenen Wege ging, habe ich sogar ein paar Jahre dort gearbeitet. Genau genommen sind meine ersten beiden größeren Kochbücher aus den Rezepten entstanden, die ich mir dort in meiner Zeit als Köchin ausgedacht habe. Es gab verschiedene Gründe, warum ich am Ende fortging und dem allem den Rücken kehrte – dem Retreat-Zentrum ebenso wie allem, was mich auch nur entfernt an »Religion« erinnerte. Und ich bin seither sehr zögerlich, was die Teilnahme an irgendwelchen Gruppen anbelangt. Warum bin ich also heute hier? Warum mache ich die Gastgeberin für diese Meditationsgruppe? Was soll ich mit einem Mönch in meinem Haus? Gute Frage! Genau genommen mache ich es Robert zuliebe. Ich weiß, wie viel es ihm bedeutet. Und ja, ich betrachte mich als spirituellen Menschen, obwohl ich nicht »religiös« im eigentlichen Sinne bin. Außerdem glaube ich daran, dass Meditation positive Wirkungen sowohl auf den Körper wie auch den Geist haben kann. Darum bin ich bereit, mich auf einen Versuch einzulassen.

Da stehe ich jetzt also vor diesem buddhistischen Mönch und frage mich, was ich ihm sagen, was ich tun und wie ich mich ihm gegenüber verhalten soll. Robert, der ein deutlich entspannteres Verhältnis zu Mönchen hat, ergreift die Initiative. Die Sonne scheint, und uns bleibt noch ein wenig Zeit, bevor die Teilnehmer eintreffen, und so lädt er den Mann auf einen kleinen Spaziergang in den Garten ein. Wir gehen durch die Diele hinaus, und die Wärme des Tages umfängt uns. Ich muss zugeben, dass mich der Mönch mit seiner schlichten, offenen und »normalen« Art irgendwie berührt. Es ist schön, dass er einfach so seine Zeit opfert, um hier bei uns im Haus einen Kurs für ihm völlig unbekannte Leute zu halten. Dafür bin ich ihm dankbar.

Draußen im Garten taut er sichtlich auf. Mit offenkundigem Interesse schaut er sich um und redet so locker und natürlich, dass ich spüre, wie sich meine Anspannung löst. »Oh, eine Armandii«, sagt er und deutet auf die üppig grüne Clematis, die sich an einer Seite unseres Hauses an der Fassade emporrankt. »Die muss laufend zurückgeschnitten werden, nicht wahr?« Er erzählt uns, dass er viele Jahre Gärtner gewesen sei, bevor er sich entschloss, Mönch zu werden; dass sein Vater 90 Jahre alt sei und in einiger Entfernung vom Kloster lebe und er ihn regelmäßig besuchen fahre. Zum Glück habe er ein Seniorenticket. Dass buddhistische Mönche so alltagsorientiert und praktisch sein können, habe ich nicht erwartet. Wie ich ihn so vor mir stehen sehe, sonnengebräunt und mit leuchtenden Augen, wirkt er alles andere als alt genug für ein Seniorenticket. Es scheint einiges für einen kahl rasierten Schädel zu sprechen. Oder vielleicht liegt es am Leben im Kloster?

Wir kehren ins Haus zurück und gehen durch die Diele ins Wohnzimmer. »Was für ein schöner Raum!«, ruft der Mönch.

Ich bin froh, dass er ihm gefällt. Wir haben am Vorabend Stunden darauf verwendet, unser Wohnzimmer in einen Meditationsraum oder, wie der Mönch sagt, einen »Schreinraum« zu verwandeln. Einige schwerere Möbelstücke mussten aus dem Weg gerückt werden, und wir haben Blumen, Kerzen und Räucherstäbchen aufgestellt. Die Esszimmerstühle stehen im Oval entlang der Wände, sodass diejenigen Gäste, die lieber auf dem Boden sitzen möchten, ausreichend Platz haben für ihre Meditationsunterlagen, Matten und Zafus, wie man die festen, runden Meditationskissen nennt, die wie kleine Puffs aussehen. Man sitzt mit gekreuzten Beinen auf dem Zafu, und darunter liegt die gepolsterte Matte.

Über den Kamin am Ende des Raumes haben wir ein Stück burgunderfarbenen Stoff drapiert, das auf dem Sims von zwei schweren, mit weißen Blüten gefüllten Vasen gehalten wird – Bauern-Jasmin aus unserem Garten. Das Tuch verdeckt nicht nur den Kamin, sondern bietet zugleich einen schönen Hintergrund für Roberts heiß geliebten großen, holzgeschnitzten Buddha, den wir von einer Reise nach Sri Lanka mitgebracht haben. Er thront nun auf dem gläsernen Couchtisch, den wir dorthin gerückt haben.

Ich führe den Mönch an seinen Platz am anderen Ende des Raumes, am »Kopfende«, rechts neben dem »Schrein« mit Blick zur Tür. Er nimmt mit gekreuzten Beinen auf dem Zafu und der Meditationsmatte Platz, die ich für ihn bereitgelegt habe. Ich frage ihn, ob er einen Tee oder Kaffee möchte. »Ja, gern«, antwortet er. »Eine Tasse schwarzer Tee wäre wunderbar. Schön stark und mit viel Zucker und Milch! Aber bitte keine Kuhmilch. Hättest du vielleicht etwas Sojamilch?« Die habe ich. Ich bin vorbereitet, denn man hat mich entsprechend gewarnt. Als praktizierendem Mönch ist es ihm nicht erlaubt, nach zwölf Uhr mittags irgendwelche

Lebensmittel zu sich zu nehmen, und Kuhmilch zählt offenbar
dazu. Sojamilch hingegen gilt als »Medizin« und ist folglich
erlaubt. Warum das so ist? Ich habe keine Ahnung ... Ich kann ein
Schmunzeln nicht unterdrücken, denn ich kenne ein paar Leute,
die nicht im Kloster leben und trotzdem meinen, dass Sojamilch
wie Medizin schmeckt. Ich selbst mag überhaupt keine Milch im
Tee oder Kaffee, verwende aber Sojamilch statt Kuhmilch zum
Kochen. Der Mönch hat seinen Satz kaum beendet, als es an der Tür
klingelt. Die ersten Teilnehmer sind gekommen: ein großer Mann
namens Tim mit kurzem, an den Schläfen ergrautem Haar und
Geheimratsecken. Er trägt einen dünnen Seidenschal locker um
den Hals geschlungen. Und eine lebhaft wirkende Frau mit kurzer
roter Stachelfrisur, die sich mir als Suzi vorstellt. Sie tragen Kissen,
Meditationsunterlagen und Matten unter dem Arm.

Ich zeige ihnen, wo sie ihre Sachen ablegen können, wo das WC
und die Namensschilder sind, die ich am Abend zuvor vorbereitet
habe, und wie sie zum Meditationsraum finden. Inzwischen ist
auch ein blasser, recht nervös wirkender junger Mann mit Brille
namens Sam eingetroffen. Nachdem ich ihm erklärt habe, wo er
sein Fahrrad abstellen kann, gehe ich, um dem Mönch seinen Tee
zu machen.

Wieder klingelt es. Weitere Leute treffen ein, Robert nimmt sie
an der Tür in Empfang. Ich begegne ihnen in der Diele, als ich dem
Mönch seinen Tee bringe. Da sind Dan, ein ziemlich gut aus-
sehender, dunkelhaariger junger Mann in Jeans, und eine Frau
namens Nicky mit langem, glattem, glänzend braunem Haar. Sie
trägt cremefarbene Leggings und ein lockeres Oberteil, das ihr
seitlich von der Schulter rutscht. Wenn man sie so ansieht, könnte
man meinen, sie wäre auf dem Weg zu einer Yummy-Mum-
mies-Yogastunde. Hoffentlich hat sie sich nicht verirrt ...

Als ich das nächste Mal durch die Diele komme, sind wieder neue Leute gekommen: Ein großer, schlaksiger Typ streckt mir die Hand entgegen. »Maurice«, sagt er. Er hat lockiges, goldbraunes Haar, trägt eine getönte Brille und sieht aus, als würde er in einer Rockband spielen. Ich frage mich, ob er im Auto eine Gitarre herumliegen hat.

Ein paar der anderen Gäste kenne ich bereits: Pam etwa, eine große Frau mit glänzend blondem, exakt geschnittenem Bob und einem Pony, der ihr weit in die Stirn reicht; und ein älteres Ehepaar – Rodney und Joan. Die meisten aber sehe ich heute zum ersten Mal. Mehr und mehr Teilnehmer treffen ein. Irgendwann höre ich auf zu zählen. Ich verliere das Gefühl für die Zeit, verliere den Überblick. Einen Moment lang gerate ich in Panik: Ist unser Wohnzimmer überhaupt groß genug, um alle diese Menschen unterzubringen?

Ich versuche, mir Namen zu merken und mit Gesichtern zu verknüpfen. Da ist Ed, muskulös, mit kräftiger Gesichtsfarbe, ein sehr sportlich wirkender Typ; dann eine Mittdreißigerin namens Maggie mit blassem Teint, dunklen Haaren und stechend grünen Augen; und Gwyn, im seidenen altroséfarbenen Top mit makellosem Platinhaar und Perlenohrringen, die einen sehr ruhigen, gelassenen Eindruck auf mich macht.

Innerhalb kurzer Zeit stehen etwa 15 Paar Schuhe und Sandalen neben der Wohnzimmertür, und bis auf einen haben alle Teilnehmer, die wir erwartet haben, drinnen ihren Platz gefunden. Manche sitzen auf Stühlen, andere auf dem Boden auf diversen Zafus, Kissen oder Matten und manche sogar auf niedrigen, klappbaren, hölzernen Meditationshockern – sieht so aus, als würden sie es mit dem Meditieren ernst meinen!

Ich schaue auf das letzte verbleibende Namensschild: »Debbie«, lese ich. Der Name sagt mir nichts. Gerade überlege ich, ob wir ohne sie anfangen sollen, da wir ohnehin schon fünf Minuten über der Zeit sind, als ich es klingeln höre. Und da steht sie also, mit ihrer wilden, dunkelblonden Lockenpracht. Sie wirkt völlig aufgelöst. »Tut mir furchtbar leid, dass ich so spät dran bin«, sagt sie. »Ich musste unterwegs noch meine Kinder zu meiner Mutter bringen, und dann habe ich auf der Autobahn die falsche Ausfahrt genommen.«

»Kein Problem«, beruhige ich sie. »Wir haben noch nicht angefangen, also keine Sorge. Ich bin froh, dass du es noch geschafft hast.« Ich zeige ihr den Weg zur Toilette, gebe ihr ihr Namensschild und führe sie in den Schreinraum. Er wirkt wie ein Hort des Friedens. Alle sitzen still da, als würden sie schon meditieren. Debbie setzt sich auf den einzigen noch freien Stuhl. Ich mache mich auf den Weg zu meiner eigenen Meditationsmatte und versuche dabei, auf niemanden zu treten.

Woche 1

Achtsamkeit –
die ersten Schritte
zum Frieden

Schließlich sitzen wir alle an unserem Platz. Nach einer kleinen Pause stellt Robert den Mönch vor und sagt, wie glücklich wir sind, ihn bei uns zu haben. »Ich freue mich auch, hier bei euch allen zu sein«, sagt der Mönch. »Möge dies eine Zeit des Friedens und der inneren Regeneration sein, eine Oase abseits der Anforderungen des Alltags.«

Er steht vor dem Schrein, den wir auf unserem Couchtisch errichtet haben, und zündet die erste der dicken, weißen Kerzen und das Räucherstäbchen an. Er nimmt die kleine, sandgefüllte Schale mit beiden Händen und streckt die Arme nach oben, als würde er einen Segen erbitten. Dann stellt er sie auf den Tisch zurück und kehrt wieder zu seiner Meditationsmatte zurück.

Wir beginnen mit einem kleinen Chant im Stehen, wobei wir die Worte von den Blättern ablesen, die Robert vom Kloster bekommen hat. Sie sind in Pali, einer dem Thai ähnlichen, inzwischen ausgestorbenen altindischen Sprache, in der die buddhistische Lehre niedergeschrieben wurde. In der Erklärung dazu heißt es, dass sie einen Dank an den Buddha für seine Lehre beinhalten und einen Dank an seine Schüler, die danach lebten und dafür sorgten, sie an die Nachwelt zu überliefern.

Das Chanten des Mönches klingt beruhigend, und jeder macht so gut es geht mit. Dabei scheint die Gruppe enger zusammenzurücken. Ich muss zugeben, dass ich mich nicht sehr wohl in meiner Haut fühle – es fühlt sich für mich zu sehr nach »Religion« an. Ich frage mich, ob es anderen Teilnehmern genauso geht. Aber ich habe mir vorgenommen, erst mal für alles offen zu sein. Außerdem hat der Mönch eine angenehme, tiefe Stimme, und so überlasse ich mich einfach dem Klang.

Dem Beispiel des Mönchs folgend neigen wir an bestimmten Stellen den Kopf, und als wir uns wieder auf unsere Kissen bzw. Stühle setzen, frage ich mich, wie viele der Anwesenden womöglich schon Buddhisten sind, wer bereits meditieren kann und mit welchen Erwartungen die Leute gekommen sind.

Der Mönch hält einen Augenblick inne, bevor er zu sprechen beginnt. »Gut«, sagt er und lächelt in die Runde. »Vielleicht könnten wir uns erst einmal vorstellen, und jeder sagt, warum er hier ist und was er sich von diesem Kurs verspricht.«

Wie üblich, wenn ein solcher Vorschlag kommt, rührt sich erst mal keiner. Der Mönch wartet einen Moment ab, dann sagt er lachend: »Also, vielleicht sollte ich den Anfang machen. Ihr könnt dann weitermachen, wenn ihr mögt.«

Sein Name, sagt er, sei Ehrwürdiger Bhante. Wenn wir möchten, fügt er hinzu, könnten wir ihn ruhig einfach Bhante nennen, obwohl er für mich wohl immer »der Mönch« bleiben wird. Er sei seit über 30 Jahren buddhistischer Mönch und zunächst 15 Jahre lang Zen-Buddhist gewesen, bevor er zur Theravada-Schule wechselte. Es gäbe auch einen tibetischen Zweig des Buddhismus, dessen Oberhaupt der Dalai Lama sei.

Die Theravada-Schule, führt er aus, sei die älteste Form des Buddhismus, wie sie der Buddha selbst in sich wiederholenden, beinahe poetischen Worten an seine Schüler weitergegeben habe. Die Mönche lernten sie auswendig, indem sie sich diese Worte unzählige Male anhörten und rezitierten. Auf diese Weise gelang es, die Lehre von Generation zu Generation weiterzugeben, bis sie schließlich etwa 300 Jahre nach dem Tod des Buddha niedergeschrieben werden konnte. Die tibetische und Zen-Schule des Buddhismus entwickelten sich später, gehen jedoch auf dieselben Wurzeln zurück.

»Ich liebe dieses Gefühl von Kontinuität; das Wissen, dass die weisen Worte, so wie der Buddha sie selbst gesprochen hat, über alle Zeiten hinweg ständig wiederholt wurden und dabei so vielen Menschen geholfen haben«, vertraut uns der Mönch an. »Und inzwischen haben sie sich in der ganzen Welt verbreitet, sodass der Buddhismus mittlerweile nach dem Christentum, dem Islam und dem Hinduismus zur viertgrößten Religion geworden ist. Und in manchen Ländern der westlichen Welt ist sie zudem die am schnellsten wachsende.«

Er hält inne, bevor er mit einem Lachen hinzufügt:»Das heißt, wenn man beim Buddhismus überhaupt von einer Religion sprechen kann.«

Die Bemerkung wird in der Gruppe überrascht aufgenommen. Rodney, der ältere Mann, hebt skeptisch die Augenbraue.

»Wirklich?«, fragt er.»Ich scheibe immer ›Buddhist‹, wenn ich irgendwo meine Religion angeben soll. Die meisten Leute dürften den Buddhismus doch sicher als Religion betrachten, oder?«

»An dieser Frage scheiden sich die Geister. Eine endlose Debatte. Wie viel Zeit habt ihr mitgebracht?« Er lacht.

»Und warum?«, will Rodney wissen.

»Der Buddhismus kennt viele der Dinge nicht, die eine Religion normalerweise ausmachen. Es gibt keinen Gott, den man anbeten könnte – der Buddha bestand stets darauf, dass er nur Lehrer sei; einer, dem man zuhört und dessen Worte man befolgt, wenn sie einem sinnvoll erscheinen. Aber man betet ihn nicht an.

Er war in diesem Punkt ganz klar. Er wollte, dass man seine Lehre auf den Prüfstand stellt und alles selbst ausprobiert. Er riet seinen Anhängern, nichts zu glauben, was man ihnen sagt, was in heiligen Schriften geschrieben steht oder von früheren Generationen überliefert wurde. ›Glaubt nur an das, was euch richtig erscheint und euch und den Menschen ringsum weiterhilft‹, das war seine Botschaft.«

Als ich dies höre, spüre ich, wie sich meine innere Anspannung löst und ich locker werde. An dieser Betrachtungsweise ist wirklich nichts auszusetzen! Ich bin in einem Umfeld groß geworden, in dem so starke religiöse Überzeugungen galten (und seien diese noch so unorthodoxer Natur gewesen), dass ich sehr früh lernte, den Mund zu halten und nicht zu hinterfragen, was man mir sagte. Dieser Zustand der Unterdrückung währte, bis mit Ende 20 mit einem Mal all meine bis dahin nicht geäußerten Zweifel und Ungewissheiten an die Oberfläche drängten und ich schließlich mit meiner Familie brechen musste, um herauszufinden, woran ich denn wirklich glaubte.

Die Erlaubnis zu bekommen (ja, von einem spirituellen Lehrer den Rat zu erhalten!), mir nur diejenigen Aussagen zu eigen zu machen, die sich richtig für mich anfühlen, klingt da für mich nach einer ziemlichen Befreiung. Meine Stimmung hebt sich augenblicklich, und ich bin neugierig auf das, was kommt. Der Mönch hat meine Aufmerksamkeit gewonnen.

»Und obwohl sich die Lehre im Laufe der Jahrhunderte gewandelt und in verschiedene Richtungen verzweigt hat, ist die Kernbotschaft des Buddha bis heute erhalten geblieben, und sie ist jedem zugänglich: nämlich, wie sich mit Achtsamkeit und Meditation Glück, Freiheit und Frieden finden lassen. Ob Mann, Frau oder Kind – wer mag, kann es selbst ausprobieren.

Und genau darum sind wir heute hier: um Achtsamkeit und Meditation zu lernen und zu erfahren, inwieweit sie uns nutzen können.«

Aus der Gruppe kommt zustimmendes Murmeln, und die Anspannung weicht spürbar. Ed, den man seinem Äußeren nach eher auf einem Rugby-Feld als in einen Schreinraum vermuten würde, meldet sich zu Wort. Sein Arzt habe ihm gesagt, zu meditieren könne ihm helfen, seinen Blutdruck in den Griff zu bekommen.

»Das ist in der Tat eine der nachweislichen positiven Wirkungen des regelmäßigen Meditierens«, antwortet der Mönch.

Als hätte sich ein Korken aus der Flasche gelöst, sprudeln auf
einmal alle in der Gruppe los, und einer nach dem anderen stellt
sich vor. Ich versuche, mir alles zu merken. Namen und Stimmen
schwirren durch die Luft. Ich bekomme nur Bruchstücke mit, wie:
Dan:»... habe versucht zu meditieren, hatte aber Schwierigkeiten
damit ... müsste ruhiger werden ...« Nikki:»... mache mir ständig
Sorgen ... könnte mir helfen, zur Ruhe zu kommen ... suche nach
einem tieferen Sinn im Leben ... möchte glücklicher sein ... habe
einfach das Gefühl, dass in meinem Leben was fehlt ...«
»Danke«, sagt der Mönch am Ende.»Ich hoffe, dass jeder von
euch hier etwas von dem findet, wonach er sucht. Heute Nachmittag werden wir uns mit dem allerersten Werkzeug befassen,
das der Buddha seinen Schülern mit auf den Weg gegeben hat –
das, was wir ›Achtsamkeit‹ nennen. Und wir werden sehen, wie
wir dieses Instrument im Alltag und in der Meditation einsetzen können. Der Begriff ist ja neuerdings ziemlich in Mode gekommen.
In den folgenden Wochen werden wir dann auf diesem starken
Fundament aufbauen. Nach und nach werdet ihr dabei weitere
einfache Übungen aus des Buddhas Werkzeugkasten kennenlernen und mehr über deren positive Wirkungen erfahren. Dabei
steht nicht das im Vordergrund, was ich euch erzähle. Ihr werdet
vielmehr Gelegenheit haben, alles selbst auszuprobieren.«
Der Mönch schaut lächelnd in die Runde.»Darf ich fragen, wie
viele von euch schon einmal meditiert haben?«
Etwas mehr als die Hälfte der Teilnehmer hebt die Hand.
»Und wie viele von euch praktizieren die Meditation regelmäßig, also jeden Tag oder annähernd jeden Tag?«
Fast alle Hände sinken, und es wird ein wenig gelacht.
»Das bedeutet«, sagt der Mönch,»dass Meditation für die meis-
ten von euch neu oder so gut wie neu ist?«

Ein zustimmendes Murmeln geht durch den Raum. Maggie, die blasse, dunkelhaarige Frau mit grünen Augen, die drüben an der Stirnseite des Raumes sitzt, hebt die Hand.

»Ja?« Der Mönch nickt ihr lächelnd zu.

»Ich bin etwas verunsichert. Es wird heutzutage viel von ›Meditation‹, ›Achtsamkeit‹ und ›Achtsamkeitsmeditation‹ geredet, aber ich weiß nicht recht, was sich hinter diesen Begriffen eigentlich verbirgt. Was genau ist Meditation? Und was ist der Unterschied zwischen ›Achtsamkeitsmeditation‹ und ›einfacher Meditation‹?«

»Gute Frage«, gibt der Mönch zurück. »Ich werde es erklären. Der Begriff ›Meditation‹ hat viele verschiedene Bedeutungen, je nachdem, wer ihn benutzt. Meditieren kann einfach nachdenken oder reflektieren bedeuten. Zudem wird der Begriff als Bezeichnung für alle möglichen Techniken benutzt, darunter Entspannungsübungen, geführte Visualisationen, die sogenannte ›Mantra-Meditation‹, bei der man wie in der Transzendentalen Meditation ein Wort oder einen Klang rezitiert bzw. chantet, um in einen Zustand des Friedens zu gelangen; bei wieder anderen konzentriert man sich intensiv auf ein bestimmtes Objekt und so weiter. Für die Art von Meditation, wie der Buddha sie lehrte und wie wir sie hier üben und praktizieren werden, hat sich der Begriff der ›Achtsamkeitsmeditation‹ eingebürgert.«

Maggie lächelt entschuldigend. »Ich habe früher schon mal zu meditieren versucht«, sagt sie. »Und ich weiß auch, dass es mir guttut und ich es öfter machen sollte. Das Problem ist nur, dass es mir so schwerfällt, mich einfach hinzusetzen und es zu tun.«

»Damit bist du nicht allein«, antwortet der Mönch. »Den meisten Menschen geht es genauso wie dir, und ich kann das gut verstehen. Wir haben nicht immer Lust zu machen, was uns ›guttut‹, nicht wahr?«

Alles lacht.

»Und wenn man ans Meditieren denkt, stellt sich dabei manchmal eine Art Pflichtgefühl ein, als wäre es etwas, was man erledigen muss«, fährt er fort. »Wir denken dann etwa: ›Ich sollte
meditieren, dann wäre ich ein besserer Mensch. Wenn ich ein besserer Mensch wäre, würde ich mehr meditieren. Dann würde ich
inneren Frieden finden und vielleicht die eine oder andere fas-
zinierende spirituelle Erfahrung machen.‹ Solche Gedanken
können einem schon ab und zu mal die Laune vermiesen.«
Wieder lachen alle.
»Ich bin heute hier, um eure Vorstellung vom Meditieren zu
entmystifizieren. Das Ganze wird oft komplizierter dargestellt, als
es ist. Man muss dazu nicht in einem abgedunkelten, schalldichten
Raum sitzen; es braucht keine brennenden Kerzen oder Räucherstäbchen, und wenn sie auch noch so angenehm duften«, sagt er
mit einem Nicken Richtung Couchtisch. »Und man muss nicht
viele, viele Jahre Übung darin haben. Meditieren kann jeder.
Gehen wir es also Schritt für Schritt an, und am Ende dieses Kurses
werdet ihr wie die Profis meditieren.«
Der Mönch schmunzelt, dann nimmt er einen langen Atemzug,
schaut in die Runde und sagt: »Mit Achtsamkeit fängt alles an.«

Achtsamkeit

»Was also ist genau mit Achtsamkeit gemeint?«, fragt er und gibt
gleich selbst die Antwort: »Achtsamkeit oder Achtsamsein heißt
einfach, völlig bewusst im gegenwärtigen Augenblick zu sein –
wirklich wahrzunehmen, wie wir uns fühlen, was wir im Blickfeld
haben, zu sehen, zu hören – und alles genau so zu akzeptieren, wie
es ist, ohne zu werten, zu vergleichen, zu kritisieren oder irgendeine Veränderung herbeizuwünschen. Es bedeutet nur, uns darauf
zu konzentrieren, wie die Dinge in diesem Moment sind – jetzt –,

ohne sie in irgendeiner Weise zu ändern. Manche nennen das auch ›im Jetzt sein‹.«

Nach einer Pause fährt er fort:»Das mag nach nichts Besonderem klingen, aber zu lernen, achtsam zu sein und Achtsamkeit zu üben, gehört zu den hilfreichsten und für die persönliche Weiterentwicklung vorteilhaftesten Dingen überhaupt – und *jeder* kann es tun. Seit einigen Jahren erkennt auch die Medizin zunehmend den Wert der Achtsamkeitspraxis und setzt diese in mehr und mehr Therapien ein. Aber man muss nicht krank sein, um von den positiven Wirkungen zu profitieren. Achtsam zu sein ist gut für alle und jeden.

Also …«Sein Blick geht in die Runde.»Wie oft tun wir etwas, während wir gleichzeitig an etwas anderes denken oder uns wünschen, woanders zu sein, oder uns Sorgen machen oder Angst haben, was wohl als Nächstes passiert?«

Ich bin mir sicher, dass jeder im Raum weiß, wovon er da spricht. Ich weiß es ganz bestimmt.

»Wenn wir unsere Gedanken wandern lassen, sind wir nicht im gegenwärtigen Augenblick. Wir sind nicht achtsam. Wir können in Gedanken Hunderte von Meilen entfernt sein; vielleicht sind wir Jahre zurück in der Vergangenheit oder weit voraus in der Zukunft und denken über Dinge nach, die passiert sind oder passieren könnten.

Unsere Gedanken sind überall und nirgends, vielleicht setzen sie uns zu und beunruhigen uns, vielleicht lösen sie Anspannung im Körper aus. Womöglich hindern sie uns sogar daran, uns im gegenwärtigen Augenblick richtig zu freuen, weil wir uns vorstellen, wie traurig wir sein werden, wenn der schöne Moment vorbei ist.«

Bei diesen Worten erinnere ich mich plötzlich lebhaft daran, wie ich einmal in Griechenland am Meer war. Ich schwamm an

diesem herrlichen Tag im klaren blauen Wasser, aber ich war
kreuzunglücklich, weil die Ferien zu Ende gingen und ich
befürchtete, im nächsten Jahr womöglich nicht wiederkommen zu
können. Wie ein dunkler Schleier legte sich die Traurigkeit über
die Freude in der Gegenwart. Die letzten Urlaubstage fühlen sich
für mich häufig so an.

»Sind wir aber achtsam«, fährt der Mönch fort, »muss es nicht
so sein. In dem Maße, wie wir lernen, achtsam zu sein und uns auf
das zu konzentrieren, was wir jetzt, in diesem Moment konkret
tun, spüren wir die Qualität des Augenblicks: die sanfte Brise im
Gesicht, den Duft der Rosen, das Vogelgezwitscher, den Geschmack
des Essens am Gaumen ... wir genießen es wirklich.

Natürlich ist diese Form von Konzentration nicht leicht aufrechtzuerhalten. Fangen wir an, uns in Achtsamkeit zu üben, fällt
uns sehr bald auf, wie oft unsere Gedanken nichts mit dem gegenwärtigen Augenblick zu tun haben, wie oft wir uns von Angst-
gedanken, Sorgen, Werturteilen und so weiter ablenken lassen.

Aber allein dies zu merken ist ein Schritt in die richtige Richtung, und je häufiger wir Achtsamkeit praktizieren und unseren
Geist geduldig immer wieder in die Gegenwart zurückholen, desto
einfacher wird es, und desto natürlicher kommt es uns vor. Und
anders als bei beinahe jeder anderen Form von Betätigung brauchen wir, um Achtsamkeit zu üben, keinerlei Ausrüstung; wir
müssen nicht reisen, es kostet nichts ... Nur einer Sache bedarf es:
dem Willen, es zu tun.«

Der Mönch hält kurz inne. Dann fährt er fort: »Eine der besten
Möglichkeiten, in die Achtsamkeit zu finden, ist, darauf zu achten,
wie sich unser Körper jetzt, in diesem Augenblick, anfühlt. Lasst
uns jetzt genau das tun. Achtet darauf, wie sich das Kissen oder die
Matte oder der Stuhl unter euch anfühlt. Ist euch warm oder kalt?
Wo sitzt vielleicht Anspannung? Wo zieht oder schmerzt es?

Nehmt es einfach zur Kenntnis, ohne es in Gedanken zu kommentieren.«

Es folgt eine Pause, in der alle auf sich konzentriert sind. In die Stille hinein meldet sich Maurice zu Wort, der Typ, von dem ich denke, dass er besser in einen Nightclub passen würde:»Es nicht zu kommentieren, was genau heißt das?« Ich frage mich, womit er sein Geld verdient und warum er hier ist.

»Ich meine damit Folgendes«, antwortet der Mönch.»Da sitzt du nun und konzentrierst dich darauf, wie sich dein Körper anfühlt, und dabei spürst du beispielsweise, wie es unten an deiner Wirbelsäule so eine Stelle gibt, die dir wehtut. Du denkst also: *Mann, nee, jetzt meldet sich mein Rücken schon wieder! Hoffentlich wird es im Lauf des Nachmittags nicht noch schlimmer. Ich frage mich, warum er mir schon wieder wehtut? Vielleicht habe ich mir einen Muskel gezerrt, als ich gestern diese Kiste getragen habe? Ich hätte vorsichtiger sein sollen. Wenn es schlimmer wird, muss ich einen Termin beim Osteopathen machen. Wieder Extrakosten. Und überhaupt, meine Kreditkartenabrechnung ist fällig. Keine Ahnung, wo das Geld hinfließt; verdammtes Finanzamt!* Und so weiter und so fort.«

Alle lachen, und der Mönch schiebt nach:»Das ist es, was ich unter ›kommentieren‹ verstehe.« Jetzt lacht er auch.

»Von der Hier-und-Jetzt-Erfahrung des schmerzenden Rückens sind wir zur Selbstkritik gesprungen – *Ich hätte vorsichtiger sein sollen* –, zur Angst, dass es schlimmer werden könnte, zu Geldsorgen und dem Gejammer über das Finanzamt. Seht ihr, wie ihr mit inneren Kommentaren ein einfaches Zwicken im Rücken zu etwas viel, viel Größerem aufblasen könnt? Und wir alle machen das ständig – unser Schmerz wird so zu einem großen Teil durch gedankliches Kommentieren verursacht.«

»Und wie können wir damit aufhören?«, will Maurice wissen.

Der Mönch antwortet:»Du fokussierst dich darauf, wie du dich jetzt, in diesem Augenblick, fühlst, und wenn da Schmerz ist, spürst du ihn, aber du denkst nicht darüber nach. Lass einfach deinen Körper den Schmerz fühlen. Wehre dich nicht dagegen, kommentiere ihn nicht, bewerte ihn nicht. Er darf einfach da sein, sei einfach bei ihm.

Achtsam zu sein heißt, unseren Geist in den gegenwärtigen Augenblick zurückzuholen und wahrzunehmen, wie das Hineinspüren in unseren Körper uns sofort in die Gegenwart zurückbringt. Das passiert auch, wenn wir uns auf das konzentrieren – also wirklich in den Fokus nehmen –, was wir gerade tun. Aber konzentriert euch nicht so sehr, dass ihr euch anspannt. Es ist mehr ein Gewahrsein, eine Wachheit, Offenheit, ein Bemerken, Beobachten. Zum Beispiel wie sich der Stift zwischen den Fingern anfühlt, wenn wir schreiben; während einer Mahlzeit die Empfindungen des Essens im Mund und wie wir kauen; das Gefühl des Wassers auf der Haut beim Duschen; wie wir beim Autofahren das Lenkrad in den Händen halten. Wir konzentrieren uns auf das, was real ist und tatsächlich jetzt gerade geschieht, ohne uns von unseren Gedanken ablenken zu lassen.

Und jeder von uns verfügt im Inneren über das perfekte Werkzeug, das uns hilft, achtsam zu sein. Habt ihr eine Ahnung, was ich meine?« Der Mönch schaut erwartungsvoll in die Runde, doch die Gruppe hüllt sich in Schweigen.

»Es ist unser Atem«, sagt er schließlich.»Jeder Atemzug, den wir nehmen, gibt uns die Chance, achtsam zu sein und uns mit dem gegenwärtigen Augenblick zu verbinden.«

Er hält kurz inne und atmet tief.»Wir spüren, wie der Atem in unsere Nasenlöcher einströmt; spüren, wie er, noch kühl, zur Lunge hinabfließt; dann, wie er wieder nach oben und durch die Nasenlöcher ausströmt. Wir versuchen nicht, ihn auf irgendeine

Weise zu kontrollieren, wir lassen ihn einfach da sein: ein herrlicher, beruhigender, heilender, erfrischender Atemzug.

Uns darauf zu konzentrieren, führt uns automatisch in die Achtsamkeit, weil wir mit dem Akt des Atmens beschäftigt sind. Unser Geist wird dabei klar, wir spüren Frieden und die Kraft des Augenblicks und sind voll und ganz im Hier und Jetzt. Lasst es uns ausprobieren. Versuchen wir, achtsam zu atmen – oder unseren Atem zu beobachten, wie man gemeinhin sagt.«

Der Mönch wartet, bis sich alle auf ihrem Platz zurechtgerückt haben, und fährt fort: »Atmet ein. Spürt, wie die Luft durch die Nasenlöcher ein- und weiter in die Lunge hinabströmt; dann nehmt wahr, wie sie wieder ausströmt.«

Wir tun, was er sagt. Eine oder zwei Minuten lang atmen wir auf diese Weise. Ich spüre sofort, wie sich ein Gefühl von Frieden einstellt, ich mich geerdeter fühle und stärker in Kontakt mit meiner eigenen Kraft komme. Ich hätte nicht gedacht, dass diese einfache Technik eine solche Wirkung hat.

»Warum mache ich das nicht dauernd?«, frage ich mich im Stillen. Meine Mutter empfahl mir immer, ein paarmal tief durchzuatmen, bevor ich mich in irgendeine unangenehme Situation begeben musste – aber diese Art des Atmens war anders. Ich war mit meinen Gedanken woanders. Es war eher ein Luftschnappen, vollgepackt mit Ängsten und innerer Abwehr. Tief zu atmen, wie der Mönch es lehrt, fühlt sich ganz anders an. Es bringt mich wirklich zur Ruhe und auf sonderbare Weise tiefer in Berührung mit mir selbst.

»Wenn eure Gedanken zu wandern beginnen, holt sie einfach behutsam zu eurem Atem zurück«, rät der Mönch.

Ich merke, dass ich aufgehört habe, mich auf den Atem zu konzentrieren, und kehre mit meiner Aufmerksamkeit zurück. Und sowie ich die Luft durch die Nase einströmen fühle, stellt sich sofort wieder das Gefühl von Frieden ein; ich fühle mich irgendwie verankert.

»Und, wie war das?«, erkundigt sich der Mönch nach einigen weiteren Atemzügen. Die Andeutung eines Lachens schwingt in seiner Stimme mit.

»Gut. Wirklich gut«, sagt Gwyn.

»Ich spüre nicht, wie die Luft in meine Nasenlöcher einströmt«, meint Ed.

»Achte einfach darauf, ab welchem Punkt du das Einströmen der Luft wahrnimmst«, antwortet der Mönch. »In der Achtsamkeitspraxis geht es darum, was du selbst spürst, und nicht um irgendwas, was du nach Aussage anderer spüren solltest. Nimm wahr, wie es sich in diesem Augenblick für dich anfühlt, wenn du ein- und wieder ausatmest. Gut möglich, dass du während dieser Übung merkst, wie sich deine Wahrnehmung des Atems verändert.

Um es noch einmal zusammenzufassen: Achtsam zu sein heißt, sich voll und ganz auf den gegenwärtigen Augenblick zu konzentrieren und wahrzunehmen, was jetzt, in diesem Moment, mit uns geschieht, ohne uns von Gedanken ablenken zu lassen, die uns davon wegführen. Es bedeutet, ›wach‹ für alles zu sein, ohne es zu ›kommentieren‹ oder in irgendeiner Weise zu beurteilen. Einfach ›da sein‹.

Wir können Achtsamkeit praktizieren, indem wir nichts anderes tun, als in unseren Körper hineinzuspüren und zur Kenntnis zu nehmen, was in ihm vorgeht; oder indem wir uns voll und ganz auf das konzentrieren, was wir jetzt tun – in diesem Augenblick. Dringen andere Gedanken ein, richten wir unseren Geist immer wieder neu auf diesen Fokus aus. In allererster Linie aber praktizieren wir Achtsamkeit durch die Konzentration auf den Atem.

Was meint ihr, wie oft atmen wir im Verlauf eines Tages?«, fragt der Mönch in die Runde. »Wie oft haben wir also Gelegenheit, im Verlauf eines Tages achtsam zu sein? Unseren Atem mit Achtsamkeit zu begleiten ist ein bemerkenswertes Mittel, das umso wirksamer wird, je häufiger ihr es benutzt. Und desto mehr werdet ihr es schätzen und lieben lernen.

Achtsam zu atmen ist außerdem absolut einfach und unauffällig. Habt ihr euch erst einmal damit vertraut gemacht, könnt ihr es jederzeit praktizieren, wann immer ihr daran denkt und wo immer ihr seid. Es fällt kaum auf, dass ihr es tut. Ihr kommt bloß mehr und mehr in den Frieden, seid glücklicher, fühlt euch wohler in eurer Haut und seid zufriedener mit dem Leben. Ein bisschen Üben lohnt sich da allemal, findet ihr nicht?«

Der Mönch lächelt. »Schließlich atmet ihr die ganze Zeit; warum nicht jeden Atemzug durch das Hineinspüren in den gegenwärtigen Augenblick – ins Jetzt – zum achtsamen Atemzug machen? Wenn euch das gelingt, werdet ihr erfahren, was wahrer Frieden ist.

Das kann durchaus Spaß machen«, fügt er mit einem Schmunzeln an. »Ihr könnt euch ein System von kleinen Gedächtnishilfen ausdenken. So könnte jedes laute Geräusch, das ihr hört, euch daran erinnern, ein paar herrliche, erfrischende, beruhigende, achtsame Atemzüge zu nehmen. Das könnte zum Beispiel so aussehen: Ein Hund bellt. Ihr atmet ein und wieder aus und konzentriert euch ganz auf den Atem und nehmt ihn wirklich wahr. Es klingelt an der Tür. Ihr atmet ein; ihr atmet aus. Eine Sirene schrillt. Einatmen. Ausatmen. Ein Flugzeug fliegt über euch hinweg. Einatmen. Ausatmen. Und so weiter.

Eines lässt sich über das moderne Leben sagen«, fährt er grinsend fort. »Es herrscht darin kein Mangel an Gelegenheiten, uns im achtsamen Atmen zu üben!

Auch sorgenvolle Gedanken bieten sich zur Erinnerungsstütze an. Jedes Mal, wenn irgendeine Sorge in euch aufsteigt, kann euch das ins Gedächtnis rufen, ein paar heilende achtsame Atemzüge zu nehmen: ein, aus, geschehen lassen, loslassen; ein, aus, geschehen lassen, loslassen. Je öfter ihr dies tut, desto natürlicher fühlt es sich an, und mit jedem Mal verstärkt ihr die positive Wirkung noch ein bisschen mehr.

Entschließt euch zur Achtsamkeit! Ihr werdet sehen, dass ihr euch allein dadurch viel öfter an den Atem erinnert. Und je häufiger ihr in der beschriebenen Weise atmet, desto öfter werdet ihr euch daran erinnern, es zu tun, und desto mehr werdet ihr es genießen.«

Meditieren lernen

»Wenn ihr erst mal den Bogen heraushabt, von Augenblick zu Augenblick in der Achtsamkeit zu bleiben, könnt ihr euch als Nächstes der Achtsamkeitsmeditation zuwenden. Zu meditieren heißt eigentlich nur, Momente der Achtsamkeit aneinanderzureihen. Wir nehmen uns etwas Zeit, um uns hinzusetzen und uns auf unseren Atem zu konzentrieren. Wir machen nichts anderes, als wir bisher schon gemacht haben, nur eben länger.

Um die Achtsamkeitspraxis in unseren Alltag zu integrieren, tun wir dies täglich oder auch mehrmals täglich – oder sogar viele Male am Tag, wie wir es im Kloster tun, was ich Anfängern jedoch nicht empfehle. Achtsam zu sein fällt uns dadurch zunehmend leichter, und gleichzeitig bauen wir uns das auf, was ich gelegentlich als ›Achtsamkeits-Reservoir‹ bezeichne – einen Vorrat an Frieden und Kraft in unserem Inneren, auf den wir zurückgreifen können, wann immer wir unter Stress stehen oder besondere Herausforderungen zu meistern haben.

Eins verspreche ich euch: Es ist einfach. Wenn ihr atmen könnt, könnt ihr achtsam sein; und wenn ihr achtsam sein könnt, könnt ihr meditieren. Macht ihr das regelmäßig, werdet ihr merken, wie sich die positiven Wirkungen auf Körper und Geist von ganz alleine einstellen.«

»Aber ...«, meldet sich Rodney, der ältere Mann, der aussieht, als würde er ständig eine fein säuberlich gefaltete Ausgabe des *Sunday Telegraph* in der Jackentasche herumtragen. »Was genau ist das Ziel der Meditation? Frieden zu finden? Den Blutdruck zu senken?« Nach einer Pause fügt er scherzend hinzu: »Die Welt zu retten?« Er klingt nüchtern und effizient, als würde er eine Checkliste durchgehen und die einzelnen Punkte abhaken.

»Das trifft alles zu, würde ich mal sagen.« Der Mönch lacht. »Aber das eigentliche Ziel, Rodney – wenn es bei der Meditation überhaupt so etwas wie ein Ziel gibt –, ist, in einen Zustand zu gelangen, in dem wir keine Ziele mehr brauchen.«

Eine Zeit lang sitzt der Mönch einfach da, und auch wir schweigen. Vielleicht ergeht es den anderen wie mir, und sie versuchen ebenfalls, sich auszumalen, wie es wohl wäre, keine Ziele mehr zu haben.

»Was ich meine, ist Folgendes«, fährt der Mönch schließlich fort. »Meditation bewirkt unter anderem, dass wir uns des gegenwärtigen Augenblicks so bewusst werden – durch die Konzentration auf das Ein- und Ausströmen des Atems und das Gefühl von Frieden, das sich dabei einstellt –, dass wir aufhören, unseren Fokus auf irgendwelche Ziele zu richten.

Es gibt Untersuchungen, die das belegen. In wissenschaftlichen Studien hat man festgestellt, dass sich beim Meditieren nach etwa 20 Minuten ein Wechsel vollzieht und wir statt aus der linken viel mehr aus der rechten Hirnhälfte heraus funktionieren. In einfachen Worten ausgedrückt: Wir sind nicht mehr so aktiv und zielorientiert. Stattdessen fühlen wir uns friedlicher und geerdeter, der Gedankenfluss verlangsamt sich, und wir sind offener für unsere Intuition, Gefühle, Kreativität und natürliche Freude, also stärker in Kontakt mit den tieferen Schichten unseres Seins.«

»Also …«, Rodney lässt nicht locker, »wie lange, glaubst du, wird es dauern, bis wir etwas von diesen positiven Wirkungen zu spüren bekommen – wenn wir täglich oder so gut wie täglich meditieren?«

»Es gibt eine Reihe von Forschungen zu den Wirkungen der Achtsamkeitsmeditation«, antwortet der Mönch. »In einer Studie stellten Forscher bei Teilnehmern, die acht Wochen lang täglich 20 Minuten meditiert hatten, physische Veränderungen im Gehirn fest. Auch war ihr Stresspegel generell niedriger, und sie schnitten im Vergleich zur Kontrollgruppe, die nicht meditierte, bei stressigen Multi-Tasking-Tests besser ab. Regelmäßiges, vorzugsweise tägliches Meditieren hat sich außerdem als gedächtnisstärkend erwiesen. Es lindert Depressionen und verlängert die Aufmerksamkeitsspanne.

Mit anderen Worten …« Der Mönch strahlt. »Es lohnt sich! Und sobald sich die ersten positiven Wirkungen einstellen, wirkt das zusätzlich motivierend. Viele Leute fangen mit dem Meditieren an, weil sie von den Vorzügen *gehört* haben; und dann bleiben sie dabei, weil sie diese am eigenen Leib *erfahren* haben und das Meditieren auf einmal zu *genießen* beginnen … Man bewegt sich also quasi von Gewinn zu Gewinn zu Gewinn.«

Es folgt eine Pause. Der Mönch schaut in die Runde. Nikki, die ich im Stillen die Yoga-Frau nenne, weil sie so aussieht, als würde sie regelmäßig ihre Asanas praktizieren, hebt die Hand.

»Darf ich eine praktische Frage stellen? Gibt es eine bestimmte Tageszeit, die sich besonders zum Meditieren anbietet?«

»Jede Zeit, die du für dich wählst und die in deinen Tagesablauf passt, ist die richtige«, antwortet der Mönch. »Natürlich empfiehlt es sich, die Zeit so zu wählen, dass du von anderen nicht gestört wirst. Sei also pragmatisch und schau, wann du dich am besten zurückziehen kannst.«

Wieder an uns alle gewandt, fährt er fort: »Schaltet euer Handy aus und sagt den Leuten, dass ihr eine Weile für euch sein möchtet – für 10, 15, 20 Minuten oder wie lange auch immer. Wenn ihr dann meditiert, und es kommen Geräusche – Flug- oder Verkehrslärm, Sirenen, Musik oder was auch immer –, lasst euch nicht irritieren. Regt euch nicht darüber auf. In der Meditation öffnen wir uns für den jetzigen Augenblick mit allem, was er beinhaltet – für das, ›was da ist‹.«

In die folgende Pause hinein meldet sich Debbie. Sie scheint sich komplett von ihrem Zuspätkommen erholt zu haben. »Wie oft soll ich meditieren?«, fragt sie. »Möglichst jeden Tag? Und wie lang soll eine solche Sitzung dauern?«

»Oje, da steckt ja sehr viel ›sollen‹ drin«, bemerkt der Mönch lachend.

Alle lachen, und Debbie steigt die Röte ins Gesicht.

»Ich bin Friseurin und habe zwei kleine Kinder und einen Hund, da ist es schwierig, zeitlich alles unterzukriegen«, erklärt sie. »Aber ich habe das Gefühl, dass ich etwas zur Ruhe finden und es mir leichter fallen würde, alles unter einen Hut zu kriegen, wenn ich täglich meditieren würde.«

»Regelmäßig zu meditieren wird dir sicher helfen«, bestätigt der Mönch. »Wann und wie lang, das hängt davon ab, was für dich am praktikabelsten ist und sich am harmonischsten in deinen Tagesablauf einfügen lässt. Beschließe bewusst, es zu tun. Die Absicht zu fassen, das ist das Wichtigste.

Viele kommen mit 20 bis 25 Minuten gut zurecht, und in wissenschaftlichen Studien zur Wirksamkeit des Meditierens wurde mit dieser Dauer gearbeitet. Aber in Stein gemeißelt ist das nicht. Manche sitzen lieber etwas länger, für andere darf es gern kürzer sein.«

Ich denke an Robert, der sich am liebsten mindestens 40 Minuten Zeit nimmt, weil er ziemlich lang braucht, um sich überhaupt in die Meditation hinein zu entspannen. Ich dagegen komme viel schneller rein, habe aber Schwierigkeiten, länger als 15 Minuten durchzuhalten.

Der Mönch fährt fort: »Wenn das Meditieren neu oder vergleichsweise neu für euch ist, empfehle ich, mit zehn Minuten zu beginnen und zu sehen, wie ihr damit zurechtkommt. Wenn euch selbst das am Anfang zu lang vorkommt, kann es sinnvoll sein, sogar auf fünf Minuten runterzugehen: Es gibt dabei keinen Druck und kein Gefühl von ›ich sollte‹. Es geht nur darum, euch ein paar Minuten zu gönnen, um wirklich ihr selbst zu sein, in euch hineinzulauschen und wahrzunehmen, was mit eurem Körper ist, welche Gefühle da sind, was aus der Umgebung an euch herandringt und so weiter.

Ich weiß, dass es am Anfang einer gewissen Disziplin bedarf und sich irgendwie unnatürlich anfühlt. Es ist wie mit jeder Form von Training – es bedarf der Übung, der ›Meditationsmuskel‹ muss erst aufgebaut werden, bevor es leichter wird. Die Chancen stehen gut, dass ihr das Meditieren, wenn ihr es regelmäßig macht, genießen werdet. Dann werdet ihr immer öfter diese Stille suchen, sie wird zu eurem natürlichen Rückzugsort.

Mein eigener Lehrer, der ehrwürdige Ajahn Chah – der Mönch, der den Theravada-Buddhismus in den 1970er-Jahren nach Europa brachte –, beschrieb die Meditation als ›Urlaub für Geist und Seele‹.« Der Mönch hält kurz inne, ein glückliches Lächeln auf dem Gesicht, dann fügt er hinzu: »Ich liebe diesen Gedanken.«

Wieder schweigt er eine Weile, bevor er fortfährt: »Stellt euch die Meditation als eine Zeit vor, die nur euch gehört; etwas, was ihr euch jeden Tag oder täglich viele Male gönnen könnt. Und vergesst nicht: Ihr müsst dazu keinen speziellen Ort aufsuchen und nichts Besonderes tun. Es gibt absolut kein ›ich sollte‹.«

Es ist still im Raum. Was der Mönch da lehrt, verändert meine Sicht auf die Meditation von Grund auf. Ich gebe zu, dass es mir bisher wie Debbie ergangen ist – ich habe sie immer als Pflichtübung betrachtet, als etwas, was ich tun *muss*; was mir zwar unglaublich guttut, sich aber nur schwer in meinem umtriebigen Alltag unterbringen lässt. Es ist leicht, Ausreden zu finden, um sich davor zu drücken. Aber die Vorstellung vom »herrlichen, heilenden Atem«, den ich jederzeit schöpfen kann, und von der Meditation als »Urlaub für Geist und Seele« macht mir Lust, es doch noch mal zu probieren, und zwar jetzt gleich.

»Um wieder zu dir und deiner Meditation zurückzukommen«, sagt der Mönch nun und wendet sich erneut Debbie zu. »Ich schlage vor, dass du dich im Augenblick zunächst mal von dem Gedanken verabschiedest, dich länger hinzusetzen. Versuch einfach, irgendwann untertags vier oder fünf Minuten lang zu meditieren und erst einmal das unterzubringen.« Debbie schaut ihn an, die Skepsis steht ihr ins Gesicht geschrieben.

Der Mönch fährt fort: »Und wenn selbst das nicht funktioniert, warum hältst du es dann nicht mit dem Prinzip ›kurz und oft‹? Das heißt nichts anderes, als den ganzen Tag über immer wieder achtsam zu sein, also, wann immer sich die Gelegenheit ergibt, einen Moment innezuhalten und zu meditieren – sagen wir, für 30 Sekunden oder eine Minute oder wie viel Zeit du auch immer erübrigen kannst. Aber wenn du es machst, sei mit ganzem Herzen dabei und schau, wie es dir damit geht. Du wirst vielleicht überrascht sein, wie viele ›Meditationsminuten‹ auf diese Weise an einem Tag zusammenkommen – und wie sehr du davon profitierst, wenn du nur das machst.«

»Willst du damit sagen, dass es genauso gut ist, solche, wie du
es nennst, ›Meditationsminuten‹ zu sammeln, wann immer wir
untertags daran denken, wie uns eine bestimmte Zeit zum Meditieren hinzusetzen?«, will Debbie wissen.

»Im Idealfall«, antwortet der Mönch, »machst du beides. Aber
wenn dein Leben zurzeit so ausgefüllt ist, dass du nicht mal fünf
Minuten Zeit am Stück erübrigen kannst, gelingt es dir mit dem
Prinzip ›kurz und oft‹ oder dem, was ich ›Meditationsminuten‹
nenne, der Meditation in deinem Alltag trotzdem einen Platz ein-
räumen.«

»Dieses ›kurz und oft‹ – heißt das nicht in Wirklichkeit, schlicht
achtsam zu sein?«, fragt Rodney.

»Ja, das könnte man so sagen«, antwortet der Mönch und nickt
Rodney zu. »Aber Meditation heißt ja im Prinzip auch nichts anderes. Es ist bloß eine Frage der Dauer, die du in diesem Zustand ver-
bringst. Ich empfehle euch, der Achtsamkeit so oft ihr könnt im
Alltag Raum zu geben. Ihr werdet sehr bald spüren, wie gut euch
das tut.«

»Darf ich auch noch etwas fragen?«, meldet sich jetzt Nikki.
»Manche Leute richten sich in ihrer Wohnung einen speziellen
Platz zum Meditieren ein, mit Kerzen und Räucherstäbchen und
so. Hilft das?«

»Wenn ihr möchtet, könnt ihr solche Dinge gern mit ein-
beziehen«, sagt der Mönch. »Schönheit erfreut die Seele und nährt
den Geist. Aber ich möchte nicht, dass ihr dem allen zu viel
Bedeutung beimesst oder davon abhängig werdet.

Einer der Vorzüge der Achtsamkeitsmeditation ist ja gerade,
dass jeder sie immer und überall machen kann. Glaubt ihr, der,
der sie erfunden hat – der Buddha –, hätte Kerzen, Räucherstäbchen und Blumen gehabt? Er hat im Wald gelehrt, am Straßen-
rand, in den armseligsten Hütten.«

Der Mönch denkt einen Moment nach, bevor er weiterspricht. »Ihr könnt eure Achtsamkeit überallhin mitnehmen. Sie ist in euch; sie kostet nichts; außer von euch selbst hängt sie von nichts und niemandem ab. Zu Kindern sage ich manchmal: ›Sie ist eure geheime Kraft.‹ Wie befreiend das ist!

Es geht darum, sich frei entscheiden zu können. Bei unserer Praxis kommt es nicht darauf an, ob bestimmte Bedingungen erfüllt sind; wenn es so ist, können wir uns daran erfreuen und es wertschätzen. Eigentlich ist es wie mit allem im Leben«, fügt er nachdenklich hinzu. »Wenn die äußeren Umstände gut sind, können wir dies genießen und uns darüber freuen, aber mit der Lehre, die ich euch hier vermittle, und den Werkzeugen, die ihr in den kommenden Wochen noch kennenlernen werdet, könnt ihr auch dann glücklich sein, wenn rundherum alles schwierig ist. Das ist das Geheimnis der buddhistischen Lehre.

Um also auf deine Frage zurückzukommen, Nikki: Nein, zum Meditieren brauchst du nichts Besonderes. Ja, manchmal kann uns die Tatsache, dass nicht alles perfekt ist, sogar unbewusst als willkommene Ausrede dienen, um nicht zu meditieren. ›Zu dumm, jetzt sind mir die Räucherstäbchen ausgegangen. Na, dann meditiere ich halt morgen.‹ Oder so ähnlich ...« Die Gruppe lacht. Manche von uns kennen dies offenbar nur zu gut.

Der Mönch schaut schmunzelnd in die Runde und sagt: »Wollen wir es ausprobieren? Lasst uns zur Praxis schreiten. Macht es euch bequem.«

Jeder rückt sich auf seinem Platz zurecht, entweder auf einem Stuhl oder wie der Mönch mit gekreuzten Beinen auf dem Boden sitzend, manche mit untergeschobenem *Zafu* kniend. Ich probiere Letzteres aus, finde es bequem und beschließe, in dieser Haltung zu bleiben in der Hoffnung, nicht zu viel hin und her rutschen zu müssen.

ACHTSAMKEITSMEDITATION

Nimm auf deinem Stuhl oder deiner Meditationsmatte eine aufrecht sitzende Haltung ein. Achte darauf, dass dein Rücken gerade und dein Kopf aufrecht sind. Das Kinn hältst du ganz leicht nach vorne unten geneigt. Wenn du möchtest, schließe die Augen.

Atme ein ... richte dein Gewahrsein auf das Gefühl des Atems, wie er durch die Nasenlöcher einströmt ... und atme wieder aus.

Atme stetig weiter und achte auf das Gefühl, wie die Luft durch deine Nasenlöcher ein- und wieder ausströmt ...

Wenn du möchtest, zähle deine Atemzüge: Atme ein, zähle »Eins« und atme aus. Atme ein, »Zwei«, atme aus ... und so weiter.

Oder du zählst »Eins ein« beim Einatmen und »Eins aus« beim Ausatmen; »Zwei ein« beim Einatmen und »Zwei aus« beim Ausatmen ... und so weiter, bis du bei zehn angelangt bist. Dann fängst du mit dem Zählen von vorne an. Du kannst aber auch über die zehn hinaus weiterzählen, wenn dir das lieber ist.

Egal, wie zu zählst, atme normal weiter. Halte den Atem nicht an. Versuche nicht, ihn auf irgendeine Weise zu kontrollieren.

Vielleicht spürst du, wie deine Atmung, jetzt, wo du auf sie achtest, langsamer wird und sich vertieft, vielleicht ist da eine Pause am Ende eines jeden Atemzugs, bevor du den nächsten nimmst ... Lass es einfach geschehen.

Zähle weiter. Du kannst, wenn du magst, im Zehnerrhythmus zählen und, wenn du bei zehn angelangt bist, jedes Mal wieder bei eins beginnen; oder du zählst über die zehn hinaus weiter – manche machen es so, andere so, und oft verändert es sich mit der Zeit.

Mach, was sich für dich normal und natürlich anfühlt ... Atme stetig weiter ...

Der Mönch verstummt, und wir meditieren weiter. Die Zeit vergeht. Ich versuche, mich auf meine Atmung zu konzentrieren. Es fällt mir leicht. Ob es daran liegt, dass ich es mit den anderen gemeinsam mache oder weil ich nicht die ganze Zeit gegen meine Gedanken ankämpfe, sondern meine Aufmerksamkeit einfach behutsam zu meinem Atem zurückhole, sobald ich merke, dass sie auf Wanderschaft geht, statt mich über mich selbst zu ärgern ... dass ich es einfach geschehen lasse? Keine Ahnung. Wichtig ist nur, dass es mir gefällt und mir die Zeit nicht lang wird, bevor der Mönch den Gong anschlägt als Zeichen, zum Ende zu kommen.

Eine oder zwei Minuten lang rührt sich keiner. Alle scheinen in der Stille und mit sich im Frieden zu sein. Ich frage mich, wie es ihnen wohl ergangen ist; ob ihr Geist genauso aktiv war wie meiner?

»Und? Wie war das?«, fragt der Mönch. »Irgendwelche Fragen?«

In meinem Kopf wird es mit einem Mal leer. Während der Meditation herrschte darin fröhliches Geplapper, jetzt fällt mir nichts ein, was ich fragen könnte.

Nach einer Pause meint Suzi: »Ich will meditieren und weiß auch, wie gut es tut, aber mein Problem ist, dass ich mich einfach nicht konzentrieren kann. In meinem Kopf überschlagen sich ununterbrochen die Gedanken.«

Ich hätte es selbst nicht besser formulieren können, und auch vom Rest der Gruppe kommt verständnisvolles, zustimmendes Murmeln.

»Tja.« Der Mönch lächelt. »So ist er nun mal, unser Kopf. So ist er, und so wird er immer bleiben. Dass es völlig still in ihm wird, ist nie zu erreichen.«

Es ist deutlich zu spüren, dass so mancher im Raum von diesen Worten überrascht ist – zugegebenermaßen auch ich selbst.

»Wirklich?«, ruft Rodney, der ältere Mann. »Ich dachte, das sei gerade das Ziel der Achtsamkeitsmeditation – den Geist absolut still werden zu lassen, um Frieden zu finden. Der Buddha konnte das doch? Und jemandem wie dem Dalai Lama müsste es doch auch gelingen?«

Der Mönch schüttelt den Kopf. »Natürlich kann ich nicht für den Dalai Lama sprechen – und schon gar nicht für den Buddha«, meint er lachend. »Aber, Rodney, nein, die Gedanken sind immer da. Was passiert, ist, dass du dich nicht mehr von ihnen ablenken lässt. Du folgst ihnen nicht. Du lernst einfach, sie wahrzunehmen, ohne dich hineinziehen zu lassen, und so findest du deinen inneren Frieden jenseits der Gedanken – jenseits des Geplappers im Kopf.«

Echt jetzt?! Ich staune. Mir vorzustellen, dass die Gedanken nie weggehen, man aber in einen Zustand kommen kann, in dem man sich nicht mehr darin verstrickt – und ich rede hier nicht davon, dass man einfach einschläft –, das ist mir neu. Zum allerersten Mal habe ich das Gefühl, dass mir die Meditation wirklich etwas bringen könnte. Ich fühle mich ermutigt.

Die Gruppe verfällt in Schweigen. Es scheint, als müssten alle erst einmal die ungewohnte Vorstellung verdauen, dass die Gedanken niemals verschwinden.

»Was ist also zum Beispiel der Unterschied zwischen der Meditation des Dalai Lama und meiner eigenen?«, will Suzi wissen. »Und warum mache ich das überhaupt, wenn ich die Gedanken sowieso nicht loswerde?«

Alles lacht. Der Vergleich zwischen dem Dalai Lama und Suzi mit ihrer roten Haarpracht und dem Tattoo am Oberarm ist echt lustig.

»Was passiert, ist Folgendes«, erwidert der Mönch. »Mit zunehmender Erfahrung im Meditieren wirst du deine Gedanken zwar wahrnehmen, aber du folgst ihnen nicht. Es fühlt sich so an, als wärest du der *Beobachter* deiner Gedanken – du schaust sie dir an, ohne dich verwickeln zu lassen.

Die Gedanken, die in dir aufsteigen, sind wie Wolken, die kommen und gehen. Du schaust zu, wie sie vorüberziehen, wie sie verschwinden und der Himmel wieder klar wird. Die Abstände zwischen den Gedanken werden zunehmend länger, und das Gefühl der Glückseligkeit, das du empfindest, nimmt immer mehr zu.«

Der Mönch schweigt kurz, als würde er seinen eigenen Gedanken nachhängen, dann lacht er plötzlich hell auf und schiebt hinterher: »Zumindest an guten Tagen ...« Jetzt lachen alle.

Anschließend wird es still im Raum. Dann meldet sich der leicht nervös wirkende Mann namens Sam: »Da gibt es etwas, was ich nicht ganz verstehe. Die Sache ist ... wie kann ich wissen, ob ich wirklich *meditiere* und nicht einfach nur ... hm ... dasitze?«

In der Gruppe regt sich etwas. Seine Frage scheint bei manch einem auf Resonanz zu stoßen.

»Das frage ich mich manchmal auch«, pflichtet Dan ihm bei.

Der Mönch überlegt einen Moment, dann sagt er: »Wenn ihr euch mit der Absicht zu meditieren hingesetzt habt und bestrebt seid, achtsam für euren Körper, eure Umgebung und euren Atem zu sein, dann meditiert ihr.«

Es folgt eine weitere Pause, in der wir seine Worte sinken lassen.

»Aber es ist irgendwie, als würde nichts *passieren*«, wendet Sam ein.

»Gehen wir es einmal Punkt für Punkt durch«, schlägt der Mönch vor. »Sitzt du mit aufrechtem Rücken da, an einem ruhigen Ort, an dem du ungestört bist?«

»Ja.«

»Was machst du als Nächstes?«

»Ich schließe die Augen und tue, was du gesagt hast: stetig atmen – darauf achten, wie der Atem ein- und wieder ausströmt ... oder ich versuche ...« Er stockt. »Aber mir gehen so viele Gedanken durch den Kopf! Und am Ende frage ich mich, ob ich überhaupt etwas gemacht habe.«

Der Mönch lächelt. »Wie ich eben erklärt habe, kommen uns allen während der Meditation Gedanken, denn das Denken hört nicht auf. Und bei jedem kommt es manchmal vor, dass der Geist während einer Sitzung besonders aktiv ist. Ich bezeichne das als ›Einkaufslisten-Meditation‹.

Wenn wir mit dem Meditieren beginnen, fällt es vielen von uns nicht leicht, damit umzugehen. Einfach? Ja. Aber leicht? Nein. Aber es lohnt sich ungemein – und ich verspreche euch, es wird leichter. Ihr müsst nur dranbleiben. Schon bald werdet ihr spüren, wie gut es euch tut, sowohl körperlich wie auch mental.

Wisst ihr«, fährt er fort, »die Meditation hat zwei Aspekte: was in eurem Körper vorgeht und was in eurem Geist vorgeht – oder anders formuliert, was auf der äußeren und was auf der inneren Ebene geschieht. Und in der Meditation fokussieren wir uns auf beides. Wir bringen unseren Körper in die bequemste und vorteilhafteste Haltung für die Meditation: Der Rücken ist gerade, der Kopf aufrecht, aber entspannt, das Kinn leicht nach unten geneigt und die Augen geschlossen. In dieser Position bleiben wir eine Zeit lang still sitzen. Wenn ihr das macht, könnt ihr an den ersten Aspekt ein Häkchen machen. Euer Körper ruht, und während ihr atmet, regenerieren sich die Zellen, und es kommt zu den von Wissenschaftlern beschriebenen Veränderungen und Umbauprozessen.

Was den Geist anbelangt, ist es, als würden wir unseren Blick nach innen richten, mit geschlossenen Augen – die meisten meditieren so, und für Anfänger ist es auf jeden Fall empfehlenswert. Es ist also, als würden wir durch die geschlossenen Lider ganz entspannt in unser Inneres schauen; oder als würden wir durch unsere Stirn nach innen schauen. Das Gefühl ist ähnlich, wie wenn wir kurz vor dem Einschlafen sind, aber in diesem Fall nicken wir nicht weg. Es fühlt sich irgendwie weich an – ein Einwärtssehen. Und in diesem Zustand halten wir unsere Konzentration auf den Atem gerichtet.

Gedanken kommen und Gedanken gehen, aber sobald wir merken, dass sie da sind, holen wir unsere Aufmerksamkeit zum Atmen zurück, und so machen wir es die ganze Zeit. Nach einer Weile stellt sich dabei das Gefühl ein, dass wir zum *Beobachter* der Gedanken in unserem Kopf geworden sind.

Wir erkennen, dass wir mehr sind als nur unser Körper und unser Gehirn. Wir spüren, dass da jenseits unseres Geistes und unserer Gedanken noch ein weiterer Teil von uns ist, der tiefer, stärker, weiser und friedvoller ist. Und wenn das geschieht, werdet ihr nicht mehr zweifeln und euch fragen, ob ihr wirklich meditiert. Für den Augenblick aber habt einfach Vertrauen in das, was ihr tut, und macht weiter.«

Nach einer kleinen Pause erkundigt sich der Mönch: »Ist deine Frage damit beantwortet, Sam?«

»Ja, danke«, gibt dieser zurück.

»Mein Gefühl ist, dass du das gut hinbekommst«, fügt der Mönch hinzu. »Vertraue auf dich. ›Vertraue auf den Prozess‹, wie man so schön sagt. Und sei ein wenig freundlicher zu dir selbst.«

Sam schaut ihn überrascht an, und ein leises Raunen geht durch den Raum.

»Freundlicher zu mir selbst?!«, fragt Sam.

»Ja«, sagt der Mönch. »Ich meine das ernst. Weißt du, so viele von uns sind so streng mit sich: Wir sollten dieses tun, jenes aber nicht, hier haben wir versagt, das eine haben wir vergessen, das andere schleifen lassen. Wir sagen uns: ›Wie blöd kann man nur sein? Was für ein Idiot ich doch bin! Ich bin so ungeschickt. So gedankenlos. So ein Depp. Wenn ich schlauer wäre, hätte ich es so und so gemacht ...‹ und so weiter. Der innere Dialog der Selbstkritik reißt und reißt nicht ab.«

Alle lachen, viele von uns erkennen sich in den Worten des Mönchs nur zu gut wieder.

»Glaubt ihr wirklich, dass euch diese Form von Selbstgesprächen weiterbringt?«, fährt dieser fort. »Wie fühlt ihr euch, wenn ihr so mit euch redet?« Er wirft einen Blick in die Runde.

»Angespannt«, sagt jemand. »Enttäuscht von mir selbst«, meint ein anderer. »Dass ich nie irgendeine Sache erfolgreich zu Ende bringe«, bemerkt ein weiterer.

»Genau.« Der Mönch nickt. »Mit eurer Selbstkritik motiviert ihr euch nicht, es noch einmal mit verstärktem Einsatz zu probieren, oder?«

»Aber ...« Rodney meldet sich zu Wort. »Ich dachte, bei der Lehre des Buddha würde sich alles um Selbstbeherrschung drehen; darum, uns mit Selbstdisziplin weiterzuentwickeln. Ist Selbstbeherrschung etwa nichts Gutes? Das ist doch gerade das Problem mit manchen jungen Leuten heutzutage, dass sie keine Disziplin haben.«

Nach einem kurzen Schweigen antwortet der Mönch: »Du hast recht, Rodney. Selbstbeherrschung genießt in der buddhistischen Lehre tatsächlich einen hohen Stellenwert. Wir brauchen sie, um im Leben etwas zu erreichen, und das ist einer der Gründe, warum der Buddha die Meditation als tägliche Praxis empfiehlt: weil sie uns hilft, uns zu disziplinieren, und zwar nicht nur im Hinblick auf die Meditationspraxis, sondern auf das Leben im Allgemeinen.

Was dabei aber manchmal vergessen oder nicht erkannt wird, ist, dass neben der Selbstbeherrschung eine der fundamentalsten Lehren des Buddha das in den Mittelpunkt stellt, was wir *Metta* bzw. ›liebende Güte‹, ›Herzens-‹ oder ›Allgüte‹ nennen, und auch sie bringt uns in unserem Leben voran. Ich wage sogar zu behaupten, dass *Metta* zusammen mit der Achtsamkeit die ›Zwillingssäulen‹ der buddhistischen Lehre bilden. *Metta* und Achtsamkeit bilden ein Paar.

Aus der buddhistischen Lehre wird oft die Achtsamkeit herausgegriffen. Viele haben sie für sich entdeckt; sie ist zu einer Art Modewort geworden. Aber man hat sie aus dem Kontext gerissen, in dem sie gelehrt wurde. So erreicht sie längst nicht die Wirkung, die sie entfalten könnte, wenn man sie im ursprünglich beabsichtigten Sinn begreifen würde, und das heißt: im Zusammenhang mit Buddhas Lehre von *Metta* und den Vier Edlen Wahrheiten, auf die wir noch ausführlich zu sprechen kommen werden.«

Metta: liebende Güte

»Was also bedeutet *Metta* und wie ›übt‹ oder ›praktiziert‹ man es? Nun, wie bereits gesagt, *Metta* wird in der Regel mit ›liebende Güte‹, ›Herzensgüte‹ oder ›Allgüte‹ übersetzt, und genau das heißt es auch; aber der Begriff bedeutet darüber hinaus so viel wie ›jemandem das Beste wünschen‹ und ›Wohlwollen zeigen‹. Wie nun praktizieren wir *Metta*? Wie holen wir liebende Güte und Wohlwollen in unseren Alltag?«

Keiner meldet sich, und so beantwortet der Mönche seine Frage selbst. »Es ist ganz einfach«, sagt er. »Wir beginnen damit, *uns selbst* freundlicher und liebevoller zu begegnen, indem wir uns und unser Tun mit wohlwollenden Gedanken begleiten. So hat es der Buddha gelehrt, und so wird es seit 2500 Jahren erfolgreich praktiziert. Ich wüsste also nicht, warum es auf einmal nicht mehr funktionieren sollte.« Ich kann nur staunen. Wir reden hier von der uralten Lehre des Buddha, aber was der Mönch da sagt, klingt eher wie aus einem modernen Selbsthilferatgeber.

»Es ist nämlich so«, fährt er fort, »der Buddha hat zwar die besondere Bedeutung der Güte hervorgehoben, aber erst in jüngster Zeit hat sich die Wissenschaft des Themas angenommen und versucht nun, deren Wirkungen zu ergründen. Es gibt mittlerweile also eine Art ›Güte-Forschung‹.«

Einige in der Gruppe lachen.

»Ja, wirklich.« Der Mönch stimmt in das Gelächter mit ein. »Ich sauge mir das nicht aus den Fingern. In einer Studie zum Beispiel wurde sowohl bei Personen, die eine gute Tat *vollbrachten*, als auch bei denjenigen, *denen sie erwiesen wurde*, ein höherer Serotoninspiegel gemessen – also des natürlich vorkommenden ›Wohlfühl-Botenstoffs‹ im Gehirn. Und nicht nur das. Ein Anstieg des Serotoninspiegels war auch bei unbeteiligten Leuten zu verzeichnen, die Zeugen dieser guten Tat waren.« Der Mönch lächelt und die ganze Gruppe mit ihm. Es fühlt sich so an, als wäre unser aller Serotoninspiegel soeben in die Höhe gegangen, bloß weil er uns von dieser Studie erzählt hat.

»Ich kann euch nur ermutigen, *Metta* ernst zu nehmen. Es macht euch nicht nur glücklicher und entspannter, sondern hilft euch auch bei eurer Achtsamkeitsmeditation. *Metta* und Achtsamkeit, Achtsamkeit und *Metta* – ihr wisst ja, die beiden sind ein Paar. Bitte denkt immer daran.

Eine gute Möglichkeit, euch selbst *Metta* zu geben, fängt mit eurem inneren Dialog an, auch wenn sich das zunächst seltsam anhören mag. Achtet einmal darauf, wie ihr mit euch redet – wie oft ärgert ihr euch über euch selbst und nennt euch vielleicht ›blöd‹ oder wertet euch auf andere Weise ab. Wenn ihr das tut, nehmt es still zur Kenntnis und trainiert euch dann eine andere Art zu denken an.« Und er fügt schmunzelnd hinzu: »Viele Menschen gehen mit ihren Haustieren freundlicher um als mit sich selbst.«

Ich frage mich, wie dieses ganze Gerede von Güte wohl bei dem einen oder anderen Mann in der Gruppe ankommt. Mein Blick wandert zu Ed, diesem sportlich durchtrainierten Typ, der mir beinahe genau gegenübersitzt. Was er wohl denkt? Wie er wohl zu dem Thema steht? Er hört zu. Wirkt nachdenklich. Selbst Rodney scheint ganz Ohr zu sein.

Als ob der Mönch meine Gedanken gelesen hätte, schaut er zu mir rüber, während er sagt: »Seid also freundlich, liebevoll und positiv euch selbst gegenüber. Führt euch vor Augen, dass ›Wohlwollen‹ ebenfalls eine Definition von *Metta* ist – der Wille oder Wunsch nach Güte, nach Glück, nach Gesundheit. Wünscht euch selbst all dies. Schenkt euch etwas *Metta*, wann immer ihr euch entmutigt fühlt, deprimiert seid oder Angst habt. Oder noch besser, macht es, wann immer ihr daran denkt.

Wir werden uns im Laufe dieses Kurses noch sehr viel eingehender mit *Metta* und Achtsamkeit befassen, und ihr werdet selbst erleben, welche Kraft in dieser Kombination steckt.

Aber lasst uns für heute mit ein paar Minuten *Metta* zum Ende kommen. Die nun folgende Übung könnt ihr jederzeit machen. Vielleicht stellt ihr sie an den Anfang oder das Ende eurer täglichen Achtsamkeitsmeditation; oder wann immer ihr euch Vorwürfe macht, Angst oder Schmerzen habt oder euch Sorgen plagen, denkt oder sprecht ihr die *Metta*-Worte für euch selbst. Probiert es aus und schaut, was passiert. Ich denke, ihr werdet spüren, wie gut es euch tut.«

 ## EINFACHE *METTA*-MEDITATION

Finde in aller Ruhe deinen Sitz und schließe dann behutsam die Augen.

Nimm einen oder zwei achtsame Atemzüge. Spüre, wie die Luft durch deine Nasenlöcher einströmt ... spüre, wie sie in dich hineinfließt und dann wieder aus dir ausströmt ...

Lass deinen Körper eine natürliche Pause machen, bevor du den nächsten Atemzug nimmst. Folge dem natürlichen Rhythmus deines Atems. Lass ihn sein, wie er ist, ohne ihn zu kontrollieren.

Und nun richte die folgenden Worte an dich selbst: »Möge es mir gut gehen. Möge ich glücklich sein. Möge ich sicher und frei von Leid sein.«

Spüre, wie der Frieden und die liebende Güte dich heilen, dich ruhig werden lassen, dir Kraft schenken.

Wenn du bereit bist, kehre mit deiner Aufmerksamkeit in deinen Körper und diesen Raum zurück und öffne langsam die Augen.

Wir atmen ruhig und gleichmäßig; wir sprechen die *Metta*-Worte; wir spüren den Frieden.

Zum Abschluss der *Metta*-Meditation wirft der Mönch einen Blick in die Runde und lächelt. »Lasst uns zum Abschluss ein wenig chanten.«

Wir nehmen unsere Blätter zur Hand, und eine oder zwei Minuten lang erfüllt der melodische Klang der Pali-Worte den Raum. Dann stehen wir schweigend auf und verlassen den Raum.

AUF EINEN BLICK

» Achtsamkeit heißt, wach und aufmerksam für das zu sein, was im gegenwärtigen Augenblick passiert.

» Um achtsam zu sein, nimm wahr, wie dein Körper sich fühlt: Konzentriere dich voll und ganz auf das, was du tust, oder beobachte deinen Atem, wie er in dich ein- und aus dir ausströmt.

» Jeder Atemzug, den du nimmst, gibt dir Gelegenheit, achtsam zu sein, dich mit dem gegenwärtigen Augenblick zu verbinden, dich frei und stark zu fühlen und im Frieden zu sein.

» Meditation ist »aneinandergereihte Achtsamkeit«, eine bestimmte Zeit, die du dir nimmst, um still zu werden und in die Gegenwart zu kommen und achtsam zu atmen.

ÜBUNG

» So holst du dir die Achtsamkeit in deinen Alltag:

» Stell dir den Wecker deines Handys oder deiner Armbanduhr und lass dich von ihm im Laufe des Tages regelmäßig daran erinnern.

» Wähle jeden Tag eine Aktivität aus, um sie auf achtsame Weise auszuführen, zum Beispiel:
  – Zähne putzen
  – Geschirr spülen
  – auf den Bus warten
  – an der Kasse Schlange stehen
  – zu Mittag essen.

» Mach jeden Tag eine Achtsamkeitsmeditation: fünf oder zehn Minuten, wenn du mit deiner Praxis noch ganz am Anfang stehst; 10 bis 20 Minuten, wenn du schon etwas mehr Erfahrung hast. Vielleicht stellst du dir, bevor du beginnst, einen Timer, sodass du während der Meditation nicht auf die Uhr zu schauen brauchst. Beende deine Meditation mit den *Metta*-Worten: »Möge ich glücklich sein. Möge ich sicher und frei von Leid sein.« Spüre, welcher Frieden und Trost von diesen Worten ausgeht.

» Achte auf deinen inneren Dialog. Sei freundlich, liebevoll und positiv zu dir selbst und werte dich nicht ab.

Woche 2

Leiden?
Tun wir alle

Es ist ein sonniger Nachmittag, als wir uns zu unserer nächsten Sitzung in unserem »Schreinraum« alias Wohnzimmer versammeln. Der Mönch hat bereits seinen Platz an der Stirnseite des Raums eingenommen. Gerade und aufrecht sitzt er auf seiner Meditationsmatte, die Beine unter dem fließenden Gewand im Lotossitz untergeschlagen. Seine Hände ruhen sanft ineinandergelegt in seinem Schoß. Kaum zu glauben, dass seit unserem letzten Treffen eine ganze Woche vergangen ist.

Ich schaue in die Runde. Alle sind erschienen, und die Freude, wieder hier zu sein, und die Spannung darauf, was als Nächstes kommt, sind jedem anzumerken. Was für eine bunt zusammengewürfelte Truppe wir doch sind. Alle Altersgruppen sind vertreten, von Sam, der schätzungsweise um die 20 ist, bis zu dem weißhaarigen Rodney und seiner Frau Joan, und Robert, der in den Siebzigern ist. Überraschenderweise besteht die Gruppe zu gleichen Teilen aus Männern und Frauen, was ich in anderen Meditations–, Yoga- oder Selbsthilfegruppen, an denen ich bisher teilgenommen habe, nur selten erlebt habe.

Alle wirken mit sich im Frieden. Etwa die Hälfte hat auf Stühlen Platz genommen, die anderen haben es sich auf einem Sammelsurium verschiedenster *Zafus* bequem gemacht. Nur Nikki sitzt elegant im halben Lotossitz. Ich habe mich nicht getäuscht, sie macht tatsächlich Yoga. Wenn ich nur selbst auch in dieser Stellung meditieren könnte! Ich bekomme sie zwar hin, könnte sie aber auf keinen Fall länger als ein paar Minuten halten, ohne mich furchtbar zu verbiegen. Vielleicht sollte ich öfter üben …

Als ich mich bei diesem Gedanken ertappe, lasse ich ihn gleich wieder los. Seit der Mönch uns in der Woche zuvor geraten hat, auf unseren inneren Dialog zu achten, sind mir meine Gedanken bewusster geworden, und ich bemühe mich sehr, toleranter mit mir selbst zu sein, mir innerlich den Rücken zu stärken und mir insgesamt mit mehr Wohlwollen zu begegnen. Dabei ist mir aufgefallen, wie selbstkritisch ich bin. Ich habe noch einen sehr weiten Weg vor mir, denke ich. Hm ... schon wieder Selbstkritik. Aber wenigstens fällt es mir jetzt auf. Immer wenn es mir gelingt, mein Denken in eine andere, wohlwollendere Richtung zu lenken, spüre ich, wie ich mich entspanne und innerlich zufriedener werde.

Das Üben von Achtsamkeit habe ich in dieser einen Woche richtig genossen. Ich mag das Gefühl, achtsam ein- und auszuatmen, und habe es viele Male täglich gemacht. Es fühlt sich für mich so erfrischend an, als würde ich ein Glas kühles Quellwasser trinken, nur eben auf der spirituellen Ebene.

Halbherzigkeit ist noch nie mein Ding gewesen, und so habe ich mir ein System von kleinen »Anstupsern« geschaffen: Der Wecker meiner Armbanduhr ist jetzt so eingestellt, dass er im Stundentakt klingelt. Das bedeutet, dass ich den ganzen Tag über mindestens einmal pro Stunde einen achtsamen Atemzug nehme, obwohl ich mir auf diese Weise schon den einen oder anderen schiefen Blick von Leuten eingehandelt habe, die dicht genug an mir dran waren, um es piepsen zu hören.

Ja, ich weiß, das ist ein bisschen zwanghaft – ups, schon wieder Kritik –, aber das mit dem Wecker funktioniert. Ich habe festgestellt, dass ich in Situationen, in denen ich normalerweise ins Grübeln gekommen wäre, mich geärgert hätte, unter Anspannung geraten oder ungeduldig geworden wäre, nun immer öfter daran denke, achtsam zu atmen.

Ich stelle mit einer gewissen Freude fest, dass der Vorschlag des Mönchs, nur 10 statt 20 Minuten zu meditieren, bei mir total gut funktioniert. Letzteres war mir extrem schwergefallen. So aber habe ich es tatsächlich hinbekommen, mich jeden Tag irgendwann zum Meditieren hinzusetzen, obwohl ich eine besonders arbeitsreiche Woche hinter mir habe. Für mein aktuelles Buch war einiges an Rezepten zu checken und auszuprobieren, und dabei saß mir ein ziemlich knackiger Abgabetermin im Nacken.

Gerichte zu testen ist immer ein hartes Stück Arbeit. Nur den wenigsten ist bewusst, wie körperlich anstrengend das Schreiben von Kochbüchern ist. Manchmal bringe ich viele Stunden am Tag mit dem Entwickeln und Ausprobieren von Rezepten zu, obwohl mein selbst gesetztes Limit eigentlich bei fünf Stunden liegt.

Im Allgemeinen versuche ich, wenn es irgend geht, das Timing so hinzukriegen, dass Robert und ich essen können, was ich produziert habe. Immer funktioniert das jedoch nicht. Ich weiß noch, wie ich einmal einen ganzen Tag in der Küche gestanden hatte, um alle möglichen Sachen auszuprobieren. Das Endergebnis tischte ich ihm dann abends auf. Ich wartete gespannt auf seinen Kommentar.

Er aß. Schweigend. Schließlich fragte ich ihn, wie es ihm geschmeckt habe. Erneutes Schweigen. Schließlich sagte er: »Es ist ganz okay. Aber es passt alles irgendwie nicht zusammen.« Ich hatte vergessen, ihn vorzuwarnen, dass das Ganze eigentlich nicht dafür gedacht war, in dieser Kombination auf den Tisch gebracht zu werden. Tatsächlich handelte es sich um sechs verschiedene Testgerichte – eine Art »Probiermenü« also, nur dass nie geplant war, alles zusammen zu einer Mahlzeit zu servieren.

Aber ich schweife ab. Also zurück zum Thema. Wie gesagt, ich habe ausgiebig geübt, zu meditieren und achtsam zu sein, und es ist mir gut dabei gegangen. Obwohl ich im Laufe der Jahre bei unterschiedlichen Lehrern Erfahrungen mit den verschiedensten Meditationstechniken gesammelt habe, hat mich interessanterweise nie jemand auf die Bedeutung des Atems hingewiesen – vielleicht habe ich es auch einfach nicht mitbekommen. Für mich ist es auf jeden Fall eine Offenbarung.

In der vergangenen Woche bin ich morgens immer etwas vor meiner üblichen Zeit aufgestanden, was mir als Frühaufsteherin zum Glück nicht schwerfällt. Ich habe mich mit aufrechtem Rücken hingesetzt, mir eine Decke um die Schultern gelegt, mir, wie der Mönch es empfohlen hat, den Timer auf zehn Minuten gestellt und meditiert. Während ich beim Einatmen spürte, wie die Luft durch meine Nasenlöcher ein- und nach unten in den Bauch strömte, hatte ich das Gefühl, mich mit meiner inneren Kraft und einem inneren Reservoir an Frieden zu verbinden. Es war, als würde ich mich in mir selbst verankern – und gleichzeitig fühlte ich mich offener, als wäre da mehr »Raum«. Es ist schwierig, es in Worte zu fassen. Auf jeden Fall hat es mir geholfen, zur Ruhe zu kommen – zumindest ab und zu ein paar Sekunden lang.

Ich habe meine Atemzüge gezählt, und auch das fand ich hilfreich. Ich habe die verschiedensten Methoden ausprobiert: bei jedem Einatem von eins aufwärts zählen; die Zahl beim Ausatmen innerlich sagen; bis zehn zählen und wieder von vorne beginnen und so weiter. Wer hätte gedacht, dass es so viele verschiedenen Möglichkeiten gibt, Atemzüge zu zählen. Was bei mir am besten funktioniert, ist, beim Einatmen »Eins ein« und beim Ausatmen »Eins aus« zu sagen; dann »Zwei ein« und »Zwei aus« und so weiter. Und obwohl ich bei »Zehn ein – zehn aus« hätte aufhören und von vorn anfangen können, habe ich von dort aus weitergezählt.

Ich habe festgestellt, dass die Anzahl an Atemzügen, die ich pro Minute nehme, wechselt. Manchmal atme ich ganz langsam, dann sind es nur zwei bis drei in der Minute – ein wunderbar starkes Gefühl, und obwohl ich den Atem nicht bewusst anhalte, entsteht eine lange Pause zwischen den Atemzügen, die ich sehr genieße. Ich sage mir dann: *Ich nehme bewusst wahr – jetzt, in diesem Augenblick, atme ich nicht.* Mir ist dann, als hätte ich mich in den Raum, ins Licht hinein ausgedehnt. Ich fühle mich wirklich frei und im Frieden. Es ist ein tolles Gefühl!

Ein andermal atme ich deutlich schneller. Dann sind es etwa sieben Atemzüge pro Minute. Ich denke, im Schnitt dürften es zirka zehn in drei Minuten sein. Als mir dies zum ersten Mal auffiel, hat es mich ziemlich fasziniert. Ich nahm mir vor, auszuprobieren, meine Meditation anhand der Atemzüge zu timen – 30-mal ein und aus macht zehn Minuten Meditation! An einem Morgen versuchte ich, 100 Atemzüge lang zu meditieren, was nach meinen Berechnungen 30 Minuten hätte dauern sollen. Ich muss wohl unterwegs einen Zahn zugelegt haben, denn am Ende stellte ich überrascht und ziemlich enttäuscht fest, dass es gerade mal eine Viertelstunde gewesen war.

Das mag sich jetzt alles so anhören, als würde ich mich zwanghaft aufs Zählen fixieren, aber bei mir funktioniert es auf diese Weise nun mal im Augenblick gut. Ich rechne damit, dass sich das ändern wird. Natürlich plappert mein Kopf trotzdem dauernd vor sich hin, aber ich habe das tägliche Meditieren trotzdem genossen. Und die pragmatische Aussage des Mönchs, dass selbst den besten Meditierenden der Welt beim Praktizieren immer noch Gedanken durch den Kopf gehen, hat mir Mut gemacht. Es hat viel in mir bewirkt, dies zu wissen und zu begreifen, dass das Geheimnis darin liegt, Gedanken wie vorüberziehende Wolken zu betrachten, statt ihnen Einhalt gebieten zu wollen und mich über mich selbst zu ärgern, weil ich es wieder mal nicht hinkriege.

Alles in allem also fühle ich mich ruhiger und kann es kaum abwarten, mir weitere Achtsamkeitstechniken anzueignen; ich spüre eine ungewöhnliche Freude, wieder im Schreinraum zu sein, und bin neugierig auf die heutige Sitzung. Wie es wohl bei den anderen gelaufen ist, frage ich mich.

Der Mönch wirft einen Blick in die Runde und lächelt. »Es ist schön, euch alle wiederzusehen«, sagt er. »Wie ist es euch in der letzten Woche ergangen? Wie geht es euch? Habt ihr Fragen?«

»Ich habe eine Frage zur Meditation«, meldet sich Nikki.

»Aha, und was für eine?«, erkundigt sich der Mönch.

»Ich würde gerne wissen, was du davon hältst, beim Meditieren Musik zu hören? Ist das empfehlenswert? Ich habe mir ›Meditationsmusik‹ auf meinen iPod geladen, und nun frage ich mich, ob es gut wäre, die beim Meditieren laufen zu lassen.«

Der Mönch schüttelt den Kopf. »Ich würde euch davon abraten.«

Nicht nur Nikki wirkt überrascht. »Und warum?«, will sie wissen. »Warum heißt sie dann ›Meditationsmusik‹?«

»Musik lenkt den Geist ab«, entgegnet der Mönch. »In unserer Achtsamkeitspraxis geht es uns jedoch darum, den Geist auf den gegenwärtigen Augenblick auszurichten und ihm nicht noch zusätzliche Anreize zu liefern, eigene Wege zu gehen und in Träumereien abzugleiten, was beim Musikhören leicht geschehen kann.

Aber lasst euch bloß nicht davon abhalten, Musik zu hören, genießt es, entspannt euch dabei – nur eben nicht, wenn ihr meditiert. Wenn ihr meditieren wollt, dann meditiert. Wenn ihr Musik hören wollt, dann hört Musik. Das ist Achtsamkeit.

Noch Fragen?« Der Mönch schaut interessiert in die Runde.

Maggie, die heute irgendwie blass aussieht, hebt die Hand. »Mir ist es mit dem Ganzen in der letzten Woche nicht so gut gegangen«, sagt sie.

Der Mönch sieht sie freundlich und ermunternd an. »Gibt es etwas, was dir speziell Schwierigkeiten bereitet hat?«, erkundigt er sich.

»Mein Vater ist vor einem Jahr gestorben, und ich hatte wirklich gedacht, ich wäre über seinen Tod hinweg. Aber als ich in der letzten Woche meditiert habe, wurde ich auf einmal furchtbar traurig. Dabei hatte ich gehofft, Frieden zu finden.«

Der Mönch wirkt nachdenklich. »Du wirst Frieden finden«, antwortet er. »Aber du musst erst ›reinen Tisch machen‹, um es mal so zu formulieren. Wir alle müssen das. Zu meditieren ist wie ein innerer Frühjahrsputz, was mit einer der Gründe dafür ist, dass es uns so guttut. Kämpfe also nicht gegen die Gefühle an. Behandle sie wie die Gedanken, die immer wieder in dir aufsteigen. Nimm sie wahr, nimm sie zur Kenntnis, und lass sie einfach da sein. Sei Beobachter deiner Emotionen, wie du Beobachter deiner Gedanken bist.

»Aber ich habe Angst, von ihnen übermannt zu werden«, wendet Maggie ein.

»Das wird nicht passieren«, beruhigt sie der Mönch.« Ich verspreche es dir. Du wirst sehen, wenn du sie zur Kenntnis nimmst und sie einfach da sein lässt, wird das Gegenteil geschehen. Lass sie da sein und fließen, wohin sie wollen. Lass die Tränen fließen, wenn sie fließen wollen. Die Emotionen schwächen sich dabei ab. Und vergiss nicht das Atmen: Wenn du die Emotionen spürst, nimm einen herrlichen heilenden Atemzug. Spüre, wie die Luft durch deine Nase ein- und in dir hinabströmt, als würdest du ein Glas heilendes Wasser trinken. Und lass mit dem Ausatmen den Schmerz aus dir hinausströmen.

Versuche, dich nicht in deinen Schmerz verstricken zu lassen. Betrachte ihn so, als würde er von dir getrennt existieren – genauso versuchen wir es ja auch mit unseren Gedanken. Und schau, ob du ihn mit dem Ausatem behutsam loslassen kannst.«

»Ich werde es versuchen. Danke«, sagt Maggie. Sie holt kurz Luft und fügt an: »Was mir außerdem zusetzt, ist, dass meine Gedanken so stark von Angst und Negativität beherrscht werden.«

»Was die Achtsamkeit anbelangt«, antwortet der Mönch, »ist Gedanke gleich Gedanke. Lass den Beobachter in dir ihn sich anschauen: ›Aha, ja, da ist ein Gedanke.‹ Und lass ihn einfach da sein. Bewerte ihn nicht als gut oder schlecht. Es ist einfach ein Gedanke, und er wird vergehen. Lass ihn wie eine Wolke am Himmel vorüberziehen. Nimm den nächsten Atemzug und bleibe mit deiner Aufmerksamkeit bei deinem Atem. Spüre, welcher Frieden sich allein durch dieses Wahrnehmen des Atems einstellt.

Du könntest dir auch etwas *Metta* geben, etwas liebende Güte. Gehe ganz besonders liebevoll und behutsam mit dir um. Versuche, dir mit dem Einatmen selbst *Metta* zu geben, und spüre, wie du beim Ausatmen von *Metta* durchströmt wirst.«

Der Mönch hält inne und schaut lächelnd in die Runde. »Etwas Übung, das ist alles, was es braucht. Es ist ganz einfach, aber ihr müsst es tun. Kein anderer kann es *für euch* tun. Keiner wird daherkommen, mit einem Zauberstab in der Luft herumfuchteln und es einfach so ›passieren‹ lassen. Aber ihr selbst könnt es tun und dadurch Freiheit und Glück erlangen. Ihr habt diese Kraft, jeder von uns hat sie. Darin liegt die Magie.

Ich habe es schon gesagt, aber ich wiederhole es noch einmal: Seid freundlich zu euch selbst. Ich meine es völlig ernst, wenn ich behaupte, dass das zu den fundamentalen Eckpfeilern der buddhistischen Lehre gehört. Wir alle erwarten so viel von uns. Und wir können so kritisch sein, vor allem uns selbst gegenüber.«

Es entsteht eine kleine Pause, bis sich Ed mit einem Räuspern meldet: »Ich habe versucht zu meditieren und spüre auch ein bisschen mehr inneren Frieden, denke ich zumindest ...« Er wirkt unsicher. »Aber ich wohne mitten im Zentrum, und es ist schwer, wirklich Ruhe zum Meditieren zu finden. Da ist permanent Verkehrslärm, man hört Sirenen oder irgendwelche Passanten, die laut palavernd unten am Haus vorbeigehen – ich habe jetzt erst gemerkt, wie laut die Welt ist, in der wir leben. Und manchmal ärgert mich das furchtbar, was aber natürlich völlig kontraproduktiv ist.«

Während meiner Kindheit habe ich oft mitbekommen, wie meine Großmutter meditierte, und ich muss bei Eds Worten daran denken, wie meine Schwester und ich durchs Haus schlichen und kaum zu atmen wagten, um sie nur ja nicht zu stören.

Der Mönch reagiert ziemlich pragmatisch. »Tja, das Leben heutzutage. Ganz schön viel Krach«, meint er.

»Ja, schon«, kontert Ed, und ich meine den Hauch eines sarkastischen Untertons aus seiner Stimme herauszuhören, »wenn man nicht gerade im Kloster lebt.«

Alles lacht, auch der Mönch.

»Oh, darauf würde ich mich nicht verlassen«, antwortet er. »Man kann nie wissen, ob man nicht gestört wird – ein Rasenmäher, einer im Raum muss niesen, ein Staubsauger. Und es soll schon mal passieren, dass Klöster von Flugzeugen überflogen werden ...«

Schmunzelnd fährt er fort: »Das erinnert mich an eine nette Geschichte über meinen Lehrer, den ehrenwerten Ajahn Chah. Eines Tages, als seine Mönche gerade zu meditieren versuchten, kreiste ununterbrochen ein Hubschrauber über dem Gelände und störte den Frieden. Seine Schüler wurden langsam unruhig und reagierten mit wachsendem Unmut. Nur Ajahn Chah blieb völlig ruhig und saß still wie eine Statue da. Schließlich forderte er seine Schüler auf, achtsam zu sein, und fügte hinzu: ›Stört bitte nicht den Hubschrauber!‹«

Nach einer kurzen Stille holt der Mönch zu einer Erklärung aus. »Denkt über den Satz nach«, sagt er. »›Stört bitte nicht den Hubschrauber!‹ Mit anderen Worten, fokussiert euren Geist weiterhin auf euren Atem, jetzt in diesem Moment, und lasst den

Hubschrauber – wie alles andere, was im Augenblick geschieht – einfach da sein. Es ist alles Teil dieses ›Jetzt‹ – und jetzt ist alles gut. Ich denke oft an die Geschichte, wenn ich an einem lauten Ort meditiere.

Ich kann nicht oft genug betonen, dass auch unsere Meditation so wie alles andere, was gerade passiert, Teil dieses gegenwärtigen Augenblicks ist. Wir können also nie eine ›gute‹ oder ›schlechte‹ Meditation haben – was im Übrigen auch für alles andere gilt –, denn unsere Meditation – wie alles andere im Leben – ist, was sie in diesem Moment ist. Sie ist, wie sie ist. Sie ›ist‹ einfach da.

Lasst also alles einfach da sein, kämpft nicht dagegen an. Nehmt den Moment in seiner Ganzheit an, was immer er euch bescheren mag. Das ist der Weg zum Frieden.

Wisst ihr«, fährt er fort, »eine Art, uns im Leben Schmerz und Leid zu verursachen, besteht darin, Dingen, Menschen, Ereignissen – ja, selbst unseren Meditationen – Bedeutungen beizumessen, die sie nicht wirklich haben, denn genau genommen sind sie nur da. ›Oh, das war eine *schlechte* Meditation‹, klagen wir. Oder: ›Meine Meditation war heute *nicht so gut* wie gestern.‹ Sind wir achtsam, lassen wir solche Wertungen, Vergleiche und kritischen Betrachtungen los. Unsere Meditation ist, was sie ist. Mehr nicht.

Spürt ihr, welcher Frieden davon ausgeht, wenn ihr sagt: ›Es ist, wie es ist‹? Ihr braucht es nur auszusprechen, und schon stellt sich Frieden ein. ›Ich bin, wie ich bin. Du bist, wie du bist. Er ist, wie er ist. Die Welt ist, wie sie ist.‹ Seht ihr, wie das Akzeptieren der Dinge, so wie sie sind, Schluss macht mit dem Kampf, der Aggression, dem unbedingt Wollen, dem Schmerz?«

Der Mönch schließt die Augen, nimmt einen Atemzug und spricht weiter: »Es ist, wie es ist, und in diesem Moment ist alles gut. Es ist nämlich so: Die Lehren des Buddha zielen darauf ab, uns in die Lage zu versetzen, im Alltag Frieden und Glück zu finden, egal, was ringsum los ist. Wir brauchen uns nicht vom Verkehrs-lärm, dem Hubschrauber, der Welt oder irgendetwas, was es darin gibt, abzuschotten, um Frieden zu finden.

Wir tragen die Möglichkeit in uns, Frieden und Glück zu finden, ganz gleich, was um uns herum geschieht. Mit dem Üben des achtsamen Atmens und unseren Meditationen haben wir bereits erste Erfahrungen damit gemacht. Und jetzt können wir auf diesem Fundament aufbauen und unseren Bogen mit neuen Saiten bespannen oder unserem Werkzeugkasten neue Werk-zeuge hinzufügen. Sei ihr bereit?«

Schweigen. Wir haben einiges zu verdauen. Mir persönlich hat das achtsame Atmen und Meditieren so gutgetan, dass ich mir nicht vorstellen kann, was der Mönch mir noch mit auf den Weg geben könnte, um den Effekt zu verbessern.

Er aber fährt mit leuchtenden Augen, vor Lebendigkeit und Enthusiasmus nur so sprühend, fort: »Wisst ihr, dass es für mich als ordiniertem Mönch zu meinen Pflichten gehört, Belehrungen zur buddhistischen Lehre zu halten – so wie ich es jetzt gerade mache? Und eine der Vorschriften, die es dabei zu beachten gilt, lautet, nie einen Vortrag vorzubereiten oder irgendwelche Notizen bereitzuhalten. Wir müssen spontan reden – das gehört zum im gegenwärtigen Augenblick Sein dazu.«

Ohne abzuwarten, bis sich unsere Überraschung gelegt hat, spricht er weiter. »Aber das ist einfach.« Er lacht. »Die Grund-prinzipien der buddhistischen Lehre sind so knapp und simpel, dass man sie auf eine Postkarte scheiben könnte. Es ist also kein Problem, sie immer im Kopf zu haben. Darum brauche ich keine Notizen. Und ihr braucht sie auch nicht.«

Ich habe den Eindruck, als hätten bei dieser verblüffenden Aus-sage alle die Ohren gespitzt. Mein Interesse und meine Neugier sind damit definitiv geweckt. Ich hatte immer gedacht, der

Buddhismus sei kompliziert und schwer zu verstehen. Der Gedanke, dass seine Grundprinzipien so einfach sein sollen, fasziniert mich. Sie haben Platz auf einer Postkarte, sind leicht zu merken und bergen den Schlüssel zu Frieden und Glückseligkeit? Da bin ich aber gespannt!

»Die Rede ist von den ›Vier Edlen Wahrheiten‹«, erklärt der Mönch:

> »*Da ist Leid.*
> *Es gibt eine Ursache des Leids.*
> *Es gibt ein Ende des Leids.*
> *Es gibt einen Weg, der zum Ende des Leids führt.*«

Er hält inne. Niemand sagt etwas.

Ach? Und das war's schon? Genau genommen liebe ich diese elegante Einfachheit. Trotzdem bin ich etwas enttäuscht. Die Vier Edlen Wahrheiten kenne ich bereits und empfinde sie als ziemlich öde und wenig Mut machend. Ich stehe eher auf positives Denken, kreatives Visualisieren oder Affirmationen, die mir helfen, mich besser zu fühlen. Mit Aussagen, die mich deprimieren, kann ich nichts anfangen.

Der Mönch scheint meine Gedanken zu lesen, denn er fährt fort: »Manche halten die Vier Edlen Wahrheiten für etwas Pessimistisches, weil sie vom Leid sprechen, aber das stimmt nicht. Im Gegenteil!

Es ist richtig, dass der Buddha sehr viel vom Leid und dem Leiden gesprochen hat. Was aber oft übersehen wird oder vielen einfach nicht bewusst ist: Wenn er darüber redete, dann im Zusammenhang mit der Frage, wie wir uns daraus *befreien* und *glücklich* sein können. Er sagte: ›Ich lehre euch über das Leid und darüber, wie ihr euch aus dem Leid *befreien* könnt.‹

Und wisst ihr, was er noch gesagt hat?« Der Mönch schaut in die Runde. »»Es gibt keinen Weg ins Glück. Glück ist der Weg.‹ Und genau das erlebt ihr, wenn es euch gelingt, wirklich in die Achtsamkeit zu finden. In diesem Moment ist alles gut, ich bin glücklich, ich bin frei …«, sagt er leise und nachdenklich.

»Im Buddhismus geht es also im Wesentlichen um Glück, Freiheit und Frieden, wie ihr, hoffe ich, selbst merken werdet. Diese einfache, zweifellos aber tief greifende Lehre führt tatsächlich zum Glück.«

Er überlegt einen Moment, bevor er schmunzelnd nachschiebt: »Ich denke manchmal, würde der Buddha heute leben und hätte er ein eigenes PR-Team, würden diese Leute ihn sicher überreden, seine Botschaft umzuformulieren und das Wort ›Glück‹ anstelle von ›Leid‹ in den Vordergrund zu stellen. Etwa in der Art: ›Da ist Glück. Es gibt eine Ursache von Glück. Es gibt die Erkenntnis von Glück. Es gibt eine Lebensweise, die glücklich macht.‹«

Alle lachen, und der Mönch fährt fort: »Also los, sprecht mit: Da ist Glück. Es gibt eine Ursache von Glück. Es gibt die Erkenntnis von Glück. Es gibt eine Lebensweise, die glücklich macht.«

Er hält kurz inne. »Ich finde aber, wenn man die Vier Edlen Wahrheiten so formuliert, klingen sie nicht, als könnten sie viel bewirken. Das geht irgendwie am Ziel vorbei. Es ist fast so, wie wenn du total unglücklich bist und jemand dir sagt: ›Reg dich nicht auf. Ist ja alles gut.‹ Und du weißt, dass eben *nicht* alles gut ist, weil es dich innerlich schier zerreißt. Was du eigentlich brauchst, ist, über deinen Schmerz reden zu können. Du musst ihm direkt ins Gesicht schauen und ihn wahrnehmen, und die anderen sollen ihn auch wahrnehmen, statt dir zu sagen, dass du dir keine Sorgen machen sollst; statt alles einfach zu übertünchen.

Der Buddha hat nie irgendetwas übertüncht oder so getan, als ob es kein Leid gäbe. Er hat sich das Leben angeschaut, und er sah

Leid, und er fand einen Weg, mit diesem Leid umzugehen: nämlich zu ergründen, was es verursacht und welche Möglichkeit es gibt, sich daraus zu befreien. Er nannte die Dinge beim Namen. Der Buddha war ein außerordentlich bodenständiger, praktisch denkender Mensch«.

Es klingt so, als würde der Mönch von einem guten alten Freund sprechen.

»Aber nur, weil ich das sage, müsst ihr es nicht für bare Münze nehmen. Egal, wer was sagt, ihr müsst nie irgendetwas einfach so glauben. Wir können dies alle selbst ausprobieren, so wie der Buddha seine Anhänger aufforderte, ihre eigenen Erfahrungen zu sammeln. Wir schauen uns die Vier Edlen Wahrheiten also im Detail an, denken darüber nach, und dann verfahren wir damit wie mit dem achtsamen Atmen: Wir wenden sie auf gewöhnliche Dinge und Situationen des Alltags an. Wir machen uns die Vier Edlen Wahrheiten zu eigen, indem wir ihr Wirken in unserem Leben praktisch erfahren.

Die Vier Edlen Wahrheiten gehen mit der Achtsamkeit Hand in Hand – beides ist ganz eng miteinander verknüpft. Die Lehre ist außerordentlich lebensnah und einfach, aber sie will auch kontemplativ erfasst sein – und an diesem Punkt kommt die Achtsamkeit ins Spiel. Um den größtmöglichen Nutzen aus dieser Lehre zu ziehen, braucht ihr nichts als einen offenen, empfänglichen Geist und die Bereitschaft, nachzudenken und Möglichkeiten in Betracht zu ziehen.«

Mit einem verschmitzten Lächeln fährt er fort: »Wisst ihr, für mich ist Achtsamkeit so etwas wie ein sicheres Fahrzeug, in das ihr euch hineinsetzen könnt – eine Art Auto mit hervorragenden Stoßdämpfern. Und die Vier Edlen Wahrheiten sind wie die Räder an diesem Fahrzeug, die dafür sorgen, dass ihr auf dem Weg an euer Ziel sanft über die holprigen Stellen hinweggleitet.«

»Und was ist unser Ziel?«, wirft Dan vom anderen Ende des Raumes her scherzhaft ein.

»Das *Nirvana* natürlich«, gibt der Mönch lachend zurück. »Also los, setzt euch in euer Auto! Checken wir noch kurz die Räder, um zu sehen, ob auch alles richtig funktioniert, und dann geht's los. Ihr werdet sehen, dass ihr im Handumdrehen da seid. Ihr müsst nicht sterben, um ins *Nirvana* zu kommen!«

Der Mönch strahlt übers ganze Gesicht, und mit seiner Begeisterung steckt er uns alle an. Ich glaube nicht, dass irgendeiner von uns schon mal gehört hatte, dass man die Vier Edlen Wahrheiten und die Achtsamkeitsmeditation als ein Fahrzeug beschreiben könnte, mit dem wir durchs Leben düsen, aber die Vorstellung gefällt mir, und ich bin offen und neugierig auf das, was nun kommt.

»Und heute ...« Der Mönch wirkt, als wäre er jetzt richtig in Fahrt gekommen. »... heute nehmen wir uns die erste der Vier Edlen Wahrheiten vor: ›Da ist Leid.‹«

Die Erste Edle Wahrheit

»Wie alle Edlen Wahrheiten umfasst auch die Erste drei Teile oder ›Einsichten‹, wie der Buddha sie nannte. Zunächst wird eine schlichte Tatsache festgestellt, dann folgt eine Handlungsanleitung und schließlich das Ergebnis.

Auch auf die Gefahr hin, dass ich die Metapher ein wenig überstrapaziere ...« Er grinst. »Man könnte sagen, dass jedes der vier Räder eures Autos drei Speichen hat.

Die erste Einsicht der Ersten Edlen Wahrheit – also die Tatsachenfeststellung – lautet: ›Da ist Leid.‹ Die zweite – also die Handlungsanleitung: ›Das Leid sollte verstanden werden.‹ Und die dritte – das Ergebnis: ›Das Leid ist verstanden worden.‹«

In meinem Kopf wirbelt alles durcheinander. Ich habe den Eindruck, dass die Einsichten keinem anderen Zweck dienen, als uns in langwierige Grübeleien zu verstricken, bis wir irgendwann an den Punkt kommen, wo wir das Gefühl haben, jetzt alles begriffen zu haben. Großen Sinn macht das für mich nicht – schließlich wissen wir alle, was Leiden ist.

»Unter einer Edlen Wahrheit«, fährt der Mönch fort, »ist eine Wahrheit zu verstehen, die es zu reflektieren gilt. Es handelt sich nicht um eine absolute Wahrheit, also um kein Dogma, das in Stein gemeißelt wäre. Wir müssen die Edlen Wahrheiten kontemplieren, und wir tun dies, indem wir ihre Wirkung erfahren, und das geht so: Wir wenden die Edlen Wahrheiten auf gewöhnliche Dinge und Situationen des alltäglichen Lebens an. Wir experimentieren mit ihnen, schauen selbst, ob sie funktionieren oder nicht und ob sie für uns hilfreich sind. Es ist wie ein großes Experiment.

Vergesst nicht, der Buddha hat die Vier Edlen Wahrheiten aus der Betrachtung des Lebens geschöpft. Er wollte eine Antwort auf all das Leid finden, das er vor Augen hatte. Wir erschließen uns die Edlen Wahrheiten, indem wir ihr Wirken in unserem eigenen Leben betrachten. Dabei finden wir heraus, wie wir sie nutzen können, um unser eigenes Leid loszulassen und Glück, Freiheit und Frieden zu finden.«

Es herrscht Stille im Raum, die der Mönch schließlich durchbricht. »Ich denke, ihr kennt alle die Geschichte von Buddhas Leben und wie er auf die Vier Edlen Wahrheiten gestoßen ist?«

Keiner sagt etwas, und so fängt er an zu erzählen: »Er wurde als Prinz geboren. Sein Name war Gautama.« Der Mönch hält einen Moment inne und schaut zu Nikki hinüber, die irritiert wirkt. »Ich dachte, er hieße Siddhartha«, wirft sie ein, und in ihrer Stimme klingt ein wenig Entrüstung mit. »Ich habe irgendwann mal ein Buch über ihn gelesen, mit dem Titel *Siddhartha*.«

»Stimmt.« Der Mönch nickt. »Man kennt ihn unter beiden Namen – Siddhartha und Gautama –, und manchmal nennt man ihn auch Shakyamuni, was sich von seinem Familien- bzw. Nachnamen ableitet. Der lautete Shakya. Shakyamuni bedeutet so viel wie ›Weiser des Shakya-Clans‹. Aber bleiben wir der Einfachheit halber bei Gautama.

Als Gautama geboren wurde, prophezeite ein Weiser seinem Vater, dass sein Sohn entweder ein großer König oder ein bedeutender spiritueller Lehrer werden würde. Der König war entsetzt bei dem Gedanken, dass aus seinem Sohn ein Guru werden könnte. Darum setzte er alles daran, ihn davor zu bewahren, je in irgendeiner Weise Zeuge von Leid zu werden, selbst Leid zu erfahren oder irgendeinem anderen Einfluss ausgesetzt zu sein, der ihn in die spirituelle Richtung hätte lenken können. Der König sorgte im Gegenteil dafür, dass Gautama ein Leben in absolutem Luxus führte und das Palastgelände nie verließ.

Aber eines Tages gelang es seinem Sohn doch auszureißen. Er gelangte in die nahe gelegene Stadt, wo er Zeuge von Alterssiechtum, Krankheit und Tod wurde. Gautama war zutiefst schockiert und entsetzt – so sehr, dass er sich vornahm, eine Lösung für all dies zu finden. Er kehrte dem Palast den Rücken, gab jeglichen Besitz auf und lebte von den Almosen, die man ihm gab. Er fastete oft, bis er schließlich so schwach und unterernährt war, dass er das Nahen des Todes spürte. Da wurde ihm klar, dass solch ein extremes Verhalten nicht weise war, und er entdeckte die Mäßigung als ›mittleren Weg‹.

Schließlich setzte sich Gautama in einer Vollmondnacht im Mai unter einen Feigenbaum – später ihm zu Ehren *Bodhi* oder ›Baum des spirituellen Erwachens‹ genannt – und beschloss, nicht eher wieder aufzustehen, als bis er die Antwort auf das Leiden gefunden hatte. Er fiel in eine tiefe Trance, in der er die ganze

Nacht verharrte. Als der Mond schließlich im Westen unter- und die Sonne im Osten aufging, schlug er die Augen auf. Er hatte die Antwort erhalten: in Form der Vier Edlen Wahrheiten.«

Der Mönch hält inne. Durch die Art, wie er von dem jungen Buddha und seinem Leben erzählt hat, ist eine sehr schöne Stimmung im Raum entstanden, die als beinahe greifbare Präsenz zu spüren ist.

Mit ruhiger Stimme fährt er fort: »Unsere Lebensweise hat sich seit Buddhas Lebzeiten radikal verändert, aber die menschliche Natur ist die gleiche geblieben. Darum treffen seine Lehren heute noch genauso zu wie vor Hunderten von Jahren. Es gibt immer noch das gleiche Leid, das den jungen Prinz Gautama so schockierte: Alter, Krankheit, Not und Tod. Da er seine Lehre – die Vier Edlen Wahrheiten – darauf ausrichtete, mit diesem Leiden umzugehen, hat sie nichts von ihrer Gültigkeit verloren. Darum funktioniert sie so gut, und darum gebe ich sie jetzt an euch weiter, so wie sie seit 2500 Jahren von Person zu Person überliefert wurde.

Also dann, wollen wir anfangen?«

Da ist Leid

»Die Erste Edle Wahrheit lautet ›Da ist Leid‹ – oder *Dukkha*, wie der Buddha es nannte. Diese Tatsache ist unbestreitbar. Wohin wir uns wenden, überall ist Leid. Jeder leidet auf die eine oder andere Weise. Die Welt ist voller Leid.

Aber ist euch aufgefallen, wie diese Einsicht formuliert ist? Das ist entscheidend. Es heißt nicht etwa ›*Ich* leide‹, ›*Du* leidest‹, ›*Die Tiere* leiden‹, sondern ›*Da ist* Leid‹. Spürt ihr den Unterschied zwischen ›*Ich* leide‹ und ›*Da ist* Leid‹?«

Der Mönch lässt seinen Blick durch den Raum schweifen. Wir sitzen alle still da und hören aufmerksam zu. »Versucht einmal, es langsam vor euch hin zu sagen: ›*Ich* leide‹ oder ›*Da ist* Leid‹. Merkt ihr den Unterschied?«, fragt er noch einmal.

Ich fühle ihn tatsächlich. Wenn ich sage: »Da ist Leid«, erkenne ich das Leid zwar an – unterdrücke oder leugne es also nicht –, aber es ist, als würde ich es ein bisschen auf Distanz halten, als wäre zwischen mir und dem Leid ein klein wenig Luft zum Atmen. »Da ist Leid«, so empfinde ich es zumindest, bringt mich in die Position des Beobachters, der sich das Leid anschaut, statt die Person zu sein, der das Leid widerfährt. »Da ist Leid« vermittelt mir eher das Gefühl, die Dinge unter Kontrolle zu haben. Ich mag dieses Gefühl.

»›Da ist Leid‹«, fährt der Mönch fort, »ist eine klare Aussage, dass es in diesem Moment irgendein Gefühl des Unglücklichseins gibt. Es muss sich nicht um schwere Folter handeln, obwohl auch das der Fall sein könnte. Die Spanne reicht von der höchsten Not bis zur milden Langeweile. Es kann sich um Angst, Zorn, Eifersucht, Neid oder jegliche andere negative Emotion handeln, die ihr empfindet, oder auch um physischen Schmerz. Leid umfasst dies alles.

Wir bewerten weder das Maß an Leid noch sonst irgendetwas, sondern erkennen einzig und allein das Vorhandensein von Leid an. Wir können es genauer benennen: ›Da ist Sorge‹ oder ›Da ist Schmerz‹ oder ›Da ist Traurigkeit‹, aber notwendig ist es nicht. Es reicht aus, es einfach anzuerkennen: ›Da ist Leid.‹ Wir versuchen nicht, uns damit zu identifizieren, es zu beurteilen, es zu unterdrücken oder es zu heilen, sondern nehmen es einfach zur Kenntnis und akzeptieren, dass es da ist. Stellt euch zum Beispiel vor, ihr wäret furchtbar in Eile, weil ihr unbedingt eure Bahn erwischen müsst. Erst hält euch der viele Verkehr auf, dann findet ihr keinen Parkplatz. Als ihr dann endlich die Treppe zum Bahnsteig hochkeucht, seht ihr gerade noch die immer kleiner werdenden Rücklichter eures Zuges. Wie fühlt ihr euch? Nehmt diese Gefühle zur

Kenntnis: ›Im Augenblick ist da Leid‹ oder ›Da ist Ungeduld/Wut/ Angst/Ärger‹ oder was auch immer ihr gerade fühlt.

Nehmt die Gefühle wahr, aber belasst es dabei. Lasst euch nicht in sie hineinziehen, indem ihr anfangt, euch selbst oder die Situation zu beurteilen, etwa indem ihr denkt: *Ich hätte früher von zu Hause losfahren sollen; ich bin immer so ungeduldig; ich muss mich mehr entspannen; es ist nicht gut für meinen Blutdruck; ich habe Angst, zu spät zu kommen und mein Meeting zu verpassen; es sollte unbedingt etwas gegen den vielen Verkehr getan werden, die blöden Verkehrsbehörden ...* Und so weiter.

Es kann leicht passieren und ist nur menschlich, sich in eine Gedankenschleife hineinziehen zu lassen, die noch mehr Unruhe stiftet und nichts dazu beiträgt, inneren Frieden zu finden. Also holt eure Gedanken zum eigentlichen Kern der Situation zurück: *Da ist Leid.*

Wie beim Meditieren, könntet ihr ein paar achtsame Atemzüge nehmen. Spürt, wie die Luft durch eure Nasenlöcher ein- und wieder ausströmt. Spürt, wie ihr dabei zur Ruhe kommt und euch mit dem gegenwärtigen Augenblick und eurer inneren Kraft verbindet.

Probiert es selbst aus und schaut, was passiert. Atmet ein, spürt das Leid; atmet aus und lasst es los. Ich vermute, dass ihr dabei allmählich ruhiger werdet. Ihr seht die Dinge klarer, statt euch darin verstricken zu lassen und sie persönlich zu nehmen.

Das war der erste Teil der Ersten Edlen Wahrheit: ›Da ist Leid.‹« Der Mönch lächelt. »Machen wir weiter.«

Das Leid sollte verstanden werden

»Nachdem wir uns mit dem ersten Teil der Ersten Edlen Wahrheit befasst und gelernt haben, Schmerz, Leid und Unbequemlichkeit in nichtpersönlicher Weise zu begegnen, also ›Da ist Leid‹ anstelle von ›Ich leide‹ zu sagen, kommen wir zur zweiten Einsicht: ›Das Leid sollte verstanden werden.‹ Dies ist die Aufforderung, den Leidenszustand zu ergründen.«

Puh, denke ich. *Wenn wir in dem Tempo weitermachen, werden wir noch stundenlang hier sitzen.* Ich habe auf einmal furchtbaren Hunger. Bei dem Gedanken an Essen knurrt mir der Magen. Ich frage mich, ob die anderen es hören. Wie peinlich! Dann merke ich, auf welche Schiene ich geraten bin, und denke: *Da sind Bedenken; da ist Unbequemlichkeit; da ist Magenknurren; da ist Angst, was andere von mir denken könnten; da ist Leid.*

Während ich dies denke, lächle ich mir selbst zu und spüre, wie mein Körper sich entspannt. Bingo! Ich bin tatsächlich achtsam. Es fühlt sich gut an. Plötzlich erinnere ich mich an dieses aufregende Gefühl, das ich hatte, als ich Fahrrad fahren lernte: selbstbewusst, überschwänglich, die Herrin meines Tuns. Genau so fühlt es sich an.

Ich richte meine Aufmerksamkeit wieder auf die Worte des Mönchs. »Wenn wir sagen, ›*Das Leid sollte verstanden werden*‹, müssen wir eins bedenken: Das Wort ›verstehen‹, wie es im Pali des Originaltextes verwendet wird, also in der alten Sprache des Buddha, hat eine tiefere Bedeutung, die über das ›verstandesmäßige Erfassen‹ hinausreicht. Wörtlich übersetzt heißt der dort verwendete Begriff ›unterstellen‹ im Sinne von völlig akzeptieren, sich unterordnen, aushalten, annehmen. Es geht also darum, sich dem Leid wahrhaft zu *unterstellen.*

Es ist so einfach, die Schuld für unseren Schmerz und unser Leid bei anderen Personen oder den äußeren Umständen zu suchen. Wie oft hören wir Leute sagen: ›Wegen dir fühle ich mich schlecht; du machst mich eifersüchtig/unglücklich; wegen dir habe ich Schuldgefühle.‹ Wie oft hören wir, wie sie ihr Unglück auf ihre Kindheit oder ihre Eltern schieben. Natürlich haben solche Dinge großen Einfluss. Aber wenn wir zu verstehen und akzeptieren beginnen, dass ›da Leid ist‹ – uns ihm ›unterstellen‹, es aushalten –, begreifen wir allmählich, dass unser Leid nicht davon abhängt, was außerhalb von uns geschieht oder uns im Außen widerfährt.

Nehmen wir an, jemand würde sich uns gegenüber gemein verhalten oder uns beleidigen: Er *bringt* uns nicht ins Leid. Ob wir es zulassen, verletzt oder beleidigt zu sein, ist einzig und allein unsere Entscheidung. Werdet also zum Beobachter. Nehmt zur Kenntnis, dass ›da Leid ist‹ oder Verletztheit oder wie auch immer ihr es nennen möchtet. Dann haltet inne. Unterstellt euch dem Gefühl, akzeptiert es, haltet es aus. Lasst euch nicht in ein verworrenes Gedankennetz aus Schuldzuweisungen, Begründungen, Rechtfertigungen, Wut, Rachegelüsten und so weiter hineinziehen. Das würde den Schmerz nur aufrühren und verstärken.

Es mag nach Ironie klingen, aber wenn ihr inneren Frieden finden und euch aus dem Leid befreien wollt, müsst ihr bei dem Gefühl des Leids bleiben – euch ihm ›unterstellen‹, es annehmen. Wie ihr noch erleben werdet, verschwindet es dann von allein.

Mein Lehrer, Ajahn Sumedho, heißt das Leid sogar willkommen, und manche geübten buddhistischen Mönche und Nonnen begegnen dem Leid mit *Metta*, also mit liebender Güte. Das mag euch zum jetzigen Zeitpunkt noch etwas weit hergeholt erscheinen, aber wenn ihr anfangt, den Schmerz einfach da sein zu lassen, ihn zu akzeptieren, ja, sogar, ihn willkommen zu heißen, ist es nur der nächste logische Schritt hin zum inneren Frieden, ihn in liebende Güte zu hüllen. Dies zu tun ist außerordentlich befreiend, weil es jeglichen Widerstand gegen das Geschehen auflöst.«

Bei diesem Gedanken steigt auf einmal ein Gefühl von Macht in mir auf, und mir wird klar: In dem Augenblick, in dem ich mich in die Position der »Beobachterin« meines eigenen Leids – oder besser »des Leids« – begebe und meinen Geist immer wieder dorthin zurückhole, statt bestimmte Gegebenheiten oder andere Menschen dafür verantwortlich zu machen, mir Leid »zu verursachen«, entscheide ich selbst über meine innere Verfasstheit. Das macht mich frei und stark.

Nach einer Pause fährt der Mönch fort: »Um glücklich zu sein, braucht ihr euch nicht mehr von anderen Menschen, den äußeren Umständen, materiellem Besitz oder was auch immer abhängig zu machen. Ihr könnt euch selbst aus dem Leid befreien und glücklich sein. Das ist doch eine großartige Sache!

Der Ansatz des Buddha ist einmalig, denn er zeigt, dass wir selbst es in der Hand haben, den Weg aus dem Leid zu finden. Seine Lehre ist irgendwie sehr ›erwachsen‹. Unser Glück hängt von nichts ab, was außerhalb von uns liegt. Es ist alles hier drinnen.« Der Mönch legt sich die Hände erst um den Kopf, dann aufs Herz. »Wir müssen nur lernen, es richtig zu benutzen.«

Das Leid ist verstanden worden

»Um es noch einmal zusammenzufassen: Wenn jemand unfreundlich zu euch ist oder etwas sagt, was euch verletzt, und ihr glaubt, er würde euch Leid verursachen, habt ihr die Erste Edle Wahrheit nicht verstanden. Selbst wenn man euch foltert und ihr denen, die euch quälen, die Schuld für euren Schmerz zuweist, habt ihr die Erste Edle Wahrheit nicht verstanden. Solange ihr meint, die Quelle eures Schmerzes und Leids läge außerhalb von euch selbst, sie sei ›da draußen‹ und nicht ›hier drinnen‹«, sagt der Mönch und zeigt auf seinen Kopf, »habt ihr die Erste Edle Wahrheit nicht verstanden. Ihr habt eure Macht abgegeben.

Es mag hart klingen, aber der Weg aus dem Leid führt nicht über Schuldzuweisungen, Hass, Ärger oder Rachegedanken gegenüber irgendetwas oder irgendjemandem außerhalb von euch selbst – ja, noch nicht einmal gegenüber euch selbst. Mit solchen Gedanken verletzt ihr euch nur und versperrt euch den Weg ins Glück, in die Freiheit und den Frieden. Der Weg aus dem Leid, der Weg ins Glück, in die Freiheit und den Frieden führt über die Erkenntnis ›Da ist Leid‹; darüber, sich dem Leid zu unterstellen und es zu akzeptieren und da sein zu lassen, genau wie es ist.

Probiert es selbst aus und schaut, was passiert. Ihr werdet sehen, dass das Leid in euch nicht bleibt, wie es ist. Es verändert sich. Innerer Friede breitet sich aus; innere Kraft und Gelassenheit stellen sich ein. Ihr werdet an einen Punkt gelangen, an dem ihr Beleidigungen und kleine Verletzungen einfach nicht mehr bemerkt.

Natürlich setzen euch massivere Situationen immer noch zu; und natürlich spürt ihr sie. Aber in dem Maß, wie ihr das Leid annehmt, ohne in Schuldzuweisungen, Zorn oder Abwehr zu verfallen, findet ihr Frieden – und auch innere Stärke.

Aber wartet nicht ab, bis etwas Großes passiert. Fangt jetzt mit den kleinen Dingen zu üben an, etwa, wenn euch jemand beim Schlangestehen anrempelt; wenn ihr im Straßenverkehr von einem anderen Fahrzeug geschnitten werdet; wenn jemand eine verletzende oder beleidigende Bemerkung macht; wenn ihr ungeduldig seid, weil die Kinder ihre Kleidung wieder einmal überall auf dem Boden verstreut haben; wenn euer Partner euch so auf die Nerven geht, dass ihr lauthals schreien könntet … und so weiter.

Es gibt unzählige Anlässe im Leben, sich aufzuregen, angegriffen zu fühlen, beleidigt oder genervt zu sein oder sich zu ärgern. Nehmt solche Gefühle zur Kenntnis, aber denkt daran, dass ihr euch eben nicht aufzuregen braucht; dass ihr nicht beleidigt oder genervt sein müsst; dass euch keiner zwingt, euch zu ärgern. Und ganz gewiss braucht ihr es der anderen Person nicht heimzuzahlen. Jemandem etwas heimzuzahlen bringt euch absolut gar nichts. Es hält nur die Negativität im Umlauf und gibt sie weiter wie eine Flüsterbotschaft in der ›stillen Post‹.

Was euch dagegen hilft, ist, euch eure Gefühle bewusst zu machen und die Verantwortung dafür zu übernehmen. Dadurch unterbrecht ihr die Negativitätsschleife auf der Stelle. Es befreit euch, es befreit den anderen, und es befreit die Welt davon, noch mehr Negativität aufgebürdet zu bekommen.

Wir alle sagen, dass wir uns den Weltfrieden wünschen, aber manchmal fühlen wir uns hilflos und meinen, nichts zu seiner Verwirklichung beitragen zu können. Dabei können wir durchaus etwas tun. Wir brauchen nur nach der Ersten Edlen Wahrheit zu leben, und schon wird die Welt ein Stück friedlicher: Der Frieden fängt bei uns an, bei jedem Einzelnen von uns. Denkt darüber nach. Setzt es in die Tat um.

Und nicht zuletzt«, fügt der Mönch mit einem Lächeln hinzu: »Ist es nicht ein wunderbares Gefühl, die eigene Macht zu spüren, wenn ihr erkennt, dass andere – ganz gleich, was sie sagen oder tun – euch nie etwas anhaben können?«

Ist das so?

Einen Moment schweigt der Mönch und überlegt, bevor er weiterspricht: »Das erinnert mich an eine berühmte Geschichte aus dem Zen-Buddhismus. Es geht um einen Mönch. Manche von euch haben sie vielleicht schon mal gehört, aber ich glaube, sie ist es wert, noch einmal erzählt zu werden:

In einem Dorf in Japan lebt ein schönes Mädchen. Es ist schwanger. Seine Eltern sind wütend und bedrängen es zu sagen, wer der Vater des Kindes sei. Das Mädchen will seinen Liebsten aber nicht in Schwierigkeiten bringen, und so beschuldigt es

Hakuin, einen alten Mann und allseits verehrten und respektierten Mönch, es verführt zu haben.

Nachdem das Mädchen entbunden hat, bringen die Eltern den kleinen Jungen zu Hakuin und verlangen, dass er für ihn sorgen müsse. Er sei schließlich der Vater! ›Ist das so?‹, ist alles, was Hakuin dazu sagt. Aber er sorgt mehrere Monate lang für den Kleinen, bis das Mädchen, von schweren Gewissensbissen geplagt, seinen Eltern gesteht, dass der Vater des Babys in Wirklichkeit ein junger Mann aus dem Dorf ist.

Die Eltern gehen wieder zu Hakuin, teilen ihm mit, dass er doch nicht der Vater sei, entschuldigen sich gebührend und bitten, dass er ihnen das Kind doch wieder überlassen möge. ›Ist das so?‹, sagt Hakuin wieder und gibt ihnen den Jungen zurück.«

Der Mönch wägt einen Moment lang seine Gedanken, dann erklärt er: »Wenn ihr die Erste Edle Wahrheit kennt und nach ihr lebt, befreit ihr euch aus der Notwendigkeit, beleidigt zu reagieren. Es ist möglich.

Es gibt eine berühmte Geschichte darüber, wie der Buddha selbst einmal in einer solchen Situation reagierte. Das Ganze hat sich tatsächlich so zugetragen. Bei einer seiner Lehrreden fing ein ungehobelter junger Mann plötzlich an, ihn mit Zwischenrufen zu unterbrechen und ihm Beleidigungen an den Kopf zu werfen. ›Ihr habt kein Recht, anderen zu sagen, wie sie sich verhalten sollen‹, schrie er. ›Ihr gebt euch nur als Meister aus und führt alle hinters Licht.‹

Der Buddha setzte seine Rede unbeirrt fort und ignorierte den jungen Mann. Der wurde immer wütender. Es kam so weit, dass er irgendwann unmittelbar vor dem Buddha stand und ihm seine Beleidigungen direkt ins Gesicht schrie. Die Mönche versuchten, den Ruhestörer beiseitezuzerren, doch der Buddha gebot ihnen Einhalt. Er wandte sich dem Mann zu, lächelte ihn an und sagte:

›Wenn ich ein Geschenk für jemanden kaufe, und der nimmt das Geschenk nicht an, wem gehört es dann?‹

Der Angreifer wurde einen Moment still und überlegte. ›Ich würde sagen, es gehört immer noch mir, weil ich es schließlich gekauft habe‹, antwortete er schließlich.

Der Buddha lächelte und sagte: ›Genau so ist es. Und das Gleiche gilt für deinen Zorn. Ich fühle mich nicht von ihm beleidigt, weil ich ihn nicht annehme. Ich gebe ihn dir zurück. Du bist derjenige, der unglücklich ist. Du verletzt nur dich selbst.‹

Der junge Mann verstand, und auf einmal war ihm sein Verhalten peinlich. In der Tat beeindruckte ihn die Reaktion des Buddha so sehr, dass er sich in die Schar seiner Anhänger einreihte.

Ihr braucht die Beleidigungen oder den Ärger anderer nie anzunehmen«, sagt der Mönch. »Nehmt sie einfach nicht in Empfang. Lasst sie nicht an euch heran, dann bleiben sie bei dem, der versucht, sie euch zu geben.

Wie anders wäre die Welt, wenn jeder nach diesem Prinzip leben würde. Rechtsanwälte könnten nichts mehr mit Beleidigungsklagen verdienen, und viele Kriege würden gar nicht erst ausbrechen. Aus dem inneren Frieden der Menschen würde tatsächlich der Weltfrieden erwachsen.

Probiert es selbst aus. Arbeitet mit den kleinen Frustrationen, Ärgernissen und Verletzungen des täglichen Lebens. Achtet darauf, wie ihr auf eure Kinder, euren Partner, das Wetter, die Nachbarn, die Regierung, die Katze, das Fernsehen oder das Auto, das mal wieder nicht anspringt, oder auch auf euch selbst gereizt, genervt oder ärgerlich reagiert. Nehmt diese Reaktion zur Kenntnis, akzeptiert sie und *lasst sie einfach da sein*. Provoziert andere nicht, und wenn sie euch provozieren, haltet euch vor Augen, wem die Beleidigung oder der Ärger gehört, solange ihr nicht darauf einsteigt.«

Annehmen und »Loslassen« im Alltag

Tim, der große, dunkelhaarige Mann mit dem lose gebundenen Seidenschlips, hebt die Hand. »Das mag eine inspirierende Geschichte sein, die zum Nachdenken anregt, aber wenn es darum geht, im Alltag bestimmte Maßnahmen durchzuziehen, kann ich mir nicht vorstellen, wie das mit dem ›alles einfach da sein lassen‹ funktionieren soll. Ich bin Arzt, und wenn ich ›alles einfach da sein lassen‹ würde, würde das Gesundheitssystem zusammenbrechen, zumindest was meine Patienten anbelangt.«

»Ich dachte, das Gesundheitssystem bricht sowieso zusammen«, wirft Suzi sarkastisch ein. Tim verzieht das Gesicht, und alle lachen.

»Natürlich musst du deine Arbeit bestmöglich erledigen, Tim«, antwortet der Mönch. »Lass mich im Augenblick nur so viel sagen, dass ich in erster Linie im Hinblick auf das, was *in deinem Inneren* passiert, vom Akzeptieren und Da-sein-Lassen rede. Ich spreche von deiner geistigen Haltung – den Ängsten, der Anspannung, den Wünschen, die in dir aufsteigen. Um Frieden zu finden, geht es darum, diese zur Kenntnis zu nehmen und sie zu spüren, ohne sie ändern zu wollen. Oder anders formuliert: Lass sie einfach da sein, und sie lösen sich auf.

Das bedeutet nicht, dass du nicht gleichzeitig etwas Praktisches tun kannst; es heißt, deinen Blick stets nach innen gerichtet zu haben, statt die Verantwortung für Ereignisse oder Empfindungen außerhalb von dir selbst zu suchen. Bist du innerlich still und achtsam für das Geschehen im gegenwärtigen Augenblick und lässt es da sein, wie es ist, bist du in der optimalen geistigen Verfassung, um weise Entscheidungen zu treffen. Und wenn du im Inneren ruhig und fokussiert bist, ziehst du im Außen mehr Ruhe an. Frieden im Innen, Frieden im Außen.

Du brauchst dir nur den Dalai Lama, Mutter Teresa oder Nelson Mandela anzuschauen, der lange im Gefängnis saß. Sie brauchten nur sie selbst zu sein, um vielen Menschen überall auf der Welt ein Quell der Inspiration zu sein.«

»Also, als Mutter Teresa würde ich mich jetzt nicht gerade bezeichnen!« Tim lacht hell auf. »Aber ich verstehe, worauf du hinauswillst. Du redest von dem, was in uns passiert, und nicht von einer *Laissez-faire*-Haltung unserer Arbeit und unseren Pflichten gegenüber.«

»Genau«, bestätigt der Mönch. »Und ich rate euch auch davon ab, euch Gedanken über die Welt und die Taten anderer Leute zu machen und zu versuchen, die Welt aufgrund eurer Werturteile, Vergleiche, Kritik und so weiter verändern zu wollen.

Wie bereits gesagt: Wenn es etwas gibt, was ihr tun *könnt* und was ausgesprochen hilfreich ist, um euch in der Entfaltung von innerem Frieden voranzubringen, ist es, euch von Wertungen und Kritik zu verabschieden. Ich spreche hier von Meinungen und Ansichten ... Vielleicht sollte ich es besser so formulieren:

Da draußen gibt es zu allem und jedem irgendwelche Meinungen, Urteile und Ansichten. Ich denke dies, ich glaube das. Dieses sollte man – oder du – nicht tun, jenes aber schon; und das hier mag ich lieber als das andere. Lasst solche Gedanken los! Denkt an Hakuin und seinen Satz: ›*Ist das so?*‹ Anfangs mag es ziemlich schwierig sein, eine solche Haltung einzunehmen, weil wir so sehr daran gewöhnt sind, Meinungen und Ansichten zu haben und Werturteile zu fällen. Fangt ihr aber an, euch selbst zu beobachten, werdet ihr bald merken, wie oft euch solche Gedanken durch den Kopf gehen und wie viel friedlicher es in euch wird, wenn ihr diesen nicht mehr nachgeht.

Wie mit allem, was wir in diesem Kurs besprechen, braucht es auch hierzu etwas Übung. Aber je öfter ihr es tut – je öfter ihr euch der Werturteile, Meinungen und Kritik enthaltet und vor allem aufhört, euch über Dinge zu entrüsten –, desto natürlicher fühlt es sich an. Und desto stärker wird euer Gefühl von Glück, Freiheit und Frieden in euch selbst und in der Welt dort draußen.«

Der Mönch blickt der Reihe nach jeden von uns einmal an, bevor er fortfährt: »Ich denke, Meinungen, Kritik, Vergleiche und Werturteile aufzugeben ist ein kleiner Preis angesichts des Friedens, den ihr selbst empfinden werdet – und den ihr dann in die Welt hinaustragen könnt. Ich kann euch nur ermutigen, diesen kleinen Schritt zu tun. Fangt einfach damit an; es wird euch bald zur Gewohnheit werden, und wenn ihr erst einmal erfahren habt, wie sehr ihr dadurch in den Frieden kommt, wollt ihr nie mehr zurück.«

»Innerer Frieden ist also gleich Weltfrieden«, bemerkt Pam.

»Genau«, antwortet der Mönch. »So ist es.«

Er schaut in die Runde. »Damit wären wir für heute mit der Belehrung am Ende. Lasst uns die Sitzung mit einer kleinen Meditation beschließen. Diesmal geht es darum, zugleich achtsam für Atem und Körper zu sein.«

SITZMEDITATION

Setz dich bequem und aufrecht hin, aber mach dir keine großen Gedanken über deine Haltung. Sitze einfach ganz natürlich da.

Lass deine Hände entspannt in den Schoß oder auf die Oberschenkel sinken, die eine Hand sanft in die andere gelegt.

Du kannst die Augen schließen. Du kannst sie aber auch offen oder halb geöffnet halten; dann schaust du auf einen

Punkt, der etwa 50 bis 60 Zentimeter vor dir liegt, ohne dich auf irgendetwas zu fokussieren ... Mach es so, wie es am angenehmsten für dich ist.

Konzentriere dich auf deinen Atem: wie die Luft durch die Nase ein-, in die Lunge hinab- und wieder zur Nase hinausströmt ...

Sei dir des Bodens unter dir bewusst, wie er dich stützt und trägt.

Achte auf deinen Körper. Spürst du irgendwo eine Anspannung, lass sie einfach los ... in deinem Kopf ... deinen Augen ... dem Kiefer ... dem Nacken ... den Schultern ... der Brust ... den Armen ... den Händen ... den Fingern ... dem Bauch ... den Hüften ... den Oberschenkeln ... den Beinen ... den Füßen und Zehen ...

Lass deine Sorgen und Bedenken los ... und alle damit verbundenen Gedanken und Emotionen ebenso ... Lass dies alles los und lass das Gefühl oder den Wunsch einfach da sein ...

Wenn deine Gedanken auf Wanderschaft gehen, bring sie ins Hier und Jetzt zurück, zu dem Gefühl des Bodens unter dir, zu deinem Atem ...

Kehre mit deiner Aufmerksamkeit in die Gegenwart zurück ... nimm das Gefühl von Stress wahr ... das Wollen oder Nichtwollen ... den Versuch, die Dinge zu ändern, damit sie nicht mehr so sind, wie sie sind ... Nimm dies alles wahr und lass alles so, wie es ist ...

Wenn du das tust, wenn du deine Wünsche und die damit verbundenen Emotionen loslässt, wenn du alles genauso lässt, wie es ist, was passiert dann?

Probiere es einfach aus und sieh selbst ...

Etwa 20 Minuten bleiben wir in dieser Meditation, dann schlägt der Mönch den Gong. Wir kehren mit unserer Aufmerksamkeit langsam in den Raum zurück und öffnen die Augen, aber keiner rührt sind. Eine ganze Weile sitzen wir still da. Es ist, als wollten wir uns dieses herrliche Gefühl noch etwas bewahren.

Schließlich legt der Mönch seine Hände in Gebetshaltung zusammen und führt sie erst an den Kopf, dann ans Herz. Wir fangen an, uns zu bewegen, strecken die Beine und suchen dann schweigend unsere Sachen zusammen und verlassen den Raum. Die heutige Sitzung ist beendet.

AUF EINEN BLICK

» Das Leben ist voller Leid. »Da ist Leid.« Aber du brauchst nicht zu leiden.

» Wenn da ein schmerzlicher Gedanke ist, nimm einen achtsamen Atemzug und beobachte diesen Gedanken einfach. Beurteile ihn nicht und führe ihn nicht weiter aus.

» Sage dir: »Da ist Leid.« Sage dir nicht: »Ich leide.«
» Verfahre auf die gleiche Weise, wann immer der Gedanke wieder in dir aufsteigt, und spüre, wie dich das Leid allmählich aus seinem Griff entlässt.
» Du wirst nichts und niemanden außerhalb von dir selbst mehr für das Leid verantwortlich machen. Und damit bist du frei.

ÜBUNG

» Beim Üben der Ersten Edlen Wahrheit vergiss nicht, Zeuge deiner Gedanken und Gefühle zu sein.
» Nimm die Dinge so zur Kenntnis und versuche sie so zu akzeptieren, wie sie jetzt, in diesem Moment, sind. »Es ist, wie es ist.« Kritisiere sie nicht, verurteile sie nicht, bewerte sie nicht, vergleiche sie nicht und versuche nicht, sie in irgendeiner Weise zu verändern.
» Meditiere weiterhin täglich, und sobald du bereit dazu bist, dehne deine Sitzungen um fünf Minuten aus (bis maximal 20 Minuten).
» Hole dir untertags weiterhin so oft du kannst deine »Achtsamkeitsmomente« oder »Achtsamkeitsminuten«.
» Sei freundlich und liebevoll zu dir selbst: Behalte weiterhin deinen inneren Dialog im Auge.

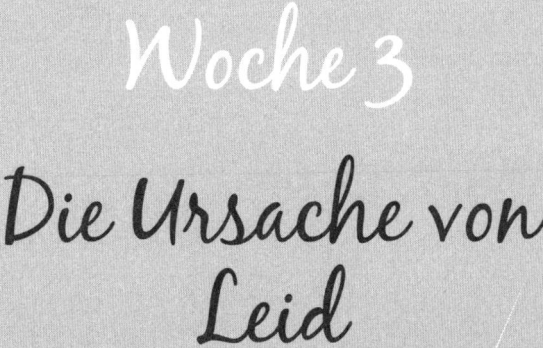

Woche 3

Die Ursache von Leid

Wieder ist eine Woche vergangen, und die Gruppe hat sich erneut versammelt. Jeder sitzt still auf seinem Platz, und es ist ein Gefühl von Wärme und gespannter, freudiger Erwartung im Raum. Ich frage mich, wie es den anderen mit dem Meditieren ergangen ist – ob sie es geschafft haben, sich täglich hinzusetzen? Und welche Erfahrungen haben sie wohl gemacht?

Nikki hat Freude daran gefunden, so viel weiß ich, denn sie hat es mir eben im Flur gesagt. Sie macht tatsächlich Yoga. Aber anders als ich befürchtet hatte, hat sie sich nicht versehentlich zu uns verirrt, sondern wollte sich schon seit Längerem mit Achtsamkeitsmeditation befassen, wie sie sagt.

Der Mönch hat recht. Achtsam zu sein ist tatsächlich eine Frage der Übung. Ich habe festgestellt, dass es mir umso leichter fällt, je öfter ich es mache, wobei es mir bisher mit jedem neuen Projekt so ergangen ist. Am Anfang, wenn alles neu ist, bin ich immer voller Enthusiasmus und Optimismus ...

Mir ist bewusst, dass ich gegenüber den meisten anderen Teilnehmern insofern im Vorteil bin, als ich von zu Hause aus arbeite: Entweder bin ich in der Küche, um Rezepte für meine Kochbücher und Artikel zu entwickeln und zu testen, oder ich sitze am Schreibtisch, um sie zu Papier zu bringen. Oder – und das ist der Teil meiner Arbeit, der mir am wenigsten Spaß macht – ich bin im Supermarkt, um Zutaten zu kaufen.

Es ist nicht das Einkaufen selbst, das ich nicht mag. Ich schaue mir gerne an, was es an Lebensmitteln gibt, besonders beim Obst und Gemüse; und auch ungewöhnliche Gewürze oder alles, was an Aromagebern angeboten wird, interessieren mich. Viele meiner Rezeptideen sind auf diese Weise entstanden. Was mich stört, sind das Gedränge und vor allem das Schlangestehen an der Kasse.

Als ich dies denke, wird mir klar, wie schnell ich mal wieder mit Werturteilen bei der Hand bin. Indem ich das Schlangestehen als »das, was mir am wenigsten Spaß macht« bezeichne, drücke ich wieder einer Sache ein Etikett auf, die an und für sich völlig neutral ist. Ich schreibe ihr also Eigenschaften zu, die sie nicht wirklich hat. Es ist nur Schlangestehen. Es ist, wie es ist.

Der Mönch lächelt in die Runde. »Nun, wie ist es euch allen ergangen? Ich hoffe, ihr habt schon etwas von dem Frieden und der Kraft gespürt, die euch Meditation und Achtsamkeit schenken können, und dass ihr Gelegenheit hattet, beides zu praktizieren und zu merken, wie gut es euch tut.«

Zustimmendes Gemurmel geht durch die Gruppe. Ich muss sagen, mir hat das Üben, abgesehen von kleineren »Downs«, echt geholfen. Ich wünschte, ich hätte schon vor Jahren und nicht erst jetzt von dieser Möglichkeit erfahren, was total merkwürdig ist, wo ich doch in der von meiner Großmutter gegründeten Religionsgemeinschaft aufgewachsen bin. Meditation hatte dort einen ganz besonderen Stellenwert. Aber der Begriff Achtsamkeit fiel dabei nie. Die Form von Meditation, die dort praktiziert wurde, hatte eher mit Visualisierungen zu tun. Wir saßen schweigend da und hörten zu, wie der jeweilige Meditationsleiter ein Bild beschrieb, in der Regel eine Lotosblüte in einem stillen Teich. Darauf sollten wir uns konzentrieren, um zu sehen, welche anderen Bilder daraus entstanden. Und dazu lief erbauliche Musik.

Auf diese Weise zu meditieren war beruhigend und angenehm, aber nachdem ich es viele Jahre gemacht hatte, fühlte ich mich total »festgefahren«. Irgendwann hatte ich einen Punkt erreicht, an dem ich dachte: *Wenn ich noch ein einziges Mal einen Lotosteich visualisieren soll, schmeiße ich irgendwas Fieses rein!* Und obwohl ich damals immer noch Mitglied der Gemeinschaft war, hörte ich auf, der Stimme des Meditationsleiters zu folgen. Ich visualisierte beim Meditieren nichts mehr und versuchte für mich allein, in die Stille zu kommen. Ich vermute, mein Instinkt hat mich damals bereits in Richtung Achtsamkeit gelenkt, obwohl ich den Begriff zu dem Zeitpunkt noch gar nicht kannte.

Hätte ich das Konzept der Achtsamkeit damals bereits gekannt, wäre mein Leben, glaube ich, anders verlaufen. So hatte ich immer das Gefühl, den Erwartungen einfach nicht gerecht zu werden. Zu vielen der Dinge, die die Leute im Retreat-Zentrum machten, hatte ich keinen Zugang, und es gab niemanden in meiner Familie, mit dem ich über all meine Zweifel und Fragen hätte reden können. Mit Ausnahme von Robert, mit dem ich in der Gemeinschaft zusammenarbeitete und der meine Bedenken teilte, glaubten ja alle bedingungslos an die Lehre. Ohne seine Unterstützung und Liebe weiß ich nicht, was ich getan hätte.

Am Ende verließen wir die Gemeinschaft – eine der größten Herausforderungen, der ich mich je stellen musste. Es war in vielerlei Hinsicht schwierig: materiell, weil wir kein Geld hatten (alle unsere Einnahmen waren ja an das Retreat-Zentrum geflossen); mental und spirituell, denn ich hatte Angst, mit der Abkehr von »der Lehre« womöglich einen schrecklichen Fehler zu machen (drohte mir etwa die ewige Verdammnis? Ich machte mir da allen Ernstes große Sorgen); und emotional, weil meine ganze Familie der Lehre in absoluter Treue verbunden war und alle mit im Zentrum lebten und arbeiteten. Ich hatte zwar einige Freunde dort, aber es gab nur sehr, sehr wenige, mit denen ich über meine Gewissensqualen reden konnte, weil die meisten von ihnen – wie meine Familie – kein kritisches Wort gegen die Lehre hören mochten.

Ich wusste damals nicht, woran ich glaubte – oder ob ich überhaupt an irgendetwas glaubte, und machte innerlich komplett zu. Eines Tages kam mir der Gedanke, dass ich mich kaum schlimmer fühlen oder deprimierter sein könnte als in jenem Augenblick. Mir war, als wäre ich auf den Meeresgrund gesunken. Dann plötzlich dachte ich: *Wenigstens kannst du nicht noch tiefer sinken, wenn du am absoluten Tiefpunkt angekommen bist.*

Das war der Augenblick, in dem ich anfing, mein Leben selbst in die Hand zu nehmen. Auf Empfehlung einer Freundin besuchte ich verschiedene Workshops in transpersonaler Psychologie, die mir halfen, das ganze Geschehen zu begreifen. Allmählich gewann ich wieder Boden unter den Füßen. Dank einiger völlig unerwarteter Wendungen in Roberts und meinem Leben konnten wir uns ein Haus kaufen und, was vielleicht das allergrößte Wunder war, ich wurde überraschend schwanger mit meiner dritten Tochter – ein unglaublicher Quell von Freude und Heilung und auf sonderbare Weise symbolisch für mein sich neu formierendes Leben.

Ich lernte auch neue Freunde kennen und hatte mit meinen Kochbüchern erste Erfolge. Es ergaben sich einige tolle Möglichkeiten für meine Arbeit, und es gelang mir, sie mit meinem Privatleben unter einen Hut zu bringen. Durch die transpersonale Arbeit und auch großartigen Bücher von Autoren wie Wayne Dyer und Louise Hay, später auch *Journey to Freedom* [Reise zur Freiheit] von Leslie Kenton und die Werke von Doreen Virtue, fand ich nach und nach wieder Zugang zu meiner spirituellen Seite.

Die Stimme des Mönchs bringt mich so plötzlich in den Raum zurück, dass ich beinahe erschrecke. Meine Güte, meine Gedanken sind ja mal wieder kreuz und quer durch die Gegend gewandert. Ich muss mich zusammenreißen! Von nun an höre ich aufmerksam zu.

»Habt ihr irgendwelche Fragen zu eurer Meditation oder dem Üben der Ersten Edlen Wahrheit?«

Joan, Rodneys Frau, zögert etwas, bevor sie zu sprechen beginnt: »Mein Geist ist die meiste Zeit über immer noch ziemlich aktiv. Ich finde es schwierig, wirklich 20 Minuten am Stück zu meditieren.« Sie überlegt einen Moment. »Es sind nicht nur die Gedanken. Ich finde es manchmal einfach irgendwie, hm … *langweilig.*«

Ich weiß genau, wovon sie redet.

Der Mönch lacht. »Ja, das kann es schon mal sein«, pflichtet er ihr bei. »Aber wenn du wirklich achtsam bist, ist dein Geist voll und ganz von ›diesem Moment‹ erfüllt, und es bleibt kein Raum für Langeweile. Aber wenn dich die Langeweile packt – und um ganz ehrlich zu ein, beim Meditieren packt sie jeden irgendwann mal –, kannst du sie zum Gegenstand deiner Achtsamkeit machen. Wie genau fühlt sie sich an? Welche Eigenschaften hat sie? Hat sie eine Form oder Gestalt? Bleib bei deinem Atem, halte sie im Gewahrsein, atme in sie hinein. Dann vergeht sie, du wirst sehen. Wie bereits gesagt, wenn du wirklich achtsam bist, bist du nie gelangweilt.

Spürst du, wie Langeweile aufkommt, kannst du dich einfach dem Atem zuwenden und dich darauf konzentrieren, wie er in dich ein- und wieder aus dir ausströmt, vom ersten Moment, wo die Luft in deinen Körper gelangt, bis zum Ende des Ausatmens. Dein Atem ist immer für dich da. Dein Atem ist wie dein bester Freund.«

Der Mönch macht eine Pause, und in die Stille hinein fragt Maggie: »Ich würde gerne wissen, was du zu eingeschlafenen Beinen sagst. Meine werden manchmal so taub, dass ich in Panik gerate und denke, sie blieben womöglich für immer gelähmt. Ich muss mich dann einfach bewegen.«

O ja, das kenne ich sehr gut.

Der Mönch lächelt. »Wenn du meditierst, können dir die merkwürdigsten Empfindungen kommen. Das Beste ist, sie nicht zu hoch aufzuhängen. Schenk ihnen, was wir ›minimale Beachtung‹ nennen, also mache mit ihnen im Prinzip nichts anders als mit

Gedanken oder allen anderen möglichen Ablenkungen. Das Kribbeln und die Taubheit werden von allein vergehen. Nachdem du eine Zeit lang regelmäßig meditiert hast, schlafen dir die Beine nicht mehr ein. Dein Körper gewöhnt sich allmählich daran. Aber gehe liebevoll mit ihm um. Setz dich so bequem wie möglich hin, und wenn dir irgendetwas wehtut oder sich unangenehm anfühlt, dann schick etwas *Metta* an die Stelle.«

»Ich gehe also genauso damit um, wie mit der Traurigkeit darüber, dass mein Vater gestorben ist?«, fragt Maggie.

»Genau«, sagt der Mönch, »hilft dir das?«

»Schon«, bestätigt Maggie. »Ein bisschen jedenfalls, aber doch so, dass ich es spüre.«

»Es wird allmählich besser werden. Oder, wie der Buddha sagte: ›Tropfen um Tropfen füllt sich ein Krug.‹«

Tim meldet sich: »Wenn du sagst, wir sollen irgendwohin *Metta* schicken – zu einem Bein oder zur Traurigkeit –, kannst du das etwas genauer erklären?«

Der Mönch nickt. »Nimm an, du bist beim Meditieren, und deine Beine tun dir weh – wobei, genau genommen, das gilt nicht nur fürs Meditieren, sondern generell. Du fokussierst dich zunächst auf das Gefühl von Schmerz. Sei achtsam. Spüre es, ohne es zu werten oder zu kommentieren. Halte es im Gewahrsein. Dann lenke deinen Geist auf das Gefühl der liebenden Güte, die du für dein Bein empfindest.«

Die ganze Gruppe lacht, und auch der Mönch stimmt mit ein.

»Ich weiß, es klingt albern«, fährt er fort. »Aber es wirkt. Stellt euch einfach vor, wie sehr ihr eure Beine zu schätzen wisst, und spürt dieses warme Glühen im Herzen, während ihr so an sie denkt. Das ist es, was ich mit ›*Metta* schicken‹ meine. Ihr könnt das mit jedem Körperteil tun – im Prinzip mit allem und jedem.«

Der Mönch lächelt in die Runde. »So einfach es ist, so gut funktioniert es. Manchmal nenne ich es die ›*Metta*-Magie‹ – auch sie ist ein Aspekt der Lehre des Buddha, den ihr selbst ausprobieren könnt.

Aber lasst uns jetzt mit unserem Studium der Vier Edlen Wahrheiten fortfahren. Um das bisher Gesagte noch einmal zu rekapitulieren: Wir haben uns letzte Woche mit der Ersten Edlen Wahrheit befasst: ›Da ist Leid. – Das Leid sollte verstanden werden. – Das Leid ist verstanden worden.‹ Wir haben uns klar gemacht, dass wir uns, um uns aus dem Leid zu befreien, in die Beobachterposition begeben und es von dieser Warte betrachten müssen, ohne es im Stillen zu kommentieren oder zu werten. Wir lassen es einfach da sein. Wir wissen, dass es vergehen wird; wir spüren, wie es seinen Griff lockert; wir lassen es ziehen. Das Leben gibt uns unzählige Gelegenheiten, dies auszuprobieren. Dass es funktioniert, daran besteht kein Zweifel, und es beschert uns Glück, Freiheit und Frieden.«

Ich stimme ihm innerlich zu, denn ich habe ziemlich viel damit experimentiert. Es ist komisch. Eigentlich bin ich von Natur aus optimistisch und definitiv einer von den Menschen, deren Glas halb voll und nicht halb leer ist. Trotzdem mache ich mir Gedanken über alle möglichen Kleinigkeiten: ob ich den Zug verpassen werde; ob auf meinem Konto genug Geld ist, um alle Rechnungen zu bezahlen; ob es meinen Töchtern gut geht – das ganze übliche Zeugs.

Seit unserer letzten Sitzung habe ich, wann immer ich gemerkt habe, dass ich über irgendetwas nachgrüble, mir jedes Mal wieder gesagt: »Da ist Leid«, und mich darauf konzentriert, mich diesem Leid zu »unterstellen«, statt es mit einem Drink, einem Stück Schokolade oder irgendeinem anderen Ablenkungsmanöver zu übertünchen. Dabei hat es mich selbst überrascht, festzustellen, wie viele derartige Taktiken ich beherrsche. Aber genauso erstaunlich fand ich, dass Gedanken oder Gefühle, wenn ich sie wirklich »beobachte«, ohne sie zu kommentieren, mir vorzuwerfen, dass ich sie überhaupt habe, oder sie loszuwerden versuche, tatsächlich von ganz alleine verschwinden. Das war eine echte Offenbarung.

»Und was wäre«, fährt der Mönch fort, »wenn wir den *Grund* für unser Leiden herausfinden könnten? Wäre das nicht noch besser? Wie oft fragen wir uns: ›*Warum* leide ich? Welche *Ursache* steckt dahinter?‹ Manchmal denken wir bloß noch: ›Warum? Warum? Warum?‹ Aber gehen wir der wahren Ursache unseres Leids wirklich auf den Grund?

Vielleicht denken wir, es läge an unserem schwierigen Partner, der lauten Musik der Nachbarn, dem nervigen bellenden Hund, der schlechten Wirtschaftslage, unserer stressigen Arbeit, der Arthritis oder was auch immer. Aber sind dies tatsächlich die *wahren Ursachen* unseres Leids?«

Er schaut in die Runde und fügt lachend hinzu: »Wenn wir dem Buddha glauben, dann nicht. Nachdem er uns gezeigt hat, wie wir uns auf unser Leid konzentrieren und es lindern können, indem wir es akzeptieren und einfach da sein lassen, lehrte er uns nämlich die Zweite Edle Wahrheit, die uns hilft, herauszufinden, was das Leid überhaupt verursacht.

Genau wie die Erste Wahrheit setzt sich auch die Zweite aus drei Teilen zusammen:

›*Es gibt eine Ursache des Leids, nämlich das Anhaften an Begierden.*
Begierden sollten losgelassen werden.
Begierden sind losgelassen worden.‹«

Es gibt eine Ursache des Leids, nämlich das Anhaften an Begierden

»Was ist gemeint, wenn vom ›Anhaften an Begierden‹ als Ursache des Leids die Rede ist? Der Buddha unterscheidet dabei drei Arten von Begierde, nämlich:

» die Begierde nach sinnlichem Vergnügen
» die Begierde, etwas zu werden
» die Begierde, etwas loszuwerden.

Manchmal kürzen wir das Ganze auch etwas ab und sprechen von ›Gier, Hass und Verblendung‹. Aber wie man es auch nennen mag, im Prinzip geht es immer ums Wollen und Wünschen. Es kann der Wunsch oder das Verlangen nach etwas sein, aber auch das Nicht-Wollen – das Verachten, das Hassen – von etwas, bis zu dem Punkt, dass wir es unbedingt loswerden wollen. Es kann darum gehen, etwas werden zu wollen, also ›verblendet‹ zu sein in dem Wunsch, die Dinge mögen doch bitte anders sein, als sie jetzt sind; dass wir nicht zufrieden mit dem sind, was ist. Anders ausgedrückt: Es geht stets um das Anhaften an einer Begierde bzw. einem Bestreben – etwas haben zu wollen; etwas verändern zu wollen; etwas nicht haben zu wollen; es loswerden zu wollen. Vielleicht sind wir auch gleichzeitig von mehreren dieser Begierden getrieben – etwa von dem Wunsch, etwas loszuwerden, damit wir etwas anderes werden können.«

Er redet von mir, denke ich im Stillen. Ich lebe immer in der Zukunft. Entweder ich will etwas, oder ich will etwas loswerden, um etwas Besseres zu bekommen oder besser zu werden. Zum Beispiel will ich die Kilos loswerden, die ich zu viel auf den Hüften habe, um schlanker und – natürlich! – glücklicher zu sein. Ja, ich kenne beides: den Wunsch, bestimmte Dinge loszuwerden, und den Wunsch, ich selbst oder die Dinge mögen anders sein.

Der Mönch fährt fort: »Wie auch immer wir dieses Verlangen nennen, ich bin mir sicher, dass wir es alle in uns tragen. Es ist menschlich. Ich erinnere mich noch daran, wie ich mich während meiner Zeit als Novize im Kloster bei der Essensausgabe ganz hinten in der Schlange anstellen musste. Es ist schon erstaunlich, wie sehr du dich nach dieser einen knusprigen, goldbraun gerösteten Kartoffel verzehren kannst, wenn es die allerletzte in der Pfanne ist und der Mönch vor dir sie sich auf seinen Teller lädt – und wie sehr du ihn dafür hassen kannst!«

Wir lachen. Viele von uns dürften in diesem Moment an eigene Gelüste denken: zartschmelzende Schokolade, knusprige Pommes, ein warmes, fluffiges Croissant, eine Tasse Tee oder Kaffee, ein Glas Wein. Diese Edle Wahrheit wird uns doch wohl hoffentlich nicht solche simplen Freuden nehmen wollen?

»Aber was ist denn so Schlimmes daran, wenn wir Lust auf ein köstliches Curry oder ein Stück noch ofenwarmes, knuspriges Brot haben?«, fragt Pam, die große Frau mit dem kurzen, blonden Bob.

»Verursachen dir solche Gedanken Leid?«, fragt der Mönch zurück. »Einfach auf eine ungezwungene Art an bestimmte Dinge zu denken verursacht kein Leiden. Vielleicht geht es mit einem vagen Gefühl von Traurigkeit oder Unzufriedenheit einher, mit einer leisen Besorgnis oder Anspannung. Aber großes Leid dürfte es dir nicht verursachen.«

»Aber angenommen«, fährt Pam fort, »ich hätte Lust, mir eben schnell was zu essen zu holen, aber wenn ich zu dem Schnellimbiss komme, haben sie gerade zugemacht oder die Schlange reicht bis raus auf die Straße … Da würde ich mich doch ärgern und hätte wahrscheinlich doppelt Lust auf das Essen.«

»Wenn du es nicht kriegen kannst, willst du es erst recht?«, hakt der Mönch lachend nach. Pam nickt.

»Also hat sich dein ›Lust haben‹ verwandelt in etwas, was jetzt so klingt: ›Ich muss das jetzt unbedingt haben; ich will nur eins, und das ist dies, und ich hasse den Laden oder die lange Schlange, weil sie mich daran hindert, es zu kriegen.‹ Da geht es dir also nicht anders, als es mir mit der letzten Kartoffel ergangen ist ...«

Pam grinst, und alles lacht.

Der Mönch erklärt: »Niemand verurteilt dich dafür, Lust auf etwas zu haben oder etwas zu hassen – also dafür, verblendet zu sein. Du allein kannst sagen, wann für dich das Leid beginnt. Ein wenig Lust auf etwas zu verspüren ist – was das Leiden anbelangt – etwas ganz anderes, als verzweifelt nach etwas zu verlangen, was man nicht haben kann.

Das ist der entscheidende Punkt! Der Unterschied liegt im Grad des Wollens oder Nicht-Wollens. Es ist das Maß an emotionalem Engagement oder, wie es in der Zweiten Edlen Wahrheit heißt, an ›Anhaftung‹ an der Begierde – wie sehr wir es wollen, wie stark unser Wunsch ist; das Verlangen und das Festhalten daran, das ist es, was Leid verursacht.

Wenn wir eine Sache besonders gern mögen oder uns etwas glücklich macht, wünschen wir uns, dass es uns auf Dauer erhalten bleiben oder immer so weitergehen möge. Wir wollen mehr davon. Wenn wir es aber nicht kriegen können oder es uns wieder genommen wird, dann leiden wir.

Was können wir also tun? Manchmal haben wir tatsächlich die Möglichkeit, die Dinge um uns herum zu verändern: indem wir beispielsweise ersetzen, was kaputt oder verloren gegangen ist, also ein neues Auto anschaffen, einen neuen Job finden, ja, vielleicht sogar einen neuen Partner an Land ziehen. Aber darauf zu bauen, dass dieses Ding oder dieser Mensch für unser Glück und unseren Seelenfrieden sorgt?« Der Mönch schüttelt den Kopf. »Wir können uns nicht auf sie verlassen, weil sie nicht so bleiben werden, wie sie sind.

In Wahrheit nämlich *bleibt nichts, wie es ist.* Alles im Leben verändert sich ständig, und wir wissen nie, was als Nächstes passiert. Der Buddha bezeichnete diese Wandelbarkeit des Lebens als ›Vergänglichkeit‹. Er erkannte, dass alles, was geboren oder erschaffen wurde, irgendwann ein Ende hat. Wenn wir daran festhalten, anhaften, führt uns das ins Leid.

Mit etwas Glück gelingt es uns vielleicht, uns im Leben alles ganz nach Wunsch einzurichten: perfektes Haus, perfekter Job, perfekte Beziehung, perfektes Einkommen – aber diese Situation lässt sich nicht wie ein Standbild einfrieren. Die äußeren Umstände sind in stetigem Wandel begriffen. Halten wir an ihnen fest und sie ändern sich auf eine Weise, die unseren Wünschen zuwiderläuft, leiden wir darunter. So ist das Leben. Das ist der Grund, warum es so viel Leid gibt.«

Der Mönch hält einen Atemzug lang inne, bevor er weiterspricht: »Aber das muss nicht so sein. Wir können zwar das Leben nicht verändern, wohl aber uns selbst und auch unsere innere Einstellung zu den Dingen im Leben. Wir können uns aus dem Leid befreien. Es bedarf der Übung und erfordert Entschlossenheit, aber möglich ist es.«

Nach einem kurzen Schweigen fährt er fort: »Ich habe es selbst erlebt. Ich steckte früher so voller Zorn und Unsicherheit, und immer wieder verfiel ich in tiefe Depressionen. Mich daraus zu befreien hat mich einiges an Beharrlichkeit gekostet, aber ich habe es geschafft. Die Methode des Buddha mag zwar 2500 Jahre alt sein, aber sie funktioniert bis heute.«

Ich schaue mir den Mönch an, wie er so dasitzt, selbstsicher, lächelnd, Zufriedenheit ausstrahlend. Er besitzt nichts als das

Gewand, das er am Leib trägt, ein Paar Schuhe und die Schüssel, aus der er seine zwei täglichen Mahlzeiten isst. Ich frage mich, wie lange es dauert, ein solches Maß an heiterer Gelassenheit zu entwickeln.

»Das mag ja alles gut und schön sein, wenn man Mönch ist«, wendet Ed ein. »Da lebst du in einem geschützten Umfeld und bist nicht dem Druck des Alltags ausgesetzt. Bei uns ist das schwieriger, denke ich. Wir müssen arbeiten gehen, um unser Haus abzubezahlen, uns mit anstrengenden Chefs und Kollegen auseinandersetzen und auch sonst schauen, irgendwie mit allem zurechtzukommen.«

Scheinbar unbeeindruckt von dem leichten Sarkasmus in Eds Bemerkung, antwortet der Mönch: »Ja. Das Leben ist schwierig. Daher ist diese Lehre vielleicht sogar noch wertvoller für euch, die ihr dort draußen in der Welt seid. Mag sein. Aber ich kann euch versichern, dass der Weg ins Kloster nicht zur Flucht vor Problemen taugt. Wir brauchen zwar kein Haus abzuzahlen, aber als Angehörige eines Bettelordens sind wir total von Spenden – ›Almosen‹ – abhängig, um uns über Wasser zu halten. Man könnte uns jederzeit den Hahn zudrehen.

Sich für ein Leben im Kloster zu entscheiden heißt auch nicht, vor sich selbst wegzulaufen. Das stundenlange Meditieren bringt uns in die verschiedensten geistigen und emotionalen Leidenszustände, mit denen wir umzugehen haben. Und glaubt nur nicht, dass wir von ›anstrengenden Chefs und Kollegen‹ verschont bleiben.« Er lacht und korrigiert sich schnell: »Nein, so ist das nicht wirklich gemeint.

Lasst es mich einfach so sagen: Menschen sind nun mal Menschen, und daran ändert sich nichts, nur weil man ins Kloster geht. Es ist ganz normal, dass man mit manchen Mönchen besser zurechtkommt als mit anderen. Aber wir leben alle zusammen in dieser geschlossenen Gemeinschaft, und wenn du mit jemandem nicht gut auskommst, kannst du ihm nicht einfach aus dem Weg gehen – du musst das Problem mit dir selbst ausmachen.

Doch diese nörgelnde Stimme in unserem Kopf arbeitet sich nicht allein am klösterlichen Leben ab. Ich bezweifle, dass es irgendwen auf der Welt gibt, der frei von ihr wäre: Sie ist etwas Urmenschliches. Ob du im Kloster bist oder in der Welt da draußen, das Leben ist immer mit Schwierigkeiten und Herausforderungen verbunden. Veränderungen passieren, Begierden, Sehnsüchte, Anhaftungen, Hoffnungen und Wünsche entstehen. Jedem von uns bieten sich genügend Gelegenheiten, die Lehren des Buddha praktisch anzuwenden.

Leid kann aus unserer Anhaftung an Vorstellungen und Idealen entstehen, aber auch an konkretere Dinge. Mir als Mönch kann es leicht passieren, dass ich mich unzulänglich fühle im Hinblick auf das, was ich bin oder denke: *Ich sollte mehr meditieren. Ich sollte freundlicher und rücksichtsvoller sein. Ich sollte härter arbeiten. Ich sollte pünktlicher sein.* Und so weiter und so fort. Die nörgelnde Stimme hat andauernd irgendetwas auszusetzen.

Und dann versuchen wir, die Welt in Ordnung zu bringen: ›Das sollte alles anders sein!‹ Oder wir versuchen, andere zurechtzubiegen: ›Du musst ordentlicher werden‹, und so weiter. All dies entspringt dem Wunsch, etwas zu werden, und vielleicht auch, etwas loszuwerden: *Ich sollte freundlicher und toleranter sein, also muss ich meine Ungeduld bezwingen.*

Damit sind wir schon wieder beim ›Sollte‹ und ›Müsste‹ angelangt. ›Sollte, sollte, sollte; müsste, müsste, müsste.‹ Achtet auf diese beiden Wörter. Sie sind sichere Zeichen dafür, dass irgendeine Anhaftung mit im Spiel ist – die Anhaftung an ein Ideal oder eine Vorstellung.«

Bei diesen Worten muss ich daran denken, was ich vor Jahren in Louise Hays Buch *Gesundheit für Körper und Seele* gelesen habe. Auch sie schreibt, wie destruktiv die beiden Worte »sollte« und »müsste« sind, und empfiehlt, sie auf den Müll zu werfen, sie einfach nicht mehr zu benutzen. Der Gedanke gefiel mir damals schon, und ich strich sie tatsächlich aus meinem Sprachgebrauch – so sehr, dass ich mich daran stoße, wenn der Mönch im Zusammenhang mit den Edlen Wahrheiten selbst das Wort »sollte« gebraucht, etwa in der Formulierung: »Leid sollte verstanden werden.«

All dies geht mir jetzt durch den Kopf – wie befreiend ich es damals fand, diese Worte nicht mehr zu benutzen, und welche Diskussionen ich im Laufe der Jahre mit Verlagslektoren geführt habe, die sie mir in meine Texte hineinredigiert hatten: »Dieses Gericht *sollte* dampfend heiß auf den Tisch kommen«; »Der Ofen *sollte* vorgeheizt werden« und so weiter … Ich bin so vertieft in meine Gedanken, dass ich regelrecht erschrecke, als mich die Stimme des Mönchs abrupt in die Gegenwart zurückholt.

»Ich will, dass es so ist und nicht so!«, sagt er. »Angesichts all unserer Wünsche ist es schwer, es uns recht zu machen – wir bewerten, vergleichen, kritisieren … wir sind, was man im Buddhismus als ›wählerisch‹ bezeichnet. Aber wenn wir in den gegenwärtigen Augenblick kommen und nachspüren, wie wir uns *jetzt* fühlen, während wir ruhig einatmen, und dies alles loslassen, dann können wir uns sagen: ›Jetzt, in diesem Moment, ist alles gut.‹«

Der Mönch schließt die Augen und nimmt einen langen, tiefen Atemzug. Ich folge seinem Beispiel und merke, wie sich mein Körper dabei entspannt und beruhigt.

Plötzlich lacht er auf: »Im Zusammenhang mit dem ›wählerisch sein‹ ist mir gerade eine kleine Geschichte vom Buddha ein-

gefallen. Sie heißt ›Das vierundachtzigste Problem‹. Vielleicht hat
der eine oder andere von euch sie schon mal gehört?«

Keiner meldet sich, und so fängt er zu erzählen an: »Eines Tages
kam ein Bauer zum Buddha, weil all die Probleme, an denen er im
Leben schwer zu tragen hatte, ihn so sehr bedrückten und er sich
von ihm Hilfe erhoffte.

Der Buddha hörte aufmerksam zu, was der Bauer ihm zu
berichten hatte – dass er die Ernte verloren habe, seine Frau eine
furchtbare Köchin sei, seine Kinder nichts taugten, die Ratten ihm
die Eier wegfraßen, es in der Stadt vor Dieben nur so wimmelte
und so weiter und so fort.

Dann antwortete der Buddha: ›Es tut mir leid, aber ich kann dir
nicht helfen. Jeder Mensch hat dreiundachtzig Probleme. Wenn du
eines davon löst, rückt ein anderes an seine Stelle. Und für manche
Probleme, wie zum Beispiel den Tod, gibt es gar keine Lösung.‹

Der Bauer grämte sich ganz furchtbar, doch der Buddha war
noch nicht am Ende seiner Rede angelangt. ›Aber‹, fuhr er fort,
›mit dem vierundachtzigsten Problem kann ich dir helfen.‹

›Und was ist das für eins?‹, wollte der Bauer wissen.

›Dein Wunsch, keine Probleme zu haben‹, erwiderte der
Buddha.«

Der Mönch lacht über den gelungenen Witz, wir anderen sitzen
schweigend da. »Versteht ihr?« Er wirft einen fragenden Blick in
die Runde. Als keiner etwas sagt, erklärt er: »Es geht um Anhaftung.
Der Bauer will keine Probleme haben; er sehnt sich *danach, klammert sich an dem Wunsch fest*, ein Leben ohne Probleme zu führen,
und genau das ist der Grund, warum er leidet. Jede Form des
Sich-Widersetzens verursacht Schmerz. Im Akzeptieren und
Annehmen hingegen liegt Frieden.«

Nach einer kleinen Pause fügt er hinzu: »In Phasen, in denen
das Leben wieder einmal voller Probleme zu stecken scheint, rufe

ich mir diese Geschichte manchmal in Erinnerung, und dann merke ich, wie ›wählerisch‹ ich bin, statt die Dinge so zu nehmen, wie sie gerade sind.

Aber lasst uns zur Zweiten Edlen Wahrheit zurückkommen«, fährt er fort. »Mit dem ersten Teil haben wir uns bereits befasst: ›Es gibt eine Ursache des Leids, nämlich das Anhaften an Begierden.‹ Auch die drei Arten von Begierden haben wir kennengelernt: ›Gier, Hass und Verblendung‹ oder ›Wollen, Nicht-Wollen und die Dinge anders haben Wollen.‹ So hat der Buddha sie beschrieben. Wenn ihr hierzu keine Fragen mehr habt, können wir mit dem zweiten Aspekt dieser Edlen Wahrheit fortfahren.«

Begierden sollten losgelassen werden

»›Begierden sollten losgelassen werden.‹ Ich weiß, da steckt das S-Wort drin – sollten –, ausgerechnet das Wort, von dessen Verwendung ich euch abgeraten habe.« Er lacht. »Aber ich denke, in diesem Fall ist es erlaubt. Urteilt selbst, nachdem ich ausgeredet habe.

Also, noch einmal: ›Begierden sollten losgelassen werden.‹ Wenn uns die Anhaftung an Begierden Leid verursacht, müssen wir diese loslassen, um uns aus unserem Leid zu befreien. Wie aber kann uns das gelingen?

Der erste Schritt, so wissen wir aus der Ersten Edlen Wahrheit, besteht darin zu erkennen, was in uns vorgeht: Wir gehen in den ›Beobachtermodus‹ und erkennen: Da ist Leid; wir konzentrieren uns auf dieses Leid; wir lassen es einfach da sein, und dann lassen wir es los.

Mit der Zweiten Edlen Wahrheit gewinnen wir nun ein Verständnis dafür, *warum* wir leiden. Wenn wir jetzt in den Beobachtermodus gehen und uns das Leid anschauen – ihr merkt, ich sage ›das‹ Leid und nicht ›unser‹ Leid –, erkennen wir, dass es –

nun, reden wir nicht um den heißen Brei herum – von Gier, Hass oder Verblendung, Anhaftung und Verlangen verursacht wird.

In dem Moment, in dem wir Leid auf diese Weise betrachten können, befreien wir uns aus seinem Griff. Wir erkennen es als das, was es ist, und können beginnen, es loszulassen. Damit gelangen wir zum zweiten Teil der Zweiten Edlen Wahrheit: ›Begierden sollten losgelassen werden.‹

Und wie soll dieses Loslassen nun funktionieren? Wenn ihr merkt, dass ihr an etwas anhaftet, verfahrt ihr damit erst einmal genau so, wie es euch die Erste Edle Wahrheit lehrt: Ihr schaut euch an, was los ist. Ihr denkt: *Dieser Wunsch nach einem neuen Auto – besseren Job, schlankeren Körper, mehr Geld, den angesagtesten Klamotten oder was auch immer euer Herz begehrt – ist ein Anhaften an einer Begierde.*

Oder vielleicht seid ihr mit der Regierung dieses Landes unzufrieden, oder es geht euch gegen den Strich, Steuern zu zahlen, oder ihr habt etwas gegen Leute, die nichts arbeiten, oder irgendetwas anderes stört euch. Statt euren Frust an anderen oder der Situation auszulassen, sagt ihr euch: ›Aha, da ist Leid‹ oder ›Das ist eine Anhaftung an Hass oder vielleicht an eine Mischung aus Hass und Verblendung‹, weil euch die augenblickliche Situation nicht passt und ihr wollt, dass sich etwas daran ändert.

Welche Situation oder Empfindung euch auch immer Leid verursacht: Habt ihr erst einmal erkannt, dass es sich dabei um eine Anhaftung an eine Begierde bzw. eine Kombination mehrerer Begierden handelt, stellt sich ein Gefühl der Erleichterung ein. Es ist, als würde sich der Druck lösen, und mit einem Seufzen entspannt ihr euch ein wenig. Das ist es, was man ein Aha-Erlebnis nennt.

Danach müsst ihr nicht länger an der Sache festhalten; *ihr lasst die Dinge ruhen; ihr lasst sie sein.* Und wenn ihr das tut, verliert die

Begierde noch mehr an Macht über euch. Allmählich – bzw. augenblicklich, sobald euch diese Art damit umzugehen zur Gewohnheit geworden ist – löst sie sich auf. Sie schmilzt wie Schnee in der Sonne; euer Herz öffnet sich und wird frei. Es ist ein so großartiges Gefühl von Erleichterung und Weite, wenn ihr erlebt, wie ihr aufhört, euch an einer Sache festzuklammern und sich euer Verlangen legt.«

Lächelnd und mit geschlossenen Augen sitzt der Mönch da, als würde er es wirklich spüren. Dann fährt er nachdenklich fort: »Wenn ihr eure Anhaftungen loslasst, denkt daran, dass ›loslassen‹ nicht gleichbedeutend mit ›loswerden‹ oder ›wegwerfen‹ ist. Denkt darüber nach: Der Impuls, *etwas loszuwerden*, ist nichts anderes als eine weitere Begierde. Zu versuchen, ein Verlangen loszulassen, indem ihr es loszuwerden versucht, wäre daher nichts anderes, als eine Begierde mit einer anderen zu überlagern. Loslassen ist also etwas anderes als loswerden. Loslassen heißt ruhen lassen, beiseiteschieben.

Der buddhistische Mönch und berühmte Meditationslehrer Jack Kornfield hat es klar auf den Punkt gebracht:

> ›*Loslassen ist nicht*
> *loswerden.*
> *Loslassen ist*
> *sein lassen.*‹«

Der Mönch lässt seinen Blick nacheinander von einem zum anderen wandern. »Versteht ihr?« Es ist sehr still im Raum, während wir versuchen, diese Vorstellung vom Loslassen zu verinnerlichen. »Lasst mich euch das Ganze praktisch demonstrieren«, sagt er und greift nach seinem Wasserglas. »Schaut her. Ich halte dieses Glas – habe es fest im Griff. Und ich will es loslassen. Dazu brauche ich es nicht in den Mülleimer zu werfen. Ich kann es einfach abstellen«, sagt er und stellt es auf das Tablett, das neben ihm steht.

»Genauso verfahren wir mit all unseren Anhaftungen. Nicht die Anhaftung ist das Problem, sondern das Festhalten daran. Was tun wir also? Wir erkennen unsere Begierde oder Anhaftung, ohne sie zu beurteilen. Uns kommt vielleicht der Gedanke, dass wir sie loswerden möchten; wir wollen nun mal keine Begierden haben. Aber all diese Erwägungen schieben wir einfach beiseite. Wir stellen sie gewissermaßen ab, wie ich das Wasserglas abgestellt habe. Und um dies zu tun, betrachten wir das Leid von unserem Beobachterposten aus. Dann sehen wir, was es wirklich ist: Gier, Hass oder Verblendung, Anhaftung und Verlangen – und wir denken: *Aha, das ist es also!,* und merken, dass wir nicht länger daran festhalten. Wir haben es losgelassen.

In dem Moment nämlich, in dem wir anfangen, uns unsere Wünsche und Begierden anzuschauen und in sie hineinzulauschen, löst sich unsere Anhaftung auf. Wir betrachten sie und lassen sie sein, wie sie sind. Dabei erkennen wir, dass wir sie beiseiteschieben und loslassen können.

Vielleicht können wir am Anfang nicht mehr als so viel loslassen«, sagt der Mönch und hält Zeigefinger und Daumen nur einen winzigen Spaltbreit auseinander. »Und das Gefühl dazu mag nur schwach sein; vielleicht blitzt es nur ganz kurz auf, bevor das Verlangen, der Hass, die Verblendung oder was immer es ist, wieder überhandnimmt.

Bleibt einfach dran: eine Sekunde des Loslassens hier, ein weiterer winziger Moment dort; es läppert sich, und irgendwann merkt ihr, dass ihr ein bisschen länger loslassen konntet – vielleicht eine Minute lang oder ein paar Minuten oder mehr. Es ist, als würdet ihr Schwimmen, Fahrradfahren oder irgendeine andere Technik erlernen. Anfangs gelingt es euch nur für winzige

Momente, doch diese werden mit zunehmender Übung allmählich länger und länger, bis euch die neu erworbene Fähigkeit so in Fleisch und Blut übergegangen ist, dass ihr euch nicht mehr vorstellen könnt, wie es wäre, sie nicht zu haben. Sie zu beherrschen gehört zum Leben einfach dazu.«

Begierden sind losgelassen worden

»Woran erkenne ich, dass es mir gelungen ist?«, fragt Nikki.

»In dem Moment wirst du es wissen«, erwidert der Mönch. »Aber mache dir darüber keine Gedanken. Bleib einfach dabei, das Leid oder die Begierde da sein zu lassen. Nimm sie an, wie sie sind. Beurteile sie nicht. Und verurteile dich selbst nicht, weil du sie hast. Wie wir im Zusammenhang mit der Ersten Edlen Wahrheit besprochen haben: Akzeptiere alles, so wie es ist. Lass es da sein. Lass es zu. Heiße es willkommen, hülle es in *Metta* oder liebende Güte ein. Nimm es einfach, wie es ist: *Aha, da ist ein Wunsch nach Erfolg, das ist es also!* Und lass diesen Wunsch einfach zu.

Dann spürst du einen Moment lang, wie die Begierde ihren Griff lockert. Das ist der Anfang des Loslassens. Und jedes Mal, wenn du das Gefühl in dir bemerkst, wiederhole diesen Prozess und lass die Begierde einfach da sein. Eines Tages erkennst du dann, dass die emotionale Spannung gewichen ist; der Wunsch hat dich nicht mehr im Griff – du hast ihn losgelassen und bist frei.

Mit dem Loslassen ist es wie mit allem anderen. Je mehr du es praktizierst, desto klarer wird dir, wie es funktioniert. Mit zunehmender Übung fällt es dir immer leichter, und je natürlicher es sich anfühlt, desto länger kannst du dieses herrliche Gefühl des Nicht-Anhaftens aufrechterhalten.«

»Wie aber kann ich *sicher* sein, dass ich losgelassen habe?«, fragt Sam, die Stirn in ernste Falten gelegt.

Der Mönch sitzt eine Weile mit geschlossenen Augen da, bevor er antwortet: »Ihr wisst, dass ihr die Begierde losgelassen habt, wenn ihr nicht mehr versucht, etwas loszuwerden, sondern es einfach so stehen lassen könnt, wie es ist; wenn ihr nicht mehr urteilt; wenn es friedlich und ruhig in euch ist und ihr Menschen und Situationen exakt so annehmt, wie sie sind, ohne den Impuls, jemanden zu verurteilen, zu vergleichen oder zu kritisieren, noch nicht einmal euch selbst. Dann wisst ihr, was Frieden, Freiheit und Glück wirklich bedeuten. Und glaubt mir, es gibt kein herrlicheres Gefühl.

Die Dinge einfach so anzuerkennen, wie sie im Augenblick sind, und sie genau so da sein zu lassen, ohne die Notwendigkeit zu verspüren, sie zu verändern oder zu bewerten – das ist es, was wahre Freiheit und Freude ausmacht. Und wenn ihr dieses Gefühl erst einmal entdeckt habt, wächst und wächst es immer weiter. Ihr werdet es erleben.«

Es herrscht eine wunderschöne Atmosphäre im Raum. Fast fühlt es sich so an, als wäre er größer geworden und sei von goldenem Licht erfüllt. Einen winzigen Augenblick lang blitzt in mir dieses Glücksgefühl auf, von dem der Mönch gesprochen hat. Eine kleine Weile sitzen wir alle in Schweigen.

Plötzlich fängt der Mönch zu lachen an. »Im Buddhismus erzählt man sich eine nette Geschichte über das Loslassen. Möchtet ihr sie hören?« Zustimmendes Gemurmel ist die Antwort.

»Der eine oder andere kennt sie vermutlich schon, sie ist ziemlich bekannt. Aber ich denke, es lohnt sich, sie sich noch einmal anzuhören, denn sie enthält eine weise Botschaft für uns alle. Sie geht so:

Ein alter und ein junger Mönch sind gemeinsam unterwegs. Sie kommen an einen Fluss, in dem eine reißende Strömung herrscht. Eine hübsche junge Frau geht aufgeregt am Ufer auf und ab.

›Was ist los?‹, fragt der alte Mönch sie.

›Ich mache mir solche Sorgen‹, antwortet sie. ›Mein Vater ist krank, und ich muss über den Fluss, um ihn zu besuchen, aber die Brücke ist eingestürzt. Wisst ihr, wo ich die nächste Brücke finde?‹

›Oh‹, gibt der Mönch zurück, ›bis dorthin ist es eine ganze Meile. Aber keine Angst. Ich kann dich hinübertragen.‹

Die junge Frau nimmt das Angebot dankbar an. Der alte Mönch lädt sie sich also auf den Rücken und bringt sie ans gegenüberliegende Ufer. Dort setzt er sie ab und verabschiedet sich von ihr. Dann kehrt er zurück, und die beiden Mönche setzen ihren Weg fort.

Der junge Mönch hat das Ganze entsetzt mit angesehen. Es ist Mönchen doch verboten, Frauen zu berühren! Wie wütend es ihn macht, dass der alte Mönch sein Gelübde gebrochen hat! Er ist furchtbar aufgebracht, und das Ganze setzt ihm derart zu, dass er irgendwann nicht mehr anders kann: Er stellt den alten Mönch zur Rede.

Als der hört, was seinem Schüler solches Kopfzerbrechen bereitet, lacht er hell auf. ›Meine Güte!‹, sagt er. ›Ich habe die Frau abgesetzt, als wir das gegenüberliegende Ufer erreicht haben. Und du? Du schleppst sie noch immer mit dir herum.‹

Diese kleine Geschichte erinnert uns daran, Anhaftungen loszulassen – sie ›abzusetzen‹ und nicht länger mit uns herumzutragen. Auch lehrt sie uns, dass es manchmal Situationen gibt, in denen wir eine Regel brechen, wenn wir auf unser Herz hören – nicht auf die Stimme unserer Begierde, sondern auf unseren wahren, tiefen Instinkt, der uns stets zur eigentlichen Essenz des Buddhismus lenkt, der liebenden Güte.

Welches Verhalten ist denn nun richtig: eine Regel zu brechen, um einem Fremden in Not einen Akt der liebenden Güte zu erweisen, oder uns an die Buchstaben des Gesetzes zu halten und ihn leiden zu lassen? Der Stimme tief in eurem Inneren – diesem Gefühl von Liebe – zu folgen oder doch eher der Stimme des ängstlichen inneren Kritikers mit seinem nörgelnden ›man sollte‹ und ›man müsste‹?

Auf dieses Thema kommen wir noch zurück, wenn wir uns mit der Vierten Edlen Wahrheit befassen, bei der es darum geht, die Lehre im Alltag praktisch umzusetzen – also sie ›von der Meditationsmatte auf den Marktplatz hinauszutragen‹.«

Der Mönch wirft einen Blick in die Runde. »Das war ganz schön viel Stoff für einen Nachmittag«, sagt er mit einem Lächeln und schaut hinaus in den üppig grünen Garten, der an diesem perfekten Sommertag besonders einladend wirkt.

»Warum erfrischen wir uns nicht mit einer Gehmeditation draußen im Freien?«, schlägt er vor. »Der Buddha hielt sehr viel von Gehmeditationen. Sie bieten die Möglichkeit, Achtsamkeit direkt in den Alltag zu holen. Es ist etwas, was wir jeden Tag praktizieren können.

Sobald ihr euch mit der Praxis vertraut gemacht habt, könnt ihr Gehmeditationen so gut wie überall machen, jederzeit. Es ist wie mit dem Atmen. Ich sage immer: Wer atmen kann, kann auch meditieren. Und genauso gut kann man sagen: Wer gehen kann, kann auch meditieren.

Die Gehmeditation ist ein ausgesprochen nützliches Instrument und stellt eine wunderbare Möglichkeit dar, zur Ruhe zu kommen und frische Energien zu schöpfen.«

Für mich hört sich das sehr gut an. Diese praktische Seite des Buddhismus spricht mich total an – dass er uns Formen von Meditation lehrt, bei denen wir nicht in einem goldenen Tempel sitzen oder uns von allem Weltgeschehen zurückziehen müssen, sondern die wir im Alltag unmittelbar anwenden können.

GEHMEDITATION

Such dir einen Ort, an dem du in einer geraden Linie hin- und hergehen kannst. Die Anzahl der Schritte wählst du selbst – 10, 20, 30 oder was immer dir angenehm ist, aber du brauchst sie nicht ständig zu zählen.

Bleib einen Moment still stehen, bevor du beginnst; achte darauf, dass du deinen Kopf gerade hältst – du solltest weder nach oben noch nach unten schauen; halte dein Kinn ein wenig gesenkt.

Die Arme lässt du entweder entspannt seitlich am Körper hängen, oder du versuchst, die Hände vor dem Körper zu verschränken und sie unter leichter Spannung zu halten. Vielleicht erhöht das deine Konzentration.

Richte deine Augen auf eine Stelle etwa zwei Meter vor dir und lass deinen Blick weich werden und verschwimmen.

Nimm ein paar achtsame Atemzüge, und wenn du magst, zähle in deiner gewohnten Weise mit. Dann gehe los. Gehe gleichmäßig und natürlich, halte am Ende deines kleinen Wegs einen Moment lang inne, bevor du umkehrst und zurückgehst.

Bleib während der gesamten Meditation vollkommen auf den gegenwärtigen Augenblick fokussiert. Achte darauf, wie du dich fühlst. Spüre, wie sich der Boden unter deinen

Füßen anfühlt, die Sonne und die leichte Brise im Gesicht; lausche auf das Gezwitscher der Vögel; rieche den Duft der Blumen oder nimm wahr, was immer sonst es wahrzunehmen gibt.

Wenn dein Geist zu wandern beginnt – und das wird er, denn es entspricht seinem Wesen –, nimm es einfach zur Kenntnis, bleib stehen und bringe ihn zurück in den gegenwärtigen Augenblick, zum Boden unter deinen Füßen.

Dann gehe weiter und achte auf die Gleichmäßigkeit deiner Schritte.

Wenn sich kleine Sorgen oder Ablenkungen einschleichen, lass sie da sein und komm mit deiner Aufmerksamkeit einfach behutsam zur Beobachtung deines Atems zurück.

Wähle deine Gehweise und deinen Rhythmus so, dass es sich natürlich für dich anfühlt. Sei absichtsvoll. Sei achtsam. Sei dir deines Körpers und deines Atems bewusst.

Wir gehen hinaus in den Garten. Die Vögel zwitschern, und die Luft streicht mir warm übers Gesicht. Ich sammle mich, nehme einen tiefen, ruhigen Atemzug und fange an, gleichmäßig und absichtsvoll zu gehen.

Wir haben die Schuhe ausgezogen, wie es im Buddhismus üblich ist, und es ist ein wunderbares Gefühl, das Gras unter den nackten Füßen zu spüren. Ich empfinde diese Übung als ausgesprochen entspannend und angenehm, obwohl ich überrascht feststelle, wie instabil ich bin, wenn ich so langsam gehe.

Obwohl unser Garten relativ groß ist, kann man uns von mehreren umliegenden Häusern aus zuschauen, und ich frage mich, was die Nachbarn wohl denken, wenn sie unsere bunt zusammengewürfelte Truppe und den Mönch in geraden Linien auf- und abgehen sehen. Sie lachen sich bestimmt kaputt über uns, und einen Moment lang ist mir das alles peinlich, und ich bin wie erstarrt bei dem Gedanken, wie ich es ihnen erklären soll.

Dann fällt mir auf, was ich tue, und ich unterbreche mich in diesen Gedanken. Ich erinnere mich an den Rat des Mönchs, unseren Geist einfach behutsam in die Gegenwart zurückzuholen, wann immer wir merken, dass er zu wandern begonnen hat. Ich nehme einen tiefen Atemzug und spüre, wie die Luft in mich einströmt – entspannend, erfrischend. Der stetige Rhythmus meines Gehens und das Gefühl des Bodens unter meinen Füßen lassen mich zur Ruhe kommen. Ich fühle mich zentriert, stark und im Frieden mit mir selbst.

Meine Gedanken kehren zu dem Gefühl zurück, wie komisch wir wohl alle aussehen, wie wir hier im Garten auf- und abgehen, und wieder fühle ich mich unwohl in meiner Haut. Ob uns irgendwer zuschaut? Ob man über uns lacht? Was werden die Nachbarn wohl denken?

Ein Urgefühl des Unbehagens, der Peinlichkeit, des Andersseins steigt in mir auf, das mich an meine frühe Kindheit erinnert. Ich spürte damals die unausgesprochenen Ängste meiner Mutter, dass ich es schwerhaben würde, Anschluss an andere Kinder zu finden, weil ich so ganz anders war als die anderen. (Welches Kind hatte in den 1950er-Jahren schon eine Astrologin zur Mutter? Und eine Großmutter, die als geistiges Medium gechannelte Botschaften einer nordamerikanischen Ureinwohnerin empfing und ein Retreat-Zentrum betrieb?)

Ich fühlte mich laufend unter Druck, Freundschaften schließen zu müssen, um meiner Mutter einen Gefallen zu tun, aber das war nicht einfach. Ohne dass man es mir zu sagen brauchte, hatte ich nämlich sehr schnell instinktiv begriffen, dass es klüger war, so ziemlich alles, was mit meiner Familie zu tun hatte, konsequent für mich zu behalten. Dementsprechend konnte ich mit den Freunden, die ich tatsächlich fand, nie wirklich offen sein. Ihr Leben war so anders als meines. Wir lebten ja an diesem abgeschirmten Ort, hatten kein Auto, und es gingen dort »merkwürdige Aktivitäten« (wie Meditation, Séancen und geheime Treffen) vonstatten.

Allein zuzugeben, Vegetarierin zu sein, reichte damals schon, um als Außenseiter abgestempelt zu werden, obwohl ich diese Besonderheit leidenschaftlich vertrat, da ich mich in sehr jungen Jahren aus eigenen Stücken dazu entschlossen hatte. Diesen Punkt zu erklären fiel mir merkwürdigerweise nie schwer: Wir aßen halt weder Fisch noch andere Tiere. Das war's. Mir erschien das ziemlich logisch (und daran hat sich bis heute nichts geändert).

Ich wurde sehr geschickt darin, andere von sich selbst erzählen zu lassen, statt irgendetwas von mir preiszugeben. Die ganze Zeit lebte ich in diesem inneren Konflikt: Ich spürte, dass ich Freundschaften schließen »sollte«, um vor meiner Mutter bestehen zu können, fühlte mich aber gleichzeitig unwohl bei dem Gedanken, anderen Einblick in mein Leben zu geben oder die Art von Nähe zuzulassen, in der Freundschaften entstehen.

Während mir all diese Gedanken durch den Kopf gehen, finde ich mich plötzlich in der Gegenwart wieder und merke, wie weit sich meine Gedanken von dem ursprünglichen Gefühl des Unbehagens darüber entfernt haben, dass uns die Nachbarn beobachten könnten und wie ich als Kind Angst hatte, als »asozial« zu gelten. Ich verstehe jetzt, was der Mönch damit meinte, dass man von einer anfänglichen Empfindung leicht in ein ganzes Netz aus Gedanken und Problemen hineingezogen werden kann.

Meine Güte, denke ich. *Ich habe noch einen weiten Weg auf diesem Pfad des inneren Friedens zurückzulegen.* Ich hänge immer noch in diesen Gedanken fest, als der Gong ertönt und uns in den Meditationsraum zurückruft.

Wir gehen wieder ins Haus, lächelnd und erfrischt. Der Mönch sitzt schon auf seiner Matte, heiter und gelassen wie eine Buddha-statue. Nachdem wir alle wieder unsere Plätze eingenommen haben, wendet er sich uns strahlend zu.

»Und? Wie war das?«, fragt er.

Das entstehende Gemurmel lässt auf allgemeine Zufriedenheit schließen.

»Mir hat es gut gefallen«, meint Robert. »Es überrascht mich immer wieder, wie erfrischend eine Gehmeditation sein kann.«

»Darf ich etwas fragen?« Dan hebt die Hand, und der Mönch nickt ihm aufmunternd zu. »Irgendwie widerstrebt mir der Gedanke, draußen auf der Straße eine Gehmeditation zu machen. Ist das nicht ein bisschen gefährlich? Und was ist, wenn ich jemandem begegne, den ich kenne und der mit mir reden will? Der würde mich doch für unfreundlich halten, wenn ich einfach so weitergehen würde, oder glauben, dass ich nicht mehr ganz richtig im Kopf bin. Wobei das manche meiner Bekannten sowieso denken, wo ich doch jetzt mit dem Meditieren angefangen habe«, sagt er grinsend.

»Du brauchst es nicht zu machen, wenn du dich nicht wohl dabei fühlst«, gibt der Mönch zurück, »aber viele finden, dass im Gehen zu meditieren sehr praktisch ist und viele Vorteile hat. Natürlich musst du den Ort geschickt wählen und achtsam sowohl für dein Gehen als auch für deine Umgebung sein – aber das ist eine gute Übung in Achtsamsein.

Wenn ihr während der Meditation irgendwen trefft, den ihr kennt, könnt ihr jederzeit innehalten, den Bekannten achtsam grüßen und dann weitergehen. Oder ihr sagt einfach: ›Es tut mir leid, ich kann mich jetzt nicht groß unterhalten, ich mache gerade eine Gehmeditation‹, und geht dann weiter. Es näher erklären könnt ihr ja später noch – und man kann nie wissen, vielleicht lässt sich der andere ja inspirieren und fängt selbst mit dem achtsamen Gehen an.«

»Was ist besser, das Meditieren im Sitzen oder die Gehmeditation?«, erkundigt sich Ed.

»Beides ist hilfreich«, antwortet der Mönch. »Manchen fällt es leichter, im Gehen statt im Sitzen zu meditieren, aber beides bringt euch weiter. Im Kloster machen wir abwechselnd mal das eine, mal das andere.

Ich empfehle euch, wenn es irgend geht, jeden Tag eine Gehmeditation in eurem Programm unterzubringen, und sei es nur auf dem Weg zur Bahn, zum Briefkasten oder zum Einkaufen oder wenn ihr mit dem Hund Gassi geht. Ihr könnt es auch einfach beim Treppensteigen machen. Versucht nach Möglichkeit, täglich eine Sitz- und eine Gehmeditation zu machen. Wenn das nicht klappt und ihr nur Zeit für eins von beidem habt, dann entscheidet euch für das Sitzen.

Die tägliche Gehmeditation ist auch eine sehr gute Gelegenheit, um *Metta* zu praktizieren«, fährt der Mönch fort. »Sprecht dabei im Stillen das *Metta*-Mantra: ›Möge es mir gut gehen. Möge ich glücklich sein. Möge ich sicher und frei von Leiden sein.‹ Probiert es selbst aus.«

Der Mönch lässt seinen Blick lächelnd über die Gruppe schweifen. »Und wo wir gerade bei *Metta* sind, warum bleiben wir nicht in dieser inneren Haltung, wenn wir zum Abschluss unserer heutigen Sitzung gemeinsam chanten?«

Wir strecken und dehnen uns ein wenig, und leises Papiergeraschel erfüllt den Raum, während jeder sein Blatt mit den Mantren zur Hand nimmt. Der Mönch singt: »*Araham*«, und wir stimmen alle mit ein: »*Sammasambuddho bhagava, Buddham bhagavantam abhivademi*«, was so viel bedeutet wie: »Wir erweisen dem Buddha die Ehre.« Wir verneigen uns.

»*Svakkhato*« (»Die Lehre«), singt der Mönch, und wir antworten im Chor: »*Bhagavato savakasangho, Sangham namami*« (»Ich verneige mich vor allen, die die Lehre praktiziert und sie über die Zeiten hinweg an uns überliefert haben«).

Hinterher verharren wir eine kleine Weile in der Stille und genießen das Gefühl von Frieden und Liebe, das sich während des Chantens eingestellt hat, bevor sich die Gruppe auflöst und jeder seines Weges geht.

AUF EINEN BLICK

» Ursache des Leids ist das Anhaften an Begierden: Wollen, Nicht-Wollen, die Dinge anders haben Wollen – also »Gier, Hass und Verblendung« oder das Festhalten und Begehren, wie der Buddha es nannte.

» Das Leben ist ständig in Veränderung begriffen. An irgendetwas festzuhalten heißt darum, Leid vorzuprogrammieren.

» Wir können unser Leben in vollen Zügen genießen, wenn wir unser Glück nicht von irgendwelchen Dingen abhängig machen oder diese als Quelle unseres Leids betrachten.

» Um dich vom Leid zu befreien:
  – Begib dich in den »Beobachtermodus«.
  – Schau dir an, was los ist.
  – Mach dir klar, was es ist – eine Anhaftung an die eine
    oder andere Art von Begierde oder eine Kombination aus
    mehreren Begierden.
  – Lass es da sein.
  – Lass es los.

ÜBUNG

» Nimm zur Kenntnis, dass du leidest. Spüre in das Leid hinein;
  lass es da sein. Schau, ob du es auf irgendeine »Anhaftung«
  zurückführen kannst: auf etwas, was du willst oder nicht
  willst, oder darauf, dass du die Dinge gern anders hättest, als
  sie sind. Lass die »Anhaftung« los und spüre, wie sich dein
  Leid verringert und sich aufzulösen beginnt.

» Höre deinen Gedanken und Worten zu. Jedes »sollte« oder
  »müsste« ist ein deutliches Zeichen für das Vorhandensein
  einer Anhaftung – an ein Ideal oder eine Vorstellung. Nimm
  sie zur Kenntnis und lass sie los.

» Meditiere weiterhin täglich 15 bis 20 Minuten und sammle
  untertags so oft wie möglich deine »Achtsamkeitsminuten«.
  Vielleicht versuchst du es mal mit einer Gehmeditation.

» Nimm dir am Ende jeder Meditation – ob im Sitzen oder
  Gehen – ein oder zwei Minuten Zeit, um die *Metta*-Worte zu
  rezitieren: »Möge es mir gut gehen. Möge ich glücklich sein.
  Möge ich sicher und frei von Leid sein.« Spüre, wie sich dabei
  deine Anspannung löst und in deinen Körper Frieden ein-
  kehrt.

Woche 4

Freiheit erlangen

Während wir still im Schreinraum sitzen und warten, dass der Mönch zu sprechen beginnt, denke ich über etwas nach, was mir in der vergangenen Woche passiert ist.

Ich habe mir die ganze Zeit große Mühe mit meiner Achtsamkeitspraxis gegeben und laufend beobachtet, wie ich auf die kleinen Dinge des Alltags reagiere. Immer wenn ich mich über irgendetwas aufregte, nahm ich es mit dem Satz »Da ist Leid« zur Kenntnis und führte es auf die zugrundeliegende »Anhaftung« zurück – auf mein Festhalten an irgendeiner Vorstellung, einem Wunsch oder einer Abneigung. Und dann versuchte ich, was auch immer es war, einfach da sein zu lassen, ohne mich zu kritisieren, und zu spüren, wie es sich auflöste. Es hat mir Spaß gemacht zu sehen, wie gut das funktionierte und welches Gefühl von innerem Frieden und Kraft sich dabei einstellte.

Eines Abends saß ich dann mit Robert im Auto. Wir mussten zu einem Meeting, und mir fiel unterwegs ein, dass ich vergessen hatte, Milch zu besorgen. Wir waren knapp dran, aber er hielt am Supermarkt und blieb im Wagen sitzen, während ich in den Laden spurtete.

Ich war zum ersten Mal in diesem Supermarkt und außerdem nervös, weil wir es schließlich eilig hatten. Wo war sie, die Milch? Keine Ahnung! Nach einigem Suchen entdeckte ich sie, schnappte mir eine Flasche – keine Zeit, einen Korb zu holen – und lief zu den Kassen. Dort angekommen, stellte ich entsetzt fest, dass nur eine von ihnen besetzt war. Self-Service-Kassen gab es auch nicht. Und in der Schlange vor mir standen etwa 20 Leute. Ungläubig schaute ich mich um. Es war 19 Uhr! Und die hatten nur eine Kasse auf?! So viel stand fest: Warten konnte ich nicht. Ich machte meinem Ärger lauthals Luft, während ich entnervt zu dem Regal mit der Milch zurückstapfte und sie wieder ins Fach stellte. Auf dem Weg zum Auto war ich so sauer, dass ich beinahe über meine eigenen Füße gestolpert und der Länge nach hingeschlagen wäre.

Als ich mich völlig fertig auf den Beifahrersitz fallen ließ, spürte ich Roberts überraschten Blick. Wo, schien seine Miene zu fragen, ist die Frau geblieben, die so gelassen war, seit wir diesen Kurs begonnen hatten und uns mit der buddhistischen Lehre befassten. Und viel zu spät fiel es mir wieder ein: Achtsamkeit! Ich war so wütend über mich selbst. So enttäuscht! Dann erkannte ich, dass ich dabei war, mit meiner Wut und Enttäuschung und meinen Selbstvorwürfen, versagt zu haben, dem Ganzen noch eine weitere Ebene von Emotionalität hinzuzufügen.

Ich war so am Ende, dass ich nicht einmal versuchte, auf meinen Atem zu achten. Aber zumindest war mir bewusst, was gerade passiert war – und das war schon mal eindeutig ein Fortschritt, wenn man es so nennen mag. »Fortschritt« kommt im buddhistischen Denken nicht wirklich vor, denn wenn man wirklich in der Gegenwart ist, spielt der natürlich keine Rolle. Es geht ja einzig ums »Jetzt«.

Abgesehen von diesem kleinen Ausrutscher bin ich jedoch konsequent bei meiner Achtsamkeitspraxis geblieben und habe meinen Fokus in die Gegenwart zurückgeholt, wann immer ich daran dachte. Achtsam zu sein ist für mich mehr und mehr zu einer Art »Normalität« geworden, obwohl ich sie manchmal immer noch aus den Augen verliere und es mir nach wie vor schwerfällt, länger als eine Viertelstunde am Stück zu meditieren.

Meditation oder Achtsamkeit sind für mich eher etwas Spontanes: Während irgendeiner Tätigkeit oder mitten im Gedankenfluss fällt mir plötzlich ein, achtsam zu sein. Dann komme ich mit meiner Aufmerksamkeit in den gegenwärtigen Augenblick und mache mir meine Gedanken und Gefühle bewusst, wobei ich natürlich sorgfältig darauf achte, sie weder zu beurteilen noch zu kritisieren. Ich beobachte sie nur. Ich lasse sie da sein. Ich lasse sie los.

Dies alles geht mir durch den Sinn, als die Stimme des Mönchs mich aus meinen Gedanken zurück in den Raum holt.

»Ihr seid eine wunderbare Gruppe«, sagt er lächelnd. »Es ist schön, euch alle wiederzusehen. Es macht mir so viel Freude, mich mit euch gemeinsam auf die Spur der Edlen Wahrheiten zu begeben.« Strahlend wirft er jedem Einzelnen von uns einen Blick zu.

»Mit den ersten beiden Edlen Wahrheiten haben wir uns bereits befasst, und damit wären wir nun bei der Dritten angelangt. Lasst uns kurz rekapitulieren, was wir bisher gelernt haben, um zu sehen, wie sich alles ineinanderfügt.

Die Erste Edle Wahrheit hat uns zu der Einsicht geführt, dass Leid tatsächlich vorhanden ist, und wir haben gesehen, wie wir es leidenschaftslos betrachten können – nicht als Teil von uns, sondern als vorübergehenden Zustand. Wir haben gelernt, zum Beobachter zu werden, uns das Leid in uns anzuschauen und es da sein zu lassen, sodass es sich von allein auflösen kann.

Die Zweite Edle Wahrheit hat uns mit den *Ursachen* des Leids vertraut gemacht, nämlich der Anhaftung an Begierden – Gier, Hass oder Verblendung, Anhaftung und Verlangen. Anhand dieses Wissens können wir durchschauen, was passiert, wenn wir leiden. Wir nehmen nicht nur das Leid zur Kenntnis, sondern auch das Vorhandensein von Anhaftungen und Verlangen, die dieses Leid verursachen. Auch hier haben wir gelernt, zu beobachten, da sein zu lassen und loszulassen.

Wenn wir dies regelmäßig geübt haben, merken wir bereits sehr früh, wenn wir uns an etwas festzuklammern beginnen oder sich eine Verblendung oder ein Verlangen einnisten will. So gelingt es uns, diesen Impuls im Keim zu ersticken, indem wir ihn loslassen, bevor er so stark wird, dass er unseren Frieden stört und uns ins Leid führt.

Damit sind wir bei der Dritten Edlen Wahrheit angelangt, die da lautet:

›Es gibt ein Ende des Leids.
Das Ende des Leids sollte erreicht werden.
Das Ende des Leids ist erreicht worden.‹«

Jetzt verstehe ich gar nichts mehr. Der Mönch schaut mich an. Er hat wohl gemerkt, wie verwirrt ich bin. »Hast du eine Frage?«, will er wissen.

»Ja«, sage ich. »Mich überrascht das etwas. Ich dachte, wenn wir die Anhaftung an unsere Begierden loslassen, wie wir es in der Zweiten Edlen Wahrheit gelernt haben, würde das das Ende des Leids bedeuten. Jetzt aber sagst du, dass es in der Dritten Edlen Wahrheit um das ›Ende des Leids‹ geht. Was ist denn dann der Unterschied zwischen der Zweiten und der Dritten Edlen Wahrheit?«

»Nun«, antwortet der Mönch, »genau genommen beschreibt jede der Vier Edlen Wahrheiten jeweils unterschiedliche Aspekte ein- und derselben Wahrheit. In der Praxis überlappen, bestärken und ergänzen sie sich. Es ist wie bei einem Auto.« Er lacht. »Das braucht auch vier Räder, die sich drehen, damit es dich ans Ziel bringen kann.

Wenn wir in unserem Alltag die ersten beiden Edlen Wahrheiten beherzigen – zur Kenntnis nehmen, beobachten, achtsam sein, da sein lassen, loslassen –, dann werden wir mit der Zeit insgesamt toleranter dem Leben gegenüber. Alles, was im gegenwärtigen Augenblick da ist – ›das Gute, das Böse und das Hässliche‹, um mit Clint Eastwood zu sprechen –, erkennen wir als Teil des Lebens, des ›Jetzt‹, an.

Es geschieht alles in diesem Augenblick. Um wirklich präsent und im Fluss mit dem Leben zu sein, müssen wir also dies alles so akzeptieren, wie es ist. Widersetzen wir uns, blockieren wir uns nur. Sperren wir uns oder versuchen wir gar, gegen den Strom anzuschwimmen, statt uns mit ihm treiben zu lassen, stoßen wir uns an den Felsen und verfangen uns im Schilf.

Lernen wir hingegen, den gegenwärtigen Augenblick genau so anzunehmen, wie er ist, spüren wir, wie sich der Wunsch, uns dem Geschehen zu widersetzen und zu werten, zu kritisieren, zu verurteilen und zu vergleichen, allmählich legt. Das macht uns freier und bringt uns Frieden. Wir sind im Fluss.

Und während wir beobachten, was in uns vorgeht – und auch in unserer Umgebung –, lernen wir, es erst da sein zu lassen und dann loszulassen. Und dann geschieht etwas Bemerkenswertes: Wir spüren, wie das Leid allmählich zu schwinden beginnt. Wir stoßen uns nicht mehr an den Felsen im Fluss. Die Wolken am Himmel verziehen sich, die Sonne kommt dahinter zum Vorschein, und wir sehen wieder ihr Strahlen. Das ist der Moment, in dem wir das Wirken der Dritten Edlen Wahrheit zu spüren beginnen: ›Es gibt ein Ende des Leids.‹

Bis es so weit ist, mag einige Zeit vergehen. Vielleicht ist es anfangs nur eine Sekunde des Loslassens hier, eine weitere dort, dann eine Minute, dann ein paar Minuten. Stunde um Stunde, Tag um Tag baut es sich auf, bis wir irgendwann plötzlich merken, dass wir den ganzen Tag über nicht einmal an unser Leid gedacht haben: Es ist zu Ende.«

Die Worte des Mönchs sprechen mich total an, berühren etwas in mir. Ich muss daran denken, wie mein Vater vor einigen Jahren ganz plötzlich starb. Ich war untröstlich und litt den ganzen Tag,

jeden Tag. Und nachts träumte ich von traurigen Ereignissen –
dass er sterben würde oder gestorben war. Tag und Nacht hing ich
in meiner Trauer fest.

Einen ganzen Monat ging das so. Dann wurden die Träume allmählich weniger, sie kamen nur noch jede zweite Nacht, dann nur
noch zweimal pro Woche. Und irgendwann stellte ich zu meiner
Überraschung fest, dass ich den ganzen Tag weder an ihn gedacht
noch geweint hatte. Von da an ließ der Schmerz mehr und mehr
nach.

»Dies ist ein normaler Heilungsprozess«, spricht der Mönch
weiter, »bei dem wir uns dem Schmerz nicht widersetzen, mit ihm
hadern oder ihn zu unterdrücken versuchen. Wir spüren vielmehr in ihn hinein und akzeptieren ihn – ja, vielleicht heißen wir
ihn sogar mit offenen Armen willkommen. Mit anderen Worten:
Er darf da sein.«

In der nun folgenden Pause zieht es den Blick des Mönchs zu
Maggie hinüber. »Wolltest du etwas sagen?«, fragt er.

»Was du eben beschrieben hast«, antwortet sie, »dass es darum
geht, uns dem Schmerz nicht zu widersetzen, und was du mir am
Anfang erklärt hast, dass ich keine Angst haben soll, von der
Trauer über den Verlust meines Vaters übermannt zu werden, sondern sie zuzulassen, den Schmerz wirklich zu spüren – das hilft
mir total.«

»Das freut mich«, sagt der Mönch. »Genauso ist es nämlich.
Sobald wir den Schmerz akzeptieren und aufhören, ihn zu kommentieren oder uns selbst zu kritisieren, weil wir ihn empfinden,
oder uns sagen, dass wir ihn doch längst hätten hinter uns lassen
müssen; wenn wir ihn einfach akzeptieren – das ist der Beginn des
Heilungsprozesses. Und allmählich, Schritt für Schritt, spüren wir,
wie das Leid zu Ende geht. Wir fangen an, selbst zu begreifen, was
die Dritte Edle Wahrheit bedeutet.«

Es gibt ein Ende des Leids

»Auch für die Vier Edlen Wahrheiten gilt wie für alle Lehren des Buddha: Sie erschließen sich im eigenen Erleben.

Der Buddha weist uns den Weg, er gibt uns klare Handlungsanweisungen: wie wir uns aus unserem Leid befreien und glücklich werden können, welche Rolle wir in der Erschaffung einer herrlichen, von Frieden und Liebe erfüllten Welt zu spielen haben. Aber letztlich liegt es an uns, nach diesen Prinzipien zu leben. Die Lehre richtet sich an erwachsene Menschen. Der Buddha behandelt uns nicht wie unmündige Kinder. Es gibt keine Autorität, die uns sagt, was wir tun sollen, uns kritisiert, wenn wir Regeln überschreiten, oder uns verurteilt, wenn uns ein Ausrutscher passiert.« Er lächelt. »Das wäre auch das Letzte, was wir brauchen könnten, wo wir doch alle im Kopf diese innere Stimme haben, die das supergut kann, oder?« Alles lacht.

Er wirft einen Blick in die Runde, bevor er fortfährt: »Es gibt da etwas, was es euch erleichtern dürfte, die Dritte Edle Wahrheit zu begreifen – ja, genau genommen, alle Edlen Wahrheiten besser zu verstehen; und zwar die folgende Einsicht, die der Buddha seinen Anhängern mit auf den Weg gegeben hat: ›Alles, was dem Entstehen unterworfen ist, ist dem Vergehen unterworfen.‹«

In der darauffolgenden Stille versuchen wir, den tieferen Sinn dieses Satzes zu entschlüsseln. »Alles, was dem Entstehen unterworfen ist, ist dem Vergehen unterworfen«, wiederholt er. »Das ist eine universale Wahrheit. Was auch immer in dieser Welt entsteht oder beginnt, vergeht oder endet auch wieder und ist dann nicht mehr da.«

Ich muss unwillkürlich schmunzeln, denn was der Mönch sagt, erinnert mich an den Monty-Python-Sketch aus den 1970er-Jahren mit dem toten Papagei. »Das Tier schläft nicht. Der Vogel ist tot, kapiert? Dies ist ein hingeschiedenes Federtier. Es ruht in Frieden,

und wenn Sie es nicht an dem Ständer festgenagelt hätten, würde
es bestimmt schon an den Gänseblümchen riechen. Es lernt jetzt
oben bei den Engeln schnacken. Dies ist ein Ex-Papagei!«

Ich reiße mich zusammen und bekomme gerade noch mit, wie
der Mönch sagt: »... mit unserem Planeten Erde, ja, selbst mit dem
Universum wird es irgendwann zu Ende gehen. Lasst euch das
einmal wirklich durch den Kopf gehen. Ist nicht das ganze Leben
eine Aneinanderreihung von Anfängen und Enden? Wir werden
geboren, wir sterben; unser Körper verändert sich in jedem einzelnen Moment; unser Haar wächst, unsere Haut und die Zellen
unseres Körpers erneuern sich.«

»Sagt man nicht, dass jede einzelne Zelle im Körper innerhalb
von sieben Jahren durch eine neue ersetzt wird?«, wirft Gwyn ein.

»Ja, das habe ich auch gehört«, antwortet der Mönch. »Denken
wir doch einmal über das Leben nach: Wir wachsen heran, gehen
zur Schule, beenden die Schule, gehen studieren oder fangen an
zu arbeiten. Wir schließen Freundschaften, verlieren Freunde, ver-
und entlieben uns. Vielleicht werden wir Eltern und sehen, wie
sich die verschiedenen Lebensphasen in jeder Generation wiederholen. Die einzige Gewissheit, die wir haben, ist die Veränderung
bzw. ›Vergänglichkeit‹, wie Buddhisten es meist nennen.

Der Satz ›Alles, was dem Entstehen unterworfen ist, ist dem
Vergehen unterworfen‹ trifft sowohl auf das Angenehme als auch
das Unangenehme im Leben zu; auf unsere Gedanken und
Gefühle; auf unseren Körper; auf unsere Umwelt – auf alles. Wenn
wir also an irgendetwas in dieser physischen Welt anhaften, uns
an irgendetwas festklammern, wissen wir, dass wir irgendwann
einmal leiden werden, weil es sich verändern oder nicht mehr da
sein wird.

Aber wir brauchen nicht bis zu unserem Tod zu warten, damit
das Leid ein Ende hat. Wenn wir die Vier Edlen Wahrheiten ver-

stehen und nach ihnen leben, können wir jetzt frei und glücklich sein. Das ist das großartige Geschenk, das uns der Buddha gemacht hat: die Freiheit vom Leid.«

Ich denke über diese Möglichkeit nach, als sich Pam zu Wort meldet. »Das ist ja alles gut und schön«, sagt sie. »Ich verstehe schon, dass wir nicht verletzt werden können, solange wir uns an nichts binden. Das Ganze erinnert mich an einen meiner Freunde, Quentin, der solche Angst hatte, sich emotional einzulassen, dass er keinerlei Gefühle an sich heranließ. Wenn wir in der ständigen Angst durchs Leben gehen, uns an irgendetwas oder irgendjemanden zu binden, weil es uns wehtun würde, wenn diese Sache oder dieser Mensch eines Tages nicht mehr da ist – wo bleiben da die Liebe und die Freude?«

»Genau«, pflichtet Suzi ihr bei. »Jeder von uns kennt doch einen solchen Quentin.«

»O ja!« Joan nickt, und alle Frauen in der Gruppe lachen. Der Mönch aber bleibt ernst. Er schweigt eine Weile, bevor er fortfährt.

»Ich verstehe, wovon ihr sprecht«, sagt er. »Es fällt vielen schwer, Kopf und Herz unter einen Hut zu bekommen, besonders, wenn sie in ihrem Leben schon einmal verletzt wurden. Ein Selbstschutzmechanismus sorgt dafür, dass die fühlende Seite dann einfach zumacht. Es ist sicherer, das Herz zu verschließen, als offen zu bleiben und weitere Verletzungen zu riskieren.

Das Herz aufzumachen und in der Liebe zu sein, ohne Anhaftungen zu entwickeln, ist ein schwieriger Balanceakt. Wenn wir lieben, sind wir offen und laufen Gefahr, verletzt zu werden. Heißt es nicht, Schmerz sei der Preis der Liebe? Da steckt viel Wahrheit drin.

Was wir aber hier lernen, ist, die Dinge aus ganzem Herzen wertzuschätzen, sie auszukosten, sie im gegenwärtigen Augenblick zu genießen, *jedoch ohne uns daran zu klammern*. Um es mit

T.S. Eliot zu sagen: ›Lehr uns, was sorgen und nichtsorgen ist.‹ Den
Duft einer Rose zu kosten, ohne sie pflücken zu wollen; dem Lied
einer Nachtigall zu lauschen, ohne sie in einen Käfig sperren zu
wollen; einen Schmetterling mit regenbogenfarbigen Flügeln
vorbeiflattern sehen, ohne ihn fangen zu wollen; einen Menschen
lieben, ohne ihn besitzen zu wollen; und so weiter.

Wir können nichts von unserem Besitz mitnehmen, wenn wir
sterben, und schon gar nicht können wir einen anderen besitzen.
Khalil Gibran hat dies in seinem Gedichtband *Der Prophet* wunderbar zum Ausdruck gebracht:

›Liebt einander, aber macht die Liebe nicht zur Fessel:

Lasst sie eher ein wogendes Meer zwischen den Ufern eurer
Seelen sein. Füllt einander den Becher, aber trinkt nicht aus einem
Becher.‹«

»Oh, ich liebe diese Worte!«, bricht es aus mir heraus. »Ich habe
Der Prophet in einer schwierigen Phase meines Lebens für mich
entdeckt, als ich dabei war, mich von meinen sehr liebevollen, aber
extrem besitzergreifenden Eltern zu lösen. Was er über Eltern und
Kinder schreibt, hat mir wirklich geholfen, und seine Worte
werden mich immer begleiten:

›Eure Kinder sind nicht eure Kinder.
Sie sind die Söhne und Töchter der Sehnsucht des Lebens nach
sich selber.
Sie kommen durch euch, aber nicht von euch.
Und obwohl sie mit euch sind, gehören sie euch doch nicht.
Ihr dürft ihnen eure Liebe geben, aber nicht eure Gedanken.
Denn sie haben ihre eigenen Gedanken.
Ihr dürft ihren Körpern ein Haus geben, aber nicht ihren Seelen.
Denn ihre Seelen wohnen im Haus von morgen,
das ihr nicht besuchen könnt, nicht einmal in euren Träumen.

*Ihr dürft euch bemühen, wie sie zu sein, aber versucht nicht,
sie euch ähnlich zu machen.
Denn das Leben läuft nicht rückwärts, noch verweilt es im
Gestern.‹«*

Ich verstumme, perplex und überrascht, dass ich mich so habe hinreißen lassen. Robert wirft mir einen Blick zu und lächelt. Er weiß, wie viel mir diese Worte bedeuten. Die Gruppe klatscht Beifall, und ich fühle, wie mir die Röte ins Gesicht steigt, aber der Mönch strahlt mich an.

»O ja«, sagt er. »Das sind in der Tat weise Worte. Wann immer wir uns in dieser physischen Welt an irgendetwas oder irgendjemanden klammern – ob an den Geliebten oder die Geliebte, an unsere Kinder, das allerneueste Smartphone, unser Haustier, unsere Eltern, unser Einkommen oder unseren Lebensstil, unsere Lieblingsbrotsorte, ein Restaurant, in das wir besonders gerne gehen, unser Auto, die Urlaubsreise, auf die wir uns seit Langem freuen: Wir wissen, dass all dies der Veränderung unterworfen ist und irgendwann nicht mehr existieren wird. ›Was entsteht, vergeht.‹«

Es wird sehr still im Raum, während wir über die Worte des Mönchs nachdenken. Nach einer Weile fährt er fort: »Wir wissen, dass sich das Leben verändert und das, was uns Freude bereitet, einmal zu Ende geht. Aus der Lehre des Buddha wissen wir auch, dass das Leid endet, wenn wir achtsam werden, unser Leid zur Kenntnis nehmen, die zugrunde liegende Anhaftung an eine Begierde erkennen und diese Begierde ablegen, statt uns an sie zu klammern. Dass dies tatsächlich funktioniert, lehrt uns die zweite Einsicht der Dritten Edlen Wahrheit.«

Das Ende des Leids sollte erreicht werden

»Ihr braucht es nur zu tun! Der Buddha hat uns klar aufgezeigt, wie es geht, Schritt für Schritt, aber tun müssen wir es selbst – und wir können es!

Der Buddha hat auch gesagt: ›Es gibt nur zwei Fehler, die man auf dem Weg zur Wahrheit machen kann: nicht den ganzen Weg gehen und nicht beginnen.‹ Lasst uns diese beiden Fehler nicht begehen und uns um den Frieden und die Glückseligkeit bringen, die wir haben können.

Setzen wir also die Edlen Wahrheiten in unserem Alltag praktisch um. Dann werden wir feststellen, dass unsere Anhaftungen und Begierden weniger werden und sich aufzulösen beginnen. Dass dies zutrifft, kann jeder von uns selbst erleben. Mag sein, dass es anfangs nur in ganz kurzen Momenten gelingt – womöglich währt es nicht länger als ein, zwei Sekunden –, aber wir spüren es. Wir wissen, dass es geschieht, und merken auch, wenn das Leid zu Ende ist.«

Maggie unterbricht das darauffolgende Schweigen. »Du meinst, wie mein Schmerz nach dem Tod meines Vaters?«, fragt sie.

»Ja.« Der Mönch nickt. »Es trifft auf jede Form von Leid zu. Wenn wir Achtsamkeit praktizieren und nachforschen, was das Leid eigentlich verursacht – Leidenschaft, Gier, Hass und Verblendung –, und diese Ursachen loslassen, bleibt nichts übrig als echte Freiheit, Frieden und Glückseligkeit, wie jeder von uns selbst herausfinden kann.

Der Buddha verglich diese Ursachen des Leids – die Gier, den Hass und die Verblendung – mit Feuern, die uns verzehren; der Prozess der Befreiung aus dem Leid sei wie ein ›Ausblasen der Feuer‹. Und das Pali-Wort für Ausblasen ist *Nibbana* oder *Nirvana*, der Zustand des reinen Friedens, der Freiheit und Glückseligkeit, der eintritt, sobald die ›Feuer‹ gelöscht sind.«

Der Mönch macht eine kurze Denkpause, bevor er fortfährt: »Wenn wir also erleben, wie alles, was entsteht, mit der Zeit vergeht – Wünsche, materielle Besitztümer, die Jahreszeiten, die Natur, Blumen, Tiere, Menschen, unser Partner und so weiter –, und unsere Anhaftung an dies alles loslassen, indem wir Achtsamkeit üben und nach den ersten beiden Edlen Wahrheiten leben, merken wir auf einmal, wie sich die Dritte Edle Wahrheit zu verwirklichen beginnt: das Ende des Leids. Wo vorher Leid war, finden wir jetzt Frieden – ein Gefühl von Freiheit und Raum in unserem Inneren.«

Wieder hält der Mönch inne. Es ist mucksmäuschenstill im Raum. Dann sagt er: »Und während wir uns in unserer Achtsamkeitspraxis auf dieses Gefühl von Frieden konzentrieren, kommen wir in Berührung mit jenem Teil unseres Seins, der sich niemals verändert, dieser Stärke und diesem Frieden, die einfach ›da sind‹; sie entstehen nicht, also vergehen sie nicht. Sie sind immer in uns. Im Buddhismus sprechen wir darum vom ›Todlosen‹.«

Es folgt eine weitere Pause, bis Gwyn fragt: »Was genau meinst du damit? Womit kommen wir in Berührung?«

»Ich will versuchen, es genauer zu beschreiben«, antwortet der Mönch. Er überlegt eine Weile, bevor er erklärt: »Wenn wir einmal wirklich in die Tiefe gehen und uns fragen, wer und was wir sind, kommen wir zu dem Schluss: Wir sind nicht unser physischer Körper, weil der sterben wird. Wir sind kein Baby mehr, kein Schulkind. Diese Zeit ist vorbei.

Wir sind auch nicht unsere berufliche Persona: die Lehrerin, der Friseur, die Ärztin, der Vater, die Pflegekraft, die Kochbuchautorin«, sagt er und wirft mir einen Blick zu. »Alles, was wir im Laufe unseres Lebens geworden sind, ist entstanden; es sind Phasen, die wir durchlaufen und dann hinter uns lassen.«

Alle sitzen in Gedanken versunken da. Vielleicht geht es den anderen wie mir, und sie denken auch über ihre Vergangenheit nach.

Der Mönch fährt fort: »Auch sind wir nicht unsere Gedanken oder unsere Gefühle, weil auch die entstehen und vergehen. Und wir sind nicht unsere Nationalität, unsere Religionszugehörigkeit oder unser Glauben, unsere Ansichten und Vorurteile oder welches Etikett wir oder andere uns auch immer aufdrücken mögen.«

»Wer also sind wir wirklich?«, fragt Rodney in die entstehende Stille hinein.

»All das, was ich eben aufgezählt habe«, erwidert der Mönch, »haben wir uns im Laufe unserer Konditionierung, Erziehung und Ausbildung angeeignet, und es kann sich verändern.«

»Sind diese Dinge also das, was man manchmal unser Ego nennt?«, will Pam wissen.

»Genau«, antwortet der Mönch. »Sie machen unser Ego aus oder, wie der Buddha es nannte, unsere ›Persönlichkeitssicht‹. Um herauszufinden, wer wir wirklich sind, müssen wir darüber hinausschauen und jenseits von bedeutungslosen Bezeichnungen suchen wie ›Mann‹, ›Frau‹ oder ›Buddhist‹, nationalen Zugehörigkeiten wie ›Engländer‹, ›Inder‹, ›Deutscher‹ und so weiter; oder Beschreibungen wie ›hübsch‹, ›clever‹, ›erfolgreich‹ oder ›dumm‹, ›hoffnungslos‹, ›untauglich‹. Solche Begriffe sperren uns nur in einen Käfig ein, insbesondere wenn wir sie von unserem inneren Kritiker zu hören bekommen.«

»Du meinst also die Etiketten, die wir uns selbst und anderen aufdrücken?«, wirft Pam ein.

Der Mönch nickt. »Ja, sie können Angst, Stolz und ein Gefühl des Nicht-Dazugehörens in denjenigen auslösen, die wir glauben kritisieren, kleinmachen oder sogar bekämpfen zu müssen, um zu beweisen, dass wir im Recht sind; um uns in unserer Meinung zu bestätigen oder uns den Anschein von Selbstsicherheit und Erfolg zu geben.

Der Buddha beschrieb das Ego – die ›Persönlichkeitssicht‹ – als eine Art Gebäude, das wir von klein auf um uns herum errichten, um uns vor Verletzung und Beschädigung zu schützen.

Es ist unsere Art, uns selbst zu sehen. Ich zum Beispiel bin ein Mann. Ich bin buddhistischer Mönch der Theravada-Schule, im Kloster ausgebildet und in den Stand eines Ajahn – sprich Lehrers – erhoben. Ich habe also bestimmte Erfolge zu verzeichnen, genieße in der Gruppe einiges Ansehen, was mir Freude bereitet und vielleicht ein klein wenig das Gefühl gibt, etwas Besseres zu sein. All das ist Ego: das Haus, in dem ich mich eingerichtet habe, um es bequem zu haben und mich sicher zu fühlen.«

Die Gruppe lacht, und der Mönch fährt fort: »Wir alle machen das. Wir bauen uns diesen Schutzraum, diesen vermeintlich sicheren Ort, der uns vor Verletzungen bewahren soll. Und er erfüllt tatsächlich seinen Zweck. Gleichzeitig aber ist er eine Falle. Wenn wir uns nämlich innerlich in unseren Schutzraum zurückziehen, können wir nicht mehr raus. Wir verlieren unsere Freiheit und schneiden uns von anderen Menschen ab. Wir verlieren den Kontakt zu ihnen, sind getrennt von dem, der wir wirklich sind, dem wahren Sein oder der Präsenz, die sich tief in unserem Inneren hinter ›der Frau‹, ›dem Mann‹, ›dem Mönch‹ und so weiter verbirgt.«

Nach einem Blick in die aufmerksam lauschende Runde sagt er: »Nun haben wir uns angesehen, was wir nicht sind, aber kehren wir zu deiner Frage zurück, Rodney: Wer oder was sind wir wirklich? Nehmen wir uns einen Augenblick Zeit, um zu schauen, ob ihr es selbst herausfinden könnt. Lasst uns eine kleine Weile gemeinsam in der Achtsamkeit sein.«

Der Mönch nimmt einen tiefen Atemzug. Wir rücken uns auf unserem Platz zurecht, um es uns bequem zu machen und in die aufrechte Haltung zu finden.

»Achte darauf, dass dein Rücken gerade ist«, leitet er uns an. »Schließ die Augen. Richte deine Aufmerksamkeit auf deinen Atem. Atme ein paarmal ein und aus.«

Für ein, zwei Minuten kehrt im Raum Stille ein. Dann ertönt wieder die Stimme des Mönchs: »Und nun atme ein und stell dir die Frage: ›Wer bin ich?‹ Horche nach innen. Nimm die Pause zur Kenntnis, die auf die Frage folgt. Bleib mit deiner Aufmerksamkeit bei dieser Pause, bei dieser Leere, und schau, wie lange du sie halten kannst, ohne dass Gedanken hineindrängen. Wenn du merkst, wie sich dein Denken zurückmeldet, frag dich wieder: ›Wer bin ich?‹, und achte erneut auf die Pause danach. Lausche in sie hinein.

Wenn du dich auf diese Pause konzentrierst, wo ist da dieses Gefühl von Selbst, von ›ich‹? Du weißt, dass dieses Du – ›der Mann‹, ›die Frau‹, ›der Arzt‹, die ›Kochbuchautorin‹ – hier nicht ist. Hier ist nur Leere oder wie ein buddhistischer Lehrer einmal sagte: ›eine weite Leere‹. Es gibt hier kein ›ich‹ oder ›mein‹; nur Raum, Reinheit, Wachheit, Aufmerksamkeit.

In der Leere sind wir nur, was wir sind. In diesem Moment, wenn wir diese Leere erfahren, dieses Bewusstsein, ist alles, wie es ist. Alles ist genau so, wie es sein soll. Wir können uns alle Last von den Schultern nehmen, weil wir begreifen, dass ›es ist, wie es ist‹ und es keinen Menschen braucht, der in irgendeiner Weise beteiligt werden oder etwas tun oder sein müsste.

Einen Moment lang haben wir die Tür unseres Ego-Hauses einen Spaltbreit geöffnet. Wir haben ein Gefühl von Weite und Klarheit erfahren; wir sind mit einem inneren Gefühl von Geborgenheit und Wohlbefinden in Berührung gekommen, das weit über die Sicherheit hinausreicht, die uns unser Haus je bieten könnte.

In der Leere sind die Dinge einfach, wie sie sind. In diesem Raum zu sein heißt nicht, dass uns alles egal wäre – die Menschen, die wir lieben, unser Job, unser Besitz. Wir haften nur nicht daran an. Wir sind in der Lage, sie wertzuschätzen und einfach da sein zu lassen.

Sind wir in diesem Raum, wissen wir, was zu tun ist, und irgendwie auch, wie es zu tun ist. Wir verhalten uns richtig, weil das, was wir tun, in dem Augenblick und unter diesen äußeren Umständen exakt das Richtige ist, und nicht etwa, weil wir uns dazu gezwungen fühlen. Es gibt hier kein ›sollte‹ oder ›sollte nicht‹. Wir sind in Einklang und Harmonie mit dem ›Jetzt‹. Wir sind ein Teil davon. Und wir wissen: Was immer wir tun und was immer wir sagen, es ist das Richtige.«

Wieder entsteht eine Stille. Nach ein paar Minuten schlägt der Mönch den Gong, der uns signalisiert, dass die Übung beendet ist. Wir öffnen die Augen, dehnen und strecken uns. Dan hebt die Hand, und der Mönch nickt ihm aufmunternd zu.

»Ich betätige mich manchmal als Sporttrainer«, sagt Dan, »und was du über diesen ›inneren Raum‹ sagst, finde ich sehr interessant. Es erinnert mich total an das, was Sportler als ›Runner's High‹ oder ›Flow‹ bezeichnen. Gemeint ist damit der Zustand, der eintritt, wenn jemand total in seinem Element ist, ganz in etwas aufgeht, in einer euphorischen Phase ist, in der manchmal außergewöhnliche Leistungen möglich werden.«

Dan hält kurz inne und fährt dann mit leiser Stimme fort: »Ich habe es einmal beim Skifahren selbst erlebt. Die Sonne schien, der Schnee war perfekt, ich war schnell unterwegs. Ich ging völlig in diesem Moment auf, als wäre ich Teil von allem.« Er sucht nach Worten. »Ich kann es nicht wirklich ausdrücken«, sagt er schließlich. »Aber ich habe davon gelesen, wie es ist, in diesem High zu sein. Manche beschreiben es als ein beinahe transzendentales Erlebnis. Und genauso habe ich es damals empfunden.«

»Ich finde, du hast es sehr gut beschrieben«, sagt der Mönch. »Danke, Dan. Und ich stimme dir zu. Es ist ein Zustand, den wir in der Meditation alle erreichen können – und dazu brauchen wir nicht mal ein Supercrack im Sport zu sein! Wir kommen damit in Berührung, wenn wir achtsam sind. Es ist die Präsenz, die jenseits unseres Gedankengeplappers immer da ist, jenseits der Stimme unseres inneren Kritikers. Sie ist nie entstanden. Sie ist einfach da. Und was nicht entsteht, wird nicht vergehen. Sie ist immer da – ewig, weit, frei.

Wenn wir unseren Geist völlig frei machen und mit diesem Ort des inneren Gewahrseins in Berührung kommen, löst sich das Gefühl auf, ein Individuum zu sein. Wie Lichtstrahlen im Inneren der Sonne oder ein zartes Wellenkräuseln im Ozean – wir gehen in etwas Größerem auf. Wir empfinden uns als eins mit allen, und doch ist kein Mensch da. Was da ist, beschreibt Ajahn Sumedho als ›Klarheit, Gewahrsein, Frieden und Reinheit‹.«

Das Ende des Leids ist erreicht worden

Im Raum ist es so still, dass man eine Stecknadel fallen hören könnte. Obwohl wir eine bunt zusammengewürfelte Gruppe von Menschen aller Altersstufen von knapp 20 bis fast 80 und unterschiedlichster Herkunft sind, fühlt es sich für mich an, als wären wir eins. Das Schweigen hält an, für ein paar weitere Sekunden ... oder sind es Minuten? Ich kann es nicht sagen, ich habe das Gefühl für die Zeit verloren.

Schließlich sagt der Mönch: »Wenn ihr mit diesem Ort in eurem Inneren in Berührung seid, stellt sich ein Gefühl von tiefem Frieden, von der Freude und Ausstrahlung der gegenseitigen Verbundenheit mit allen Lebewesen ein – mit dem Leben insgesamt; wenn ihr einmal mit diesem Gefühl von gleichzeitiger Jetztheit und Ewigkeit in Berührung gekommen seid, werdet ihr nie mehr Angst vor dem Tod haben.

Dann seid ihr wie jener weise buddhistische Mönch, der von einem Samurai-Krieger mit dem gezogenen Schwert bedroht wurde. ›Weißt du nicht, wer ich bin?‹, fuhr der Samurai ihn an. ›Vor dir steht ein Mann, der, ohne auch nur mit der Wimper zu zucken, mit seinem Schwert durch dich hindurchfahren könnte!‹

Der Mönch antwortete ruhig: ›Und vor dir steht ein Mann, durch den dein Schwert hindurchfahren könnte, ohne dass er auch nur mit der Wimper zucken würde.‹

Wenn ihr erlebt, dass das Ende des Leids erreicht worden ist – und wenn wir üben, kann dies jedem von uns noch in dieser Lebensspanne gelingen –, befreit ihr euch aus der Angst vor dem Tod. Es gibt keinen Tod, weil wir bereits in der Ewigkeit, im Paradies, sind, nur wissen es die meisten von uns nicht.

Wenn wir es aber erkennen und mit diesem Paradies in unserem Inneren in Berührung kommen, verändert sich alles. Die spirituelle Dimension des Geistes wird zu unserer Realität; das Leben kommt, das Leben geht, der Geist aber ist ewig. Unser reales Ich, dieses Wellengekräusel im Ozean des Geistes, das sich bei unserer Geburt in einen physischen Körper gekleidet hat – dieses Ich ist immer noch Teil des Ozeans. Es hat sich bloß für die Dauer eines Lebens einen physischen Körper zugelegt – für die Dauer von ein paar Sekunden Ewigkeit –, bis es sich wieder mit dem übrigen Ozean des Geistes vereint, seinem wahren Selbst. Es ist die ganze Zeit im Paradies gewesen, jedoch ohne es zu merken, es sei denn, es hätte das Glück gehabt, die Achtsamkeitsmeditation für sich zu entdecken und die Lehre jener weiteren Personifizierung des Ozeans, die wir gemeinhin Buddha nennen.«

»Das finde ich jetzt nicht ganz einfach«, wirft Pam ein und fügt hinzu: »Aber wenn wir im Geist alle eins sind – ein winziges Wellengekräusel im großen Ozean, in den wir mit unserem Tod wieder eingehen –, wie kann es dann sein, dass medial begabte Menschen in der Lage sind, Kontakt zur geistigen Welt aufzunehmen und Botschaften von Verstorbenen zu empfangen? Ich zum Beispiel habe eine wunderbare Nachricht von meinem Großvater bekommen, nachdem er gestorben war.«

»Die buddhistische Lehre kennt viele Existenzebenen«, antwortet der Mönch. »Ich stelle mir das so vor: Dieses sanfte Wellengekräusel – unsere Essenz, unser essenzielles Sein, jener Teil von uns, der niemals stirbt und zugleich Teil des großen Ozeans ist, der im Inneren aller Lebewesen existiert – umhüllt uns in Schichten, wie eine Zwiebel oder eine Hyazinthenknolle.

Der Lebensfunke im Zentrum ist immer ›im Himmel‹, aber wenn die äußerste physische Hülle stirbt, sind da noch weitere, weniger dichte Schichten. Nach unserem Tod können wir also in einem Lichtkörper erscheinen, wie eine junge, glückliche Version von uns selbst, die aus feinerem Stoff gewirkt ist – durchsichtig und von innen erleuchtet. Jeder medial begabte Mensch hat das gesehen.«

»Dieser Ozean«, fragt Rodney, »ist er das, was der Buddha als *Anatta* oder ›Nicht-Selbst‹ bezeichnet? Kannst du uns erklären, was das bedeutet?«

»Ich will es versuchen«, erwidert der Mönch. »Du sprichst da eine der größten Fragen im Buddhismus an: ob es einen unvergänglichen individuellen Geist-Anteil in uns gibt, der den Tod überlebt – also gewissermaßen eine Seele. Die Lehre des Buddha enthält Hinweise auf vergangene Leben, die darauf schließen lassen, dass es in uns einen individuellen Teil gibt, der nicht stirbt. Eine direkte Antwort auf diese Frage hat er jedoch nie gegeben.

Im Pali-Kanon, der ersten schriftlichen Aufzeichnung der Lehre, heißt es, der Buddha hätte eine Antwort auf die Frage verweigert, ob wir eine Seele oder ein individuelles spirituelles ›Selbst‹ haben.

An dieser Stelle vielleicht ein kleiner Hinweis. Dem Buddha zufolge gibt es vier Arten von Fragen:

» diejenigen, die man mit einem klaren Ja oder Nein beantworten kann
» diejenigen, die zur Beantwortung der Analyse bedürfen
» diejenigen, die mit einer Gegenfrage zu beantworten sind
» und diejenigen, die man besser beiseiteschieben sollte.

Bei der letzteren Art – also den Fragen, die man besser beiseiteschieben sollte – handelt es sich um solche, deren Beantwortung nicht zum Ende von Leid oder emotionaler Bedrängnis führt. Nach Auffassung des Buddha muss der Lehrer entscheiden, mit welcher der vier Fragenarten er es jeweils zu tun hat, und danach seine Antwort ausrichten.

Auf eine Frage, die man besser beiseiteschieben sollte, wird er nie mit Ja oder Nein antworten; als Empfänger der Antwort musst du also entscheiden, wie diese zu interpretieren ist. Der Buddha nannte zwei Arten von Leuten, die ihn missverstehen: diejenigen, die Schlüsse aus Aussagen ziehen, aus denen man keine Schlüsse ziehen sollte, und diejenigen, die keine Schlüsse aus Aussagen ziehen, aus denen man Schlüsse ziehen sollte.«

Suzi verzieht das Gesicht in gespielter Verzweiflung und ruft: »Du meine Güte!« Mir selbst fehlen ausnahmsweise komplett die Worte. Ich bin verwirrt und fühle mich ein bisschen an die berühmte Rede von Donald Rumsfeld erinnert, in der er von den »bekannten Bekannten« (den Dingen, von denen wir wissen, dass wir sie wissen) und den »unbekannten Unbekannten« (den Dingen, von denen wir nicht wissen, dass wir sie nicht wissen) sprach. Daraus soll einer schlau werden.

Der Mönch aber fährt unbeirrt fort: »Halten wir also fest, dass der Buddha die Existenz eines unvergänglichen, unabhängigen Selbst bzw. einer Seele weder bejaht noch verneint hat. Warum, glaubt ihr, hat er keine direkte Antwort auf die Frage gegeben?«

Nach einem Blick in die Runde beantwortet er die Frage selbst: »Betrachten wir das Ganze im Kontext dessen, was wir mittlerweile über die Edlen Wahrheiten erfahren haben, liegt der Grund auf der Hand. Es handelt sich hier um eine der Fragen, deren Beantwortung nicht zum Ende des Leids führen würde. Könnt ihr das nachvollziehen?«

Er schaut uns erwartungsvoll an. Als die Gruppe still bleibt, fährt er fort: »Schaut, was hinter der Frage steckt: ›Habe ich eine unabhängige, unvergängliche Seele, ein Selbst‹, wie der Buddha es nannte, ›oder nicht?‹

Es geht um Anhaftung, um ein sich Festklammern. Allein die Frage verrät, dass es um das Festhalten oder Nicht-Festhalten an einer unvergänglichen Seele geht. Wir wissen, dass Anhaftung an ein Begehren Leid verursacht. Ob diese Frage nun mit Ja oder Nein zu beantworten ist – die Auseinandersetzung mit ihr fördert die Anhaftung an ein Begehren, also genau das, was wir loslassen wollen, um inneres Glück, Freiheit und Frieden zu finden.

Der Buddha konnte und wollte sie darum nicht beantworten. Denn das Festhalten an der Antwort würde uns dabei im Weg stehen, zum Gewahrsein und Ende des Leids im Inneren zu finden. Es würde uns geradewegs in eine Sackgasse führen.«

Mich enttäuscht, ja, deprimiert dies alles ein wenig. Ich würde so gern an ein unvergängliches spirituelles Selbst glauben. Dann begreife ich auf einmal: Natürlich, ich klammere mich an dieser

Vorstellung fest! Und dieses Anhaften bringt Schmerz und Leid und blockiert mich in meinem inneren Gewahrsein.

»Was also ist zu tun?«, spricht der Mönch weiter. »Wir tun genau das, was der Buddha empfiehlt: Wir schauen uns das Gefühl an, das diese Frage in uns auslöst – Begierde, Hass, Verlangen, Verblendung –, was auch immer es ist. Und was dann? Wir verfahren genau so, wie wir es in diesem Kurs schon die ganze Zeit üben. Ihr könnt es bestimmt schon auswendig hersagen oder gar im Chor sprechen: Wir heißen das Gefühl willkommen. Wir lassen es da sein. Wir lassen es los. Und wenn wir es wirklich loslassen, was finden wir dann? Frieden, Weite, Freude, Klarheit, herrliche Freiheit und ein Gefühl, eins mit allem Leben zu sein, mit allem. Glückseligkeit.«

Der Raum ist von einer geradezu greifbaren Präsenz erfüllt. *So muss es im Himmel sein*, denke ich im Stillen. Eine Zeit lang bleiben wir in diesem Gefühl. Dann sagt der Mönch leise: »Ich habe euch gesagt, dass die Lehre des Buddha für jeden persönlich erfahrbar ist. Manche Dinge sind jenseits von Worten. Hat das eben Gesagte geholfen, eure Frage zu beantworten?«

Aus der Gruppe kommt zustimmendes Murmeln, und Rodney meldet sich zu Wort: »Es ist eine Gratwanderung, nicht wahr? Wenn man die falsche Frage stellt, verhindert allein die Frage, dass man die richtige Antwort erhält. Fast wie bei einem Rätsel.«

»Ja, genau.« Der Mönch nickt lächelnd. »Um der Wahrheit auf die Spur zu kommen, müssen wir den Wunsch loslassen, sie zu finden; wir müssen alle vorgefassten Vorstellungen beiseiteschieben. Sobald wir versuchen, spirituelle Wahrheiten in Worte zu fassen, begreifen wir, was es heißt, eine Horde Affen zu hüten – es ist ein Ding der Unmöglichkeit!

Darum gibt man den Schülern des Zen-Buddhismus als Gegenstand der Meditation sogenannte Koans auf – also Rätsel nach Art der berühmten Frage: ›Wie klingt das Klatschen einer Hand?‹ Sie helfen, über die Beschränktheit des menschlichen Verstandes hinauszugehen und den reinen Geist zu finden.

Ein Koan kann nützlich sein, aber genau genommen hat der Buddha uns mit seinen Edlen Wahrheiten genügend klare Anweisungen an die Hand gegeben. Befolgen wir sie, finden wir darin alle Antworten, so hat er versichert.«

Nach einem Moment des Schweigens fährt der Mönch fort: »Das ist jetzt ziemlich viel gewesen für eine Sitzung. Wie wär's, wenn wir uns nun mit einer Stehmeditation ein wenig erfrischen, ›Ferien fürs Herz‹ machen?«

Die Gruppe quittiert den Vorschlag mit überraschtem Gemurmel. Eine Stehmeditation? Ich wusste gar nicht, dass man auch im Stehen meditieren kann, und die Reaktion der anderen lässt mich vermuten, dass es für sie genauso neu ist. Dann denke ich aber, dass es schließlich ums Achtsamsein geht, und das kann man in jeder beliebigen Haltung..

»Eine Stehmeditation wird – wer hätte das gedacht – im Stehen gemacht«, erklärt der Mönch mit einem Lachen, das uns alle ansteckt.

»Es ist sehr nützlich, eine Stehmeditation im Repertoire zu haben. Am Anfang mag sich das etwas eigenartig anfühlen, aber sobald sie euch vertraut geworden ist, werdet ihr merken, wie herrlich belebend und beruhigend sie ist. Sie wirkt in beiden Richtungen – entspannend und anregend. Sie ist sozusagen der ›Pfefferminztee‹ der Meditation. Bei Anspannung schenkt sie Entspannung, und bei Müdigkeit bringt sie Erfrischung – je nachdem, was der Körper gerade braucht.

Folgt einfach meiner Anleitung, aber bleibt jeweils nur so lange in der Stellung, wie es euch bequem ist. Am Anfang mögen das nicht mehr als fünf Minuten sein, vielleicht sogar weniger. Wenn es genug für euch ist, nehmt einfach Platz und meditiert in eurer üblichen Sitzposition weiter.

Wenn ihr regelmäßig übt – nach Möglichkeit täglich –, werdet ihr die Position irgendwann 30 Minuten lang halten können. Praktiziert man sie an 100 aufeinanderfolgenden Tagen, so heißt es, stellen sich großartige Erfolge ein, sowohl auf der körperlichen als auch auf der mentalen Ebene, obwohl ich zugeben muss, dass ich es selbst nie ausprobiert habe.«

Du meine Güte, denke ich. Woher um Himmels willen soll ein normaler Mensch die Zeit nehmen, um all diese Übungen zu machen? Dazu müsste man schon im Kloster leben. Dann grinse ich innerlich und denke: Du klingst ja schon wie Ed. Wie es dem wohl mit dem allen hier ergeht?

»Also«, sagt der Mönch, »wenn ihr bereit seid, lasst uns anfangen.«

STEHMEDITATION

Stell dich aufrecht hin, die Füße parallel und schulterbreit auseinander und flach auf dem Boden, fest und sicher, sodass du dich gut verankert fühlst.

Beuge die Knie leicht, sodass dein Kreuzbein ein wenig nach unten sinkt, ohne dabei ins Hohlkreuz zu gehen, und achte darauf, dass dein Rücken gerade ist.

Wölbe die Brust ein klein wenig vor, sodass sich deine Schulterblätter entspannen und sich die Anspannung im oberen Rücken und im Bereich der Rippen löst.

Zieh das Kinn leicht ein und spüre, wie sich dein Kopf aufrichtet, als würde er von einer Schnur zur Decke gezogen.

Entspanne die Schultern und lass die Arme natürlich an den Seiten des Körpers herabhängen. Fühle, dass unter den Achseln ein klein wenig Raum ist.

Spüre, wie sich die Muskeln in deinem Gesicht und am Kiefer lockern und wie sich deine Zunge entspannt.

Mich erinnert diese Haltung mit den Füßen fest auf dem Boden, den leicht gebeugten Knien, der geraden Wirbelsäule und den locker baumelnden Armen immer ein wenig an einen Gorilla, und genauso bezeichne ich sie auch: die »Gorilla-Stellung«.

Nun schau mit entspannten Augäpfeln auf einen Punkt ein paar Meter vor dir, dein Blick darf verschwimmen. Du kannst die Augen während der Meditation offen lassen, wenn du möchtest, oder sie behutsam schließen.

Atme sanft ein und aus, wie du es beim Meditieren auch sonst immer machst. Vielleicht magst du dich auf dein Hara-Zentrum konzentrieren – den Bereich unterhalb des Nabels – und spüren, wie dein Atem dorthin strömt. Das gibt Kraft und hilft, in Balance zu bleiben.

Atme in deinem natürlichen Rhythmus, und wie immer in der Achtsamkeitsmeditation: Sobald du merkst, dass deine

Gedanken zu wandern beginnen, kehre mit deiner Aufmerksamkeit wieder zu deinem Atem und deinem Körper
zurück.

Wenn du das Gefühl hast, dass es dir reicht, öffne behutsam
die Augen, setz dich hin und meditiere ganz normal im
Sitzen weiter.

Ich mag diese Position. Ich habe einen stabilen, sicheren Stand mit
beiden Füßen fest auf dem Boden – und mit den locker herunter-
hängenden Armen und dem Raum unter den Achseln fühle ich
mich tatsächlich ein bisschen wie ein Gorilla. So dazustehen fühlt
sich stark und gleichzeitig irgendwie frei an. Ich fühle mich von
meinem Körper gestützt, aber nicht von ihm beschränkt. Es ist
schwer, es in Worte zu fassen, aber ich nehme mich selbst getrennt
von meinem Körper wahr, den ich als Gefäß für mein wahres Ich
empfinde.

Ich hoffe, das alles klingt nicht zu abgehoben. Es überrascht
mich, wie »spirituell« ich mich in dieser ziemlich fordernden Haltung fühlen kann. Vielleicht ist es gerade die damit verbundene
körperliche Herausforderung, die mich dazu bringt, den Körper
getrennt von Verstand und Geist wahrzunehmen. Ich begreife
nicht wirklich, was da genau passiert, aber mir erscheint plausibel,
warum sich eine Stehmeditation auf so vielen Ebenen vorteilhaft
auswirken soll.

Kaum geht mir dies durch den Kopf, merke ich schon im nächsten Moment, dass ich die Position nicht länger halten kann und
mich hinsetzen muss. Ich werfe einen kurzen Blick in die Runde.
Ich bin nicht die Erste, der es so geht, obwohl viele noch stehen.

Ich meditiere in meiner üblichen Sitzposition weiter. Das Gefühl von »Freiheit« und Offenheit in der Brust und im Herzen hält weiterhin an – es ist irgendwie sehr hell, als wäre ich in Licht gehüllt und mein Blick ins All gerichtet. Wie durch ein Wunder gehen mir nicht so viele Gedanken durch den Kopf wie normalerweise beim Meditieren. Doch noch während ich dies denke, merke ich, dass auch das ein Gedanke ist.

Nach einer Weile höre ich, wie der Mönch den Gong anschlägt, und kurz darauf öffne ich die Augen. Auch die anderen sitzen jetzt still da; keiner steht mehr. Ich frage mich, wie viel Übung es wohl braucht, um 30 Minuten am Stück stehen zu können. Selbst fünf Minuten wären schon ein Erfolg, denke ich, bis mir klar wird, dass ich wieder mal im Modus des Bewertens und der Erfolgsfixiertheit bin.

Ich schließe die Augen noch einmal für einen Moment und nehme einen tiefen Atemzug. Es herrscht eine so wunderschöne Atmosphäre im Raum. Eine Zeit lang spricht keiner, dann fragt der Mönch in die Stille: »Und? Wie ist es euch ergangen? Hat es euch gefallen?«

Gwyn lächelt, dann sagt sie: »Mir schon. Es ist eine völlig andere Erfahrung. Viel anstrengender als eine Meditation im Sitzen. Macht ihr das im Kloster oft?«

»Ich persönlich meditiere ziemlich häufig im Stehen«, antwortet der Mönch. »Besonders während langer Sitzungen, wenn ich merke, dass mich die Müdigkeit packt und ich schläfrig werde. Mich macht es wirklich wach. Und außerdem ist es praktisch, weil man kleine Wartezeiten sehr gut damit überbrücken kann. Du gleitest einfach sanft hinein – du brauchst ja nicht allzu offensichtlich in die Gorilla-Stellung zu gehen, wenn du draußen in der Öffentlichkeit bist.« Er lacht. »Und dann atmest du achtsam. Das ist so belebend wie eine Tasse Tee.«

»Wir haben im Sitzen zu meditieren gelernt, dann im Gehen und jetzt im Stehen«, meldet sich Tim. »Sind die verschiedenen Körperhaltungen jeweils mit anderen Vorteilen verbunden? Und gibt es noch andere Meditationsstellungen, von denen man auf besondere Weise profitieren kann?«

Ich muss innerlich schmunzeln. Tim ist Arzt, und genauso klingt er auch: als ginge es um die Verordnung von Medikamenten.

»Sie wirken sich in der Tat unterschiedlich auf den Körper aus, wie ihr mit zunehmender Praxis merken werdet«, erwidert der Mönch. »Die Haltung der Wahl für die Meditation ist jedoch das Sitzen. Wenn euch nur Zeit für eines bleibt, entscheidet euch dafür.

Viele empfinden eine Gehmeditation mental weniger anstrengend als eine Sitzmeditation. Trotzdem hat sie große Vorzüge und ist praktisch, weil sie sich leicht in den Alltag integrieren lässt – und wenn ihr keine Zeit habt, euch zum Meditieren hinzusetzen, schaut, ob ihr 20 bis 30 Minuten im Gehen meditieren könnt.

Wie bereits gesagt, im Kloster wechseln sich Sitz- und Gehmeditationen ab. Auf diese Weise lassen sich die Vorzüge von beiden harmonisch vereinen – aber ich erwarte nicht, dass ihr genauso viel meditiert wie wir«, fügt er mit einem Lächeln hinzu. »Es sei denn, ihr wäret auf einem Retreat.«

»Was also ist das Besondere an der Stehmeditation?«, fragt Dan. Er scheint zu den eher praktisch veranlagten, bodenständigen Menschen zu gehören.

»Für Anfänger stellt sie eine echte Herausforderung da«, sagt der Mönch. »Es bedarf einiger Übung, bis man sie über längere Zeit hinweg durchhalten kann. Körperlich gesehen ist sie die anstrengendste Meditationsform, die wir kennen. Normalerweise machen wir sie nur, um wach zu werden. Aber wie ich schon erklärt habe, sie hat auch einen sehr entspannenden Effekt. Wenn ihr euch also mental, emotional oder physisch unter Anspannung fühlt, bietet sie sich ebenfalls an.

Probiert es einfach aus. Schaut, ob ihr sie in euren Alltag integrieren könnt, und achtet darauf, was sie mit euch macht. Aber bleibt bei eurer täglichen Sitzmeditation; und praktiziert weiter eure Gehmeditationen – und vergesst auch nicht, zwischendrin eure achtsamen Atemzüge zu nehmen.

Das hört sich jetzt nach einem ziemlichen Pensum an, wenn ich das so aufzähle, aber ihr baut ja nur auf dem auf, was ihr bisher bereits getan habt. Macht einfach so weiter; geht behutsam vor. Ihr werdet spüren, wie gut es euch tut – wenn nicht sofort, dann bald. Das haben Forscher bewiesen. Und Millionen von Praktizierenden weltweit, die es uns seit 2000 Jahren vormachen. Die können nicht alle falsch liegen!« Er lacht.

»Doch um noch mal kurz auf deine Frage zurückzukommen, Dan, man kann auch im Liegen meditieren. Das bietet sich besonders dann an, wenn jemand Schmerzen hat und nicht lange sitzen kann oder wenn wir uns dem Körper mit besonderer Achtsamkeit zuwenden wollen.«

Dann, an die ganze Gruppe gerichtet, fragt er: »Und, wollen wir es für heute gut sein lassen?« Ein zustimmendes Gemurmel geht durch den Raum, und wir lächeln alle. »Dann lasst uns mit unserem gemeinsamen Chant zum Abschluss kommen.«

Wir chanten, verneigen uns und nehmen unsere Sachen. An der Tür verbeugen wir uns noch einmal Richtung Schrein, bevor jeder wieder in seinen Alltag zurückkehrt.

AUF EINEN BLICK

» Akzeptieren wir das Leid, ohne es zu kommentieren, uns vorzuwerfen, dass wir es haben, oder es zu bewerten, ist das der
erste Schritt zur Heilung, und ganz allmählich spüren wir,
wie das Leid zu Ende geht.

» Wir erkennen, dass alles, was in dieser Welt entsteht, auch
wieder vergeht. Es hört auf zu existieren oder stirbt. Wenn
wir also an irgendetwas oder irgendjemandem festhalten,
wissen wir, dass wir leiden werden, sobald Veränderung,
Ende oder Tod eintreten.

» Wir können lernen, etwas voll und ganz zu genießen, es
im Hier und Jetzt auszukosten, ohne uns daran festzuklammern – »uns sorgen und nichtsorgen«.

» Sind wir achtsam und merken wir, dass wir leiden, können
wir nachforschen, welche Anhaftung dahintersteckt, und
diesen Wunsch bzw. diese Begierde beiseiteschieben, anstatt
uns darin zu verbeißen. Dann weicht das Leid allmählich,
und an seine Stelle treten Frieden, Freiheit und Weite.

» Während wir unser Gewahrsein auf diese innere Weite richten, kommen wir vielleicht mit jenem Teil in unserem Inneren in Berührung, der unveränderbar ist.

» Wir brauchen nicht zu leiden und müssen nicht erst sterben,
um das Leid hinter uns zu lassen. Leben wir nach der Dritten
Edlen Wahrheit, können wir jetzt sofort frei und glücklich
sein.

ÜBUNG

» Achte weiter auf das, was du sagst – löse dich von den Worten »sollte« und »müsste« und sei freundlich zu dir selbst.

» Denke untertags immer wieder daran, achtsam zu sein.

» Meditiere jeden Tag 20 Minuten lang – vorzugsweise im Sitzen; und wenn du kannst, mach auch eine Gehmeditation; oder entscheide dich nur für die Gehmeditation, wenn du es nicht schaffst, dich hinzusetzen. Beende deine Meditation mit *Metta* und sprich im Stillen: »Möge es mir gut gehen. Möge ich glücklich sein. Möge ich sicher und frei von Leid sein.«

» Probiere, eine oder zwei Minuten täglich im Stehen zu meditieren, und genieße den belebenden, stärkenden Effekt.

Woche 5

Der Weg ins Glück

Es ist ein sehr warmer Nachmittag, und im Schreinraum stehen alle Fenster offen. Er sieht heute besonders schön aus, wir haben ihn mit Rosen aus dem Garten geschmückt, und die Luft ist von ihrem Duft erfüllt. Der Mönch ist als Erster da, und nach und nach treffen auch die anderen ein. Ich sitze bereits auf meinem Platz.

Ich bin so müde, dass ich sofort einschlafen könnte. Nicht ohne Grund: Abgesehen von der üblichen Trägheit nach dem Mittagessen habe ich eine besonders stressige Woche hinter mir; ich war drei Tage in London zu einem Fotoshooting für das Buch, an dem ich gerade arbeite.

Dabei zu sein, wenn die Aufnahmen gemacht werden, macht mir sehr viel Spaß, denn Bilder erwecken ein Buch erst richtig zum Leben. Nachdem ich zunächst allein an dem Projekt gearbeitet und das Ganze geplant und die Rezepte entwickelt habe, ist es wunderbar, dann gemeinsam im Team an der optischen Gestaltung zu arbeiten. Selbst nach all den Jahren finde ich es noch immer aufregend zu sehen, wie ein tolles Foto nach dem anderen entsteht, zumal man das Ergebnis heute dank der modernen digitalen Verfahren sofort sehen kann, statt wie früher warten zu müssen, bis irgendwann die fertigen Bilder aus dem Fotolabor zurückkommen.

Lebensmittelfotografie ist heute etwas ganz anderes als zu Beginn meiner Karriere. In den 1980er-Jahren wurde noch alles total durchgestylt, mit Accessoires, Besteck, Servietten und so weiter, und das Essen wurde perfekt dekoriert. Es wurde mit Studiobeleuchtung gearbeitet – daher die Storys vom Kartoffelpüree, das anstelle von Vanilleeis aufgenommen wurde, obwohl ich solche Mogeleien selbst nie erlebt habe.

Im Laufe der Jahre hat sich der Zeitgeschmack im Hinblick auf die Food-Fotografie total gewandelt. Alles ist jetzt wesentlich entspannter. Die Gerichte sehen »hausgemacht« aus und werden bei natürlichem Licht fotografiert, was es wesentlich angenehmer macht, den ganzen Tag im Studio zu verbringen. Trotzdem empfinde ich die stundenlangen Shootings als sehr anstrengend. Vielleicht liegt es daran, dass ich selbst ins Studio fahren muss, dass wir früh anfangen und bis spät abends arbeiten oder ewig herumsitzen, während der Food Stylist das Essen anrichtet und der Fotograf alles für die Aufnahme vorbereitet. Die Stylisten, mit denen ich zusammenarbeite, machen einen ausgezeichneten Job, und ich bin total begeistert von der Art und Weise, wie sie meine Rezepte umsetzen.

All dies geht mir durch den Kopf, als der Mönch mich mit seiner Stimme in die Gegenwart zurückholt.

»Ich freue mich, euch alle wiederzusehen«, begrüßt er uns und lächelt in die Runde. »Heute ist Halbzeit in unserem Kurs, und da bietet sich ein kleiner Rückblick an. Was haben wir alles gemacht? Wir haben gelernt, achtsam zu sein und zu meditieren; wir haben daran gearbeitet, eine regelmäßige Meditationspraxis einzuführen; und wir haben uns mit den ersten drei Edlen Wahrheiten des Buddha befasst.

Das ist schon eine ganze Menge. Allein damit verfügt ihr schon über einige nützliche Fähigkeiten und Instrumente. Das Wissen habt ihr, ihr müsst nur noch üben, bis euch alles leicht und vertraut wird. Übung macht bekanntlich den Meister.« Er lacht. »Und genau darum geht es in dieser zweiten Hälfte unseres Kurses: die Lehre in die Praxis umzusetzen, sie in unseren Alltag zu integrieren und selbst zu erfahren, welchen Nutzen sie uns bringen kann.

Aber bevor wir in diese zweite Phase einsteigen: Habt ihr noch irgendwelche Fragen oder Kommentare zu den bisherigen Kursinhalten? Oder ist alles klar? Wie geht es euch mit eurer Achtsamkeits- und Meditationspraxis?«

Tim hebt die Hand. »Es gibt da etwas, was mich beschäftigt, und ich möchte dich bitten, es genauer zu erklären«, sagt er. »Es geht um Achtsamkeit. Ich weiß nicht, ob ich es recht verstehe ...« Tim wirkt nachdenklich und ernst. »Du hast gesagt, Achtsamsein bedeutet, sich voll und ganz auf das Geschehen im gegenwärtigen Augenblick oder die jeweilige Tätigkeit zu konzentrieren, also zum Beispiel, sich die Zähne zu putzen, ohne sich von Gedanken ablenken zu lassen und ohne das Ganze zu kommentieren, zu vergleichen, zu kritisieren und so weiter. Korrekt?«

»Ja, das stimmt.« Der Mönch nickt.

»Dann frage ich mich«, fährt Tim fort, »wie es möglich ist, gleichzeitig achtsam für den gegenwärtigen Augenblick zu sein und den Atem zu beobachten.«

Der Mönch überlegt einen Moment, bevor er antwortet: »Das ist ein wichtiger Punkt, Tim. Gut, dass du ihn ansprichst.

Wie ihr wisst, bedeutet Achtsamkeit, aufmerksam zu sein und euer Gewahrsein für das zu öffnen, was in diesem Augenblick geschieht – und es zu akzeptieren, ohne es zu kommentieren, zu bewerten, zu kritisieren, zu vergleichen oder zu kontrollieren. Wir nehmen es einfach zur Kenntnis oder schenken ihm ›reine Aufmerksamkeit‹, wie wir Mönche manchmal sagen. Das heißt es, achtsam zu sein.

Nun können wir uns entscheiden, für alles offen zu sein, um ein allgemeines Gefühl für all das zu bekommen, was im jeweiligen Moment rings um uns und in uns geschieht, oder wir können einen engeren Fokus wählen und unser Gewahrsein nur auf einen kleinen Ausschnitt richten.

Jetzt im Moment können wir zum Beispiel achtsam für den ganzen Raum sein oder nur für unseren Körper oder das, was wir gerade tun, oder unseren Atem. Es ist, als würden wir die Linse einer Kamera auf ein Objekt richten und dann einen größeren oder kleineren Ausschnitt wählen, auf dem der Fokus liegen soll. Haben wir erst einmal verstanden, was Achtsamkeit bedeutet, können wir unsere ›Achtsamkeitslinse‹ im Prinzip auf jedes beliebige Objekt richten, wobei der Buddha vier ›Fundamente der Achtsamkeitspraxis‹ zur Fokussierung lehrte:

1. Achtsamkeit für den Körper, einschließlich des Atems
2. Achtsamkeit für Emotionen und Gefühle, wie wir es im Zusammenhang mit der Ersten und Zweiten Edlen Wahrheit mit der Feststellung ›Da ist Leid‹ und der Suche nach dessen Ursache gelernt haben
3. Achtsamkeit für die Gedanken mit dem Ziel, während der Meditation die Leere dazwischen zu finden
4. Achtsamkeit für das, was der Buddha ›Nicht-Selbst‹ bzw. *Anatta* nannte und dem wir im Zusammenhang mit der Dritten Edlen Wahrheit und der Frage ›Wer bin ich?‹ nachgegangen sind.

Dies sind also die vier Fokuspunkte, auf die wir unser Gewahrsein richten können. Welchen wir jeweils wählen und ob unsere Achtsamkeitslinse im Panorama-Modus ist oder wir uns ganz nah heranzoomen, um uns auf einen Grashalm, eine Blüte oder den Flügel eines Schmetterlings zu konzentrieren, entscheidet jeder selbst. Ist das für euch nachvollziehbar?

In der Praxis braucht ihr nicht darüber nachzudenken, ob ihr euer Gewahrsein auf eure Gefühle, eure Gedanken, euren Körper oder was auch immer richtet – ihr tut es einfach. Aber ich hoffe, dass euch diese Erklärung eine klarere Vorstellung von dem ganzen Prozess gibt.«

Ich bin froh um seine Erklärung. Mir hat sie auf jeden Fall geholfen, den Begriff »Achtsamkeit« besser zu verstehen.

Tim scheint meinen Eindruck zu teilen, hat aber noch eine weitere Frage. »Ja«, sagt er, »aber die Praxis der liebenden Güte, die du uns gelehrt hast ... was hat es mit Achtsamkeit zu tun, sich darauf zu fokussieren?«

Auf mich wirkt die Frage etwas kompliziert, aber der Mönch scheint zu verstehen, worauf Tim hinauswill.

»*Metta*«, erklärt er, »ist eher eine Geisteshaltung als ein Gedanke, etwa wie Dankbarkeit, Mitgefühl oder Empathie. *Metta* ist ein Gefühl von Liebe und Güte, eine Haltung des Verstehens und des Einsseins mit allen fühlenden Wesen, mit denen wir in Leid und Schmerz und unserer Sehnsucht nach Liebe, Sicherheit, Freiheit und Frieden verbunden sind und mit denen wir Freude, Güte, Freundlichkeit und gegenseitige Wertschätzung teilen. In unserer *Metta*-Praxis richten wir unseren Fokus auf irgendjemanden – uns selbst, einen anderen Menschen oder eine bestimmte Sache wie den Schmerz in unserem Rücken, das Problem in unserem Kopf, den Zustand der Welt und so weiter – und begegnen dieser Person oder Sache aus einer inneren Haltung von *Metta* heraus.«

Der Mönch denkt einen Moment nach, dann fährt er schmunzelnd fort: »Ihr könnt euch *Metta* so vorstellen, als würdet ihr einen rosaroten Filter vor eure Achtsamkeitslinse setzen. Wann immer ihr *Metta* sendet, richtet ihr eure Achtsamkeit durch die rosarote Linse der liebenden Güte. Macht das Sinn für euch?«

Tim nickt, und Maurice wirft lachend ein: »Du meinst also, wir betrachten die Welt durch eine rosarote Brille?«

»Durch eine mit *Metta* gefärbte Brille«, erwidert der Mönch, worauf Suzi »So eine würde ich mir auch gerne kaufen!« einwirft, und alle lachen.

»Vielleicht eignest du dir auf ganz natürliche Weise eine an, wenn du regelmäßig *Metta* praktizierst«, entgegnet der Mönch lächelnd.

Nach einem kurzen Schweigen hebt Debbie die Hand. »Ich möchte mich bei dir bedanken, dass du uns das mit den kurzen Meditationen beigebracht hast«, sagt sie. »Ein paar achtsame Atemzüge, das, was du Achtsamkeitsminuten nennst, kann ich immer irgendwie schaffen – zwischen Kundengesprächen oder einfach so zwischendrin. Es fällt mir leicht, und ich spüre, wie gut es mir tut. Und wenn ich mit dem Hund rausgehe, versuche ich, daraus eine Gehmeditation zu machen – das heißt, sofern er mich lässt«, fügt sie grinsend hinzu. Sie wirkt heute deutlich fröhlicher und weniger angespannt als zu Beginn unseres Kurses.

»Das freut mich.« Der Mönch strahlt Debbie an. »Regelmäßige Achtsamkeitspraxis schafft eine Ruhe und innere Kraft, die den Alltag sanft durchdringen, sodass sich im Laufe der Zeit die äußeren Umstände zu wandeln beginnen. Man sagt ja auch: ›Gleiches zieht Gleiches an‹, und innere Ruhe zieht äußere Ruhe an.

Und in dem Maße, wie sich diese Veränderungen einstellen, werdet ihr feststellen, dass sich neue Gelegenheiten zum längeren Meditieren ergeben. Allmählich könnt ihr die Zeiten ausdehnen und euch von anfangs fünf oder zehn Minuten langsam auf eine Dauer von 20 Minuten steigern.

Studien haben gezeigt, dass bereits zehn Minuten Meditation deutliche Vorteile für Körper und Geist bringen; bei 20 Minuten ist diese Wirkung noch ausgeprägter.«

Nach einer kurzen Pause fügt er mit einem Augenzwinkern hinzu: »Und am deutlichsten messbar war der körperliche und mentale Nutzen bei Mönchen, die täglich fünf Stunden meditieren. Aber das verlange ich gar nicht von euch.«

Wir müssen alle lachen. Ich kann mir überhaupt nicht vorstellen, je in der Lage zu sein, so lange stillzusitzen und zu meditieren. Noch erscheinen mir schon 20 Minuten wie eine halbe Ewigkeit. Aber Robert hat an ein, zwei buddhistischen Retreats teilgenommen. Jeweils zehn Tage lang hat er dabei im Kloster verbracht, und es wurde von frühmorgens bis spätabends abwechselnd im Sitzen und im Gehen meditiert. Er sagt, dass er sich schnell daran gewöhnt habe. Die Wirkungen waren auf jeden Fall deutlich spürbar.

»Man müsste wirklich im Kloster leben, um das machen zu können«, meint Ed. »Ich kann verstehen, warum das Meditieren Sinn macht, und muss sagen, dass es mir wirklich guttut. Aber denkst du nie, dass es egozentrisch ist oder einer Weltflucht gleichkommt, ins Kloster zu gehen?«

Ich ärgere mich über Ed, empfinde es als dreist von ihm, den Mönch so anzugehen, und überlege schon, ob ich dazu nicht etwas sagen soll. Doch noch bevor ich den Mund aufmachen kann, lacht der Mönch hell auf.

»Weltflucht?«, prustet es aus ihm heraus. »Wirklich nicht, Ed. Es ist alles andere als das. Das ist keine Abkehr von der Welt. Es ist eher eine Art Berufung – ein innerer Auftrag, eine innere Gewissheit. Wir müssen uns vor den Ablenkungen und Anforderungen der Welt zurückziehen, um uns tief in der Meditation zu versenken und durch Kontemplation zu lernen. Mönch zu werden und im Kloster zu leben ist, als würde man sich eine Zeit lang in Ausbildung begeben. Wir studieren, um lehren und der Welt etwas zurückgeben zu können. Mit unserem Leben im Kloster tragen wir auch dazu bei, einen Ort des Friedens zu schaffen, an den Menschen kommen können, um geistigen Zuspruch zu erfahren, zu meditieren und innerlich zur Ruhe zu kommen und dies alles nach draußen in ihren Alltag mitzunehmen. Menschen aus der ganzen Welt kommen ins Kloster.«

Er wägt einen Moment seine Worte, bevor er weiterspricht: »Die verschiedenen buddhistischen Schulen und Klöster haben jeweils ihre eigenen Regeln. In der Theravada-Tradition leben wir zwar auch im Kloster und sind an ein strenges Gelübde gebunden, aber wir folgen dem Beispiel des Buddha und gehen hinaus in die Welt, sammeln Almosen, um unser Überleben zu sichern, und bringen den Menschen anhand unseres eigenen Beispiels die Lehren des Buddha nahe – wir setzen sie praktisch um, indem wir für die Leute da sind.

Wir leben im Kloster, um die *Vinaya* – die strengen Regeln, die der Buddha uns Mönchen und Nonnen verordnet hat – einhalten zu können. Er wollte damit unsere spirituelle Entwicklung fördern, denn in der uns auferlegten Abgeschiedenheit sind wir frei von den Ablenkungen des Alltags, die Gier, Hass, Verblendung, Anhaftung und Verlangen begünstigen. So können wir uns auf unsere Meditation und Kontemplation konzentrieren.«

»Mogelt ihr euch damit nicht aus der Versuchung heraus?«, fragt Ed grinsend nach.

»Keineswegs«, gibt der Mönch zurück. »Es ist eine Frage des Fokus und der persönlichen Entscheidung – wie wir unsere Energie einzusetzen beschließen. Wir geben bestimmte Dinge auf, um unsere Aufmerksamkeit auf etwas zu richten, was uns wertvoller erscheint – spirituelle Freiheit, Erleuchtung.

Wir verzichten auf diese Dinge, um uns mit ganzer Energie auf unsere spirituelle Entwicklung zu konzentrieren, statt uns permanent mit den Versuchungen herumzuplagen, die entstehen, weil unsere Sinne laufend durch Reize aus unserem Umfeld stimuliert werden.

In Wirklichkeit ist es also eine Frage des gesunden Menschenverstands. Aber wenn wir uns von Sinnesreizen distanzieren, heißt das keinesfalls, dass wir nicht genügend Gelegenheit hätten, den Umgang mit Begierden zu üben, das kannst du mir glauben! Wir sind nun einmal alle Menschen. Es gibt immer irgendetwas, was wir für erstrebenswert halten oder was uns auf die Nerven geht.

Um jedoch inneren Frieden und Harmonie zu entfalten und uns von dem von unseren Begierden verursachten Leid zu befreien – sprich Gier, Hass oder Verblendung, Anhaftung und Verlangen –, ist es sinnvoll, uns nicht mit Dingen zu umgeben, die uns in Versuchung führen – natürlich, ohne wiederum eine Anhaftung an solch harmonische Bedingungen zu entwickeln. Wenn es Ablenkungen gibt, wenn also andauernd ›Hubschrauber über unseren Köpfen kreisen‹‹, spielt er lachend auf die Geschichte an, die er uns in der zweiten Woche erzählt hat, »dann gehen wir damit angemessen um.

Wisst ihr, die äußeren Umstände, in denen wir leben, spiegeln das, was in unserem Inneren ist, und umgekehrt. Herrscht Harmonie im Außen, hilft uns das, auch im Inneren Harmonie einkehren zu lassen, und sind wir innerlich im Frieden, gelingt es uns leichter, in unserem Umfeld Frieden zu schaffen.«

In die darauffolgende Stille sagt Gwyn: »Mit eurem Beispiel und eurer Lehre tragt ihr Mönche also Heilung, Verständnis und Frieden hinaus in die Welt?«

»Das hast du schön formuliert.« Der Mönch lächelt. »Wir tun unser Bestes.« Und nach einer Pause fügt er nachdenklich hinzu: »Ich würde heute nicht diesen Kurs für euch halten, wenn ich nicht Mönch geworden wäre.

So zu leben ist sicherlich nicht jedermanns Sache. Von all denen, die ins Kloster gehen und die Ausbildung beginnen, hält nur ein winziger Teil bis zum Ende durch. Viele erkennen, dass sie für ein solches Leben nicht gemacht sind, und verlassen den Orden wieder.

Stellt es euch so vor: Mönch oder Nonne zu sein ist nur eine andere Art von Lebensgestaltung; eine andere Form, seinen Beitrag zu leisten. Lehrer oder Ärzte müssen eine Ausbildung absolvieren, um ihre Aufgaben erfüllen zu können – das Gleiche gilt für

Ordensleute. Und ein Teil dieser Ausbildung besteht darin, die strengen Regeln einzuhalten, um die notwendige Disziplin zum Durchzuhalten des erforderlichen Pensums an Meditation und Kontemplation aufzubringen.«

Der Mönch verfällt in ein längeres Schweigen. Dann erklärt er: »Vielleicht wisst ihr es nicht, aber wir müssen zehn Jahre ordiniert sein, bevor wir überhaupt lehren dürfen – erst nach zehn ›Winter- oder Regenzeit-Retreats‹, wie wir es nennen.

Aber ich denke, wir kommen gerade etwas vom Thema ab.« Er lächelt. »Obwohl das, wovon wir geredet haben, einiges mit der Vierten Edlen Wahrheit zu tun hat, mit der wir uns heute befassen werden.

Bei der Vierten Edlen Wahrheit geht es einzig und allein darum, die Lehre des Buddha in unserem Alltag praktisch umzu- setzen und die Achtsamkeitsübungen auf der inneren Ebene mit einer Lebensweise in Einklang zu bringen, die uns in der äußeren Welt Freiheit schenkt. Und das ist eine großartige Erfahrung ... in der Welt, aber nicht ›von der Welt‹ zu sein; in den Fußstapfen des Buddha zu laufen; euer Leben nach den einfachen, aber tief rei- chenden Prinzipien auszurichten, die er formuliert hat; einen Frieden und eine Freude jenseits von Worten zu spüren.

In seiner Vierten Edlen Wahrheit erklärt uns der Buddha, wie genau dies zu erreichen ist – die Lehre im Alltag zu *leben*.«

Die Vierte Edle Wahrheit

Die Begeisterung und Freude des Mönchs sind ansteckend, und es ist zu spüren, wie gespannt jetzt alle sind, mehr zu erfahren.

»Die Vierte Edle Wahrheit umfasst das, was der Buddha als ›Achtfachen Weg‹ bezeichnete: acht Prinzipien, die ...«, der Mönch lacht, »ob ihr's glaubt oder nicht, zur Freiheit von Leid führen.«

Bei diesen Worten regt sich Unruhe im Raum. Ed wirft ein: »Ich dachte, damit wären wir durch? Haben uns nicht die ersten drei Edlen Wahrheiten den Weg aus dem Leid aufgezeigt? Zumindest hast du das gesagt.«

»Das stimmt«, sagt der Mönch. »Wir haben gelernt, dass da Leid ist und was dieses Leid verursacht: Gier, Hass oder Verblendung, Anhaftung und Verlangen. Wir haben auch gesehen, wie wir uns aus dem Leid befreien können – wir können also gewissermaßen die Diagnose stellen und wissen dann, welches Heilmittel und welche Therapie das Leid beenden können.

Aber wie jeder gute Arzt weiß, reicht es für eine dauerhafte Genesung in der Regel nicht aus, den Patienten wieder in sein normales Leben zu entlassen, damit er weitermacht wie bisher; dann nämlich wäre er im Handumdrehen mit den gleichen Problemen wieder in der Klinik. Richtig, Dr. Tim?«

Der Mönch grinst, und Tim gibt lachend zurück: »Leider nur zu wahr!«

»Darum«, fährt der Mönch fort, »hat uns der Buddha die Vierte Edle Wahrheit mit auf den Weg gegeben. Sie zeigt, wie wir unser Leben auf eine Weise gestalten können, die unserer inneren Arbeit mit den ersten drei Edlen Wahrheiten förderlich ist und uns in die Freiheit und zur Erleuchtung führt. Allerdings«, fügt er nachdenklich hinzu, »der Buddha hat niemals irgendwelche großartigen Behauptungen aufgestellt. Er sagte einfach: ›Ich lehre über das Leid: seine Ursache, sein Ende und den Weg dorthin. Das ist alles, was ich lehre.‹

Wir sind also nun bei dem sogenannten ›Achtfachen Pfad‹ des Buddha angelangt, wie er in der Vierten Edlen Wahrheit beschrieben ist. Und wie die anderen drei Edlen Wahrheiten besteht auch diese aus drei Teilen oder ›Einsichten‹:

›Da ist der Achtfache Pfad, der zum Erlöschen des Leids führt.
Dieser Pfad sollte entfaltet werden.
Dieser Pfad ist zur Gänze entfaltet worden.‹

Nach der ersten Einsicht steht am Anfang die Erkenntnis, dass der Achtfache Pfad zum Erlöschen des Leids führt. Die zweite Einsicht fordert uns auf, diesem Pfad zu folgen; und die dritte besagt, dass wir ihm gefolgt sind.

Wie bei den anderen drei Edlen Wahrheiten muss ich auch hier darauf hinweisen«, sagt der Mönch mit einem Lachen, »dass dies zwar einfach klingt, wir aber ein ganzes Leben daran zu arbeiten haben – genau genommen sogar mehrere Leben.

In der Tat schließt diese letzte Edle Wahrheit – der Achtfache Pfad – die ersten drei mit ein; habt ihr diese also erst einmal verinnerlicht, braucht ihr nur noch die vierte. Sie beinhaltet alles, was ihr wissen müsst, und ist eine Glücksformel, die ihr euch in die Hosentasche stecken könnt, um sie überall dabeizuhaben.

Der Achtfache Pfad umfasst acht Prinzipien oder Eigenschaften – auch ›Glieder‹ genannt –, die in drei Gruppen zusammengefasst werden: Weisheit, ethisches Handeln und emotionale Balance bzw. Vertiefung. Diese Darstellungsform soll es erleichtern, sich das Ganze zu merken. Haltet euch aber vor Augen, dass es sich hier nicht um eine To-do-Liste mit Dingen handelt, die eins nach dem anderen zu erledigen und abzuhaken sind. Die einzelnen Eigenschaften sind miteinander verknüpft und wollen parallel zueinander entwickelt werden. In ihrer Gesamtheit bieten sie, wie die ersten drei Edlen Wahrheiten, einen Weg aus dem Leid und führen zu Glück, Freiheit und Frieden.«

»Ich habe das Gefühl, dass es immer komplizierter wird«, platzt es aus mir heraus. »Wenn jetzt auch noch alles mit allem in

Zusammenhang steht ... Langsam erinnert mich das alles ein bisschen an diese russischen Puppen, die man ineinandersteckt.«

Der Mönch nickt lachend. »Ja, der Buddha war zweifellos ein kluger Kopf und Meister der Logik. Seine Lehre mag sich kompliziert anhören, aber sie ist es nicht wirklich, und weil sich alles so ineinanderfügt, kann man es sich leicht merken, sobald man sie erst einmal vom Prinzip her verstanden hat.

Ein weiterer Vorteil ist, dass alles zusammenpasst – alles hat seinen Platz, die einzelnen Aspekte bekräftigen sich gegenseitig. Und in diesem Zusammenspiel ist Entwicklung möglich, und es stellt sich Wohlbefinden ein.

Es ist wie bei einem Auto. Alle Teile wirken zusammen, um uns ans Ziel zu bringen.«

»Oder wie bei Dominosteinen, die alle umfallen, wenn man den ersten anstößt«, meint Ed.

Alles lacht, dann meint der Mönch: »Ich bin mir nicht sicher, ob diese Analogie, dass alles umfällt, wirklich passt. Aber ich verstehe, worauf zu hinauswillst. Ein Ding löst das andere aus, und genau das ist es, was passiert – und das ist der Grund, warum das Praktizieren der Vierten Edlen Wahrheit so wichtig ist, denn es trägt dazu bei, die Dominosteine anzustoßen.

Aber lasst uns zur Sache kommen. Ich muss zugeben, dass die Bezeichnungen der einzelnen Glieder oder Eigenschaften ein bisschen abschreckend wirken. Sie heißen: rechte Einsicht, rechtes Denken, rechte Rede, rechtes Tun, rechter Lebenswandel, rechtes Streben, rechte Achtsamkeit und rechte Konzentration.

Das Wort ›recht‹ kommt darin zugegebenermaßen ziemlich oft vor, und deshalb hört sich das Ganze erst einmal furchtbar nach erhobenem Zeigefinger an. Das liegt daran, dass der ursprüngliche Sinn der Worte in der Übersetzung verloren geht. Der im Originaltext verwendete Pali-Begriff bedeutet so viel wie ›rein‹, ›ideal‹,

›kundig‹ oder ›vollkommen‹; er beschreibt Lebensweisen, mit denen sich ein größtmögliches Maß an Glück und Harmonie erreichen lässt; es geht also nicht um ›recht‹ im moralischen Sinn. Aus diesem Grund sprechen manche lieber von vollkommener Einsicht, vollkommenem Denken und so weiter.

Aber wir wollen uns hier nicht mit begrifflichen Haarspaltereien aufhalten. Bleiben wir bei der geläufigen und ihren Zweck erfüllenden Übersetzung – ›recht‹. Im Übrigen lassen wir die acht Prinzipien einfach für sich sprechen. Um sie uns besser merken zu können, hilft es, sie uns als Symbol für bestimmte Aspekte des menschlichen Wesens vorzustellen.

Die ersten beiden, rechte Einsicht und rechtes Denken, tragen zur Entfaltung von Weisheit bei. Sie stehen für den Kopf. Die nächsten drei beschreiben unsere Lebensführung und unser Verhalten in der Welt: rechte Rede, rechtes Tun und rechter Lebenswandel. Sie beziehen sich auf die körperliche Ebene. Und die letzten drei – rechtes Streben, rechte Achtsamkeit und rechte Konzentration –, haben mit unserer Motivation zu tun bzw. mit unserem Herzen und unseren Gefühlen. Mit diesen Zuordnungen kann man sie sich leichter einprägen.

Wir werden uns eine Gruppe nach der anderen vornehmen. Heute fangen wir mit dem ›Kopf‹ an. Ich werde euch die Prinzipien jeweils einzeln vorstellen, damit ihr sie im Detail kennenlernt. In den nächsten beiden Wochen werden wir uns dann mit den anderen beiden Gruppen befassen.«

Ich finde, das klingt nach einem ziemlichen Pensum ...

Rechte Einsicht

»Das erste Prinzip des Achtfachen Pfads – die rechte Einsicht – beinhaltet genau genommen all das, was wir bereits im Zusammenhang mit den ersten drei Edlen Wahrheiten kennengelernt haben.

Es handelt sich um eine bestimmte Art, die Dinge und das Leben zu betrachten, die es uns erlaubt, frei zu werden, das Leid zu überwinden und Frieden zu finden.

Die rechte Einsicht bezieht sich also darauf, achtsam und im gegenwärtigen Augenblick zu sein und alles anzunehmen, was dieser enthält: ›Es ist, wie es ist.‹ Und wenn dieser Augenblick Schmerz enthält, lernen wir, einen Schritt zurückzutreten und zum Beobachter zu werden, sodass wir sagen können: ›Da ist Leid‹ – und nicht, ihr erinnert euch: ›*Ich leide*‹.

Wenn wir das tun, so haben wir gesehen, wenn wir also das Leid einfach da sein lassen oder es nach Möglichkeit sogar willkommen heißen, dann weicht es allmählich, bis es irgendwann ganz verschwindet. Das funktioniert wirklich, wie jeder für sich selbst erfahren kann.

Wir haben auch gesehen, dass Leid durch das Festhalten an Begierden verursacht wird – Gier, Hass oder Verblendung, Anhaftung und Verlangen – und wie wir uns daraus befreien und inneren Frieden finden können, indem wir uns unser Festhalten bewusst machen und es loslassen.

In diesem Prozess sind wir zu der Erkenntnis gelangt: Was entsteht, vergeht. Oder anders formuliert: Was immer einen Anfang hat, hat auch ein Ende. Und wir wissen: Wenn wir achtsam sind und mit unserem Gewahrsein voll und ganz im gegenwärtigen Augenblick ruhen, kommen wir mit einem unvergänglichen Ort in unserem Inneren in Berührung – einem Ort des absoluten Friedens, der Klarheit, Reinheit und Freude.«

Nach dieser langen Rede hält der Mönch kurz inne. Nichts rührt sich im Raum. Und einen Augenblick lang fühle ich mich total im Frieden, so sehr inspirieren mich seine Worte. Es ist ein warmes Gefühl, ein inneres Glühen, prall gefüllt mit Kraft. Seine Worte scheinen eine Art »Präsenz« in den Raum gebracht zu haben. Ob die anderen dies genauso empfinden? Ich entspanne mich in dieses Gefühl hinein, und in meinen Gedanken scheint Stille einzukehren – nur für wenige Momente, eine Sekunde oder zwei vielleicht –, ich kann es nicht sagen, denn mir ist das Gefühl für die Zeit abhandengekommen. Ich nehme ein paar achtsame Atemzüge. *Das ist Glückseligkeit,* denke ich noch, bevor mich die Stimme des Mönchs zurückholt.

»Ich weiß, dass dies am Anfang eine Menge Stoff ist, aber ich betone noch einmal: Es handelt sich hier nicht etwa um einen schwierigen, komplizierten Prozess, der normalen Menschen wie uns nur schwer zugänglich wäre. Lasst euch das von niemandem weismachen. Jeder kann es tun. *Jeder.* Und es ist so hilfreich. Der Nutzen ist unbezahlbar! Ihr braucht nur den einfachen Schritten zu folgen, die uns gegeben wurden.«

In das darauffolgende Schweigen des Mönchs hinein sagt Rodney hörbar frustriert: »Wenn ich dir zuhöre, klingt das alles so einfach, aber ich versuche schon seit einigen Jahren zu meditieren und den buddhistischen Weg zu gehen, und ich bin mir nicht sicher, ob ich irgendwelche nennenswerten Fortschritte gemacht habe ...« Den Rest des Satzes lässt er in der Schwebe.

»Es mag einfach sein, aber es ist nicht immer leicht«, antwortet der Mönch. »Kein anderer kann es für euch tun. Niemand wird mit dem Zauberstab über eurem Kopf herumwedeln und es geschehen machen. Aber die Kraft, es zu tun und damit Glück, Freiheit und Frieden zu finden, die tragt ihr in euch – wir alle tragen sie in uns. Das ist der Punkt, an dem die Magie einsetzt.

Was ich sagen will, Rodney, ihr alle: Vertraut auf euren Prozess. Vertraut auf die Lehre des Buddha, die sich über die Jahrhunderte hinweg bewährt hat, und tut es einfach. Die Methoden funktionieren – wenn ihr sie anwendet. Die Vierte Edle Wahrheit liefert euch die Blaupause für eine Lebensweise, die euch in eurer inneren

Arbeit unterstützt und euch hilft, auf eurem Weg voranzu-kommen. Natürlich nicht im herkömmlichen Sinn von Fortschritt oder ›Ergebnissen‹«, fügt er lachend hinzu. »Beides muss Hand in Hand gehen: die *innere* Arbeit, also Meditation, Achtsamkeit, *Metta* und das Üben der ersten drei Edlen Wahrheiten, und die *äußere* Arbeit, also unsere Lebensgestaltung nach der Vierten Edlen Wahrheit – der ›rechten‹ Lebensweise.«

Einen Augenblick hängt der Mönch schweigend seinen Gedanken nach, dann schiebt er nach: »Wisst ihr, das ist etwas, was manche Leute mitunter vergessen.«

Ich frage mich gerade, worum genau es ihm geht, als Tim sich meldet: »Könntest du das vielleicht ein bisschen genauer erklären? Ich bin mir nicht sicher, wovon du da gerade sprichst.«

»Ja, natürlich«, antwortet der Mönch. »Mit den Vier Edlen Wahrheiten hat uns der Buddha eine umfassende, ausgewogene Lebensformel an die Hand gegeben. Die Anleitung funktioniert, aber um die besten Ergebnisse zu erzielen, müssen wir das ganze Paket nehmen. Wenn wir uns nur Teile davon herauspicken – also nur Achtsamkeit und Meditation praktizieren, aber *Metta* und die Edlen Wahrheiten vernachlässigen und weiterleben wie bisher –, ist das weniger effektiv. Zwar stellt sich dadurch auch ein gewisser Nutzen ein, denn Achtsamkeit und Meditation sind nun einmal hochwirksame Instrumente. Aber wenn ihr alles übt – Achtsam-keit, Meditation, *Metta* und die Vier Edlen Wahrheiten –, dann verstärken sich die einzelnen Aspekte gegenseitig in ihrer Wir-kung, und ihr bekommt ein wunderbar ausgewogenes, starkes Ergebnis.

Allerdings geraten wir mit dem Versuch, unseren Fortschritt zu bewerten, automatisch in eine Zwickmühle. Und warum?« Der Mönch schaut fragend in die Runde. Rodney erwidert: »Weil ... wenn wir wirklich achtsam sind, konzentrieren wir uns auf den gegenwärtigen Augenblick und denken nicht darüber nach, wie weit wir gekommen sind.«

»Ganz genau.« Der Mönch nickt. »Und wir bewerten, vergleichen und kritisieren auch nichts; unser Gewahrsein ruht auf den Dingen, exakt so, wie sie sind. Wir akzeptieren sie. Ihr wisst ja: ›Es ist, wie es ist.‹ Und manchmal erweitere ich den Satz noch und sage: ›Es ist, wie es ist, und alles ist gut.‹

Das klingt so einfach, aber glaubt mir, es geht sehr in die Tiefe. Und wenn ihr nach Ergebnissen fragt«, er schaut lächelnd in die Runde, »die stellen sich dabei mit Sicherheit ein. Probiert es aus. Ihr werdet sehen.

In dem Maße, wie wir ein zunehmend klareres Verständnis von den Vier Edlen Wahrheiten gewinnen und alles tun, sie in unserem Alltag zu praktizieren und damit die Lehre des Buddha so umsetzen, wie es unserer inneren Arbeit förderlich ist, fügt sich alles ineinander. Ihr werdet es selbst erleben.

Lasst uns also weitermachen mit dem Achtfachen Pfad. Mit der ersten Eigenschaft, der rechten Einsicht, haben wir uns schon befasst. Jetzt wenden wir uns der zweiten zu: dem rechten Denken.«

Rechtes Denken

»›Rechtes Denken‹ ist das zweite Glied in der sogenannten ›Weisheits-‹ oder ›Kopf-Gruppe‹ des Achtfachen Pfads. Auch hier ist es so, dass der vom Buddha in der Originalsprache Pali gebrauchte Begriff eine dynamischere Qualität enthält, als nur auf rechte Weise zu denken. Es geht eher um ein Gefühl von innerer Hoffnung und Optimismus, das uns die Absicht fassen lässt, die Weisheit der Vier Edlen Wahrheiten im Leben praktisch umzusetzen, sie anzuwenden, statt lediglich über sie nachzudenken.

Die rechte Einsicht gibt uns das Wissen; das rechte Denken verleiht uns die Willenskraft, dieses Wissen zu nutzen – eine äußerst dynamische Kombination!

Wir setzen also die Lehre mit dem Üben von Achtsamkeit um und bringen uns permanent in den gegenwärtigen Augenblick zurück. Das bedeutet gleichzeitig, dass wir das Leben so akzeptieren, wie es ist; was wiederum dazu führt, dass wir auf unsere Intuition vertrauen und uns das Bewerten, Kritisieren und Vergleichen im oberflächlichen Teil unseres Geistes versagen, um uns selbst und anderen mit Mitgefühl zu begegnen. Wir lassen alle festgefügten, konditionierten Meinungen und Reaktionen los. Wir sind im Fluss mit den Dingen. Wir finden Frieden. Wir setzen unseren Willen ein, unser ›rechtes Denken‹, um die Lehre des Buddha praktisch umzusetzen.

Schauen wir uns doch einmal das Leben an. Nimmt nicht alles mit einem Gedanken, einer Idee seinen Anfang? Wir überlegen, in Urlaub zu fahren, planen in Gedanken ein Projekt – auch ein Buch zu schreiben beginnt mit einer Idee«, sagt der Mönch und wirft mir einen Blick zu. »Immer ist da zuerst der Gedanke, nicht wahr? Wie entstehen deine Rezepte, Rose?«, will er wissen. »Beginnt es nicht immer mit einem Gedanken, einer Idee?«

Du meine Güte! Ich fühle mich leicht überrumpelt. Ich werde andauernd von Leuten gefragt, wie ich meine Rezepte schreibe, aber dass ein Mönch in einer Meditationsgruppe sich danach erkundigen würde, hatte ich nicht erwartet! Er hat natürlich recht. Am Anfang eines Rezepts steht immer eine Idee – entweder sehe ich ein Gericht vor mir, oder ich stelle mir einen bestimmten Geschmack vor; manchmal inspiriert mich der Anblick einer Zutat, die ich in einem Laden oder auf dem Markt entdecke. Oft ist es eine solche bildhafte Vorstellung, die die Ideen zum Sprudeln bringt.

Ich denke oft, dass ich nur deshalb mit dem Schreiben von Kochbüchern angefangen habe, weil ich eigentlich auf eine Kunstakademie hatte gehen wollen, hätten sich meine Eltern und die Direktorin meiner Schule nicht verbündet, um dies zu verhindern. Meine Eltern, weil sie meinten, dies ließe sich nicht mit dem spirituellen Weg in Einklang bringen, den sie für mich vorgezeichnet hatten, und die Direktorin, weil sie so viele Schüler wie möglich zur Uni schicken wollte.

Letztlich habe ich weder das eine noch das andere gemacht, denn bevor ich an die Verwirklichung derartiger Pläne gehen konnte, lernte ich Robert kennen, der um einiges älter ist als ich, und ab da wollte nur noch eins: raus aus der Schule! Als im Retreat-Zentrum plötzlich der Koch kündigte, ergriff ich meine Chance und überredete meine Eltern, mir seinen Job zu geben.

Dass sie sich damit einverstanden erklärten, verrät, wie verzweifelt sie waren – auf vegetarische Gerichte spezialisierte Köche waren damals noch sehr rar gesät. Für mich aber war diese Arbeit wie ein Schlüsselerlebnis. Was ich kochte, kam bei den Gästen gut an – so gut, dass ich meine erste Rezeptsammlung herausbrachte. Und damit hatte ich meinen Beruf gefunden.

Dies und die Frage danach, welchen Anteil das rechte Denken an alldem hat, beschäftigt mich, als Nikki sich zu Wort meldet.

»Wenn du von ›rechtem Denken‹ sprichst, bedeutet das das Gleiche wie ›positiv denken‹?«, fragt sie. »Ich meine zum Beispiel, mit Affirmationen zu arbeiten oder bestimmte wünschenswerte Entwicklungen zu visualisieren. Ich tue das ganz gerne.«

»Das ist eine interessante Frage«, erwidert der Mönch. »Der Buddha hat gesagt: ›Alles, was wir sind, ist das Ergebnis dessen, was wir gedacht haben; es fußt in unseren Gedanken, es ist aus unseren Gedanken gemacht.‹ Ich glaube daher, dass der Einsatz positiver Gedanken in der Tat eine weitere Interpretationsmöglichkeit für ›rechtes Denken‹ ist. Aber es gibt da etwas, worauf wir achten müssen. Könnt ihr euch vorstellen, worauf ich hinauswill?«

Gwyn, lässig-elegant wie immer im cremefarbenen Seidenshirt, schaut auf und sagt: »Ich denke, wir sollten die Zweite Edle Wahrheit im Auge behalten. Es könnte leicht passieren, dass wir uns an etwas zu klammern beginnen, was wir erreichen oder haben oder nicht haben möchten und so weiter.«

»Genau«, bestätigt der Mönch. »Wir müssen unsere alten Freunde Gier, Hass und Verblendung, Anhaftung und Verlangen im Auge behalten. Wann immer wir Dinge erstreben oder Absichten verfolgen, gilt es aufzupassen, nicht ins Hadern mit der Gegenwart zu verfallen, uns in Wünsche zu verstricken oder uns an konkrete Ergebnisse zu klammern – also keine Anhaftung an das zu entwickeln, was wir uns für unsere Zukunft wünschen.«

»Heißt das jetzt, dass es okay ist, mit positiven Gedanken, Affirmationen und Visualisierungen zu arbeiten, um bessere Lebensbedingungen für uns zu schaffen? Mir hilft das, aber jetzt frage ich mich, ob es womöglich im Widerspruch zur buddhistischen Lehre steht«, hakt Nikki noch einmal nach.

»Nein, das tut es nicht«, erwidert der Mönch. »Wie schon gesagt, das Denken bzw. die Absicht ist ein wichtiger Teil der Lehre. ›Der Tat geht die Absicht voraus‹, sagte der Buddha. Ich wage sogar zu behaupten, dass sich das, was in der spirituellen Literatur über positive Gedanken, Affirmationen, das Gesetz der Anziehung und so weiter geschrieben wurde, bei genauerer Betrachtung direkt aus dem speist, was der Buddha vor 2500 Jahren lehrte.«

»Das ist mir neu«, sage ich. »Warum nennt man ihn dann nicht als Quelle?«

»Vielleicht haben es die Leute gar nicht bemerkt.« Der Mönch zuckt mit den Schultern. »Oder vielleicht betrachten sie den

Buddhismus als Religion, und die Vorstellung, Techniken und Methoden anzuwenden, die Teil einer wie auch immer gearteten religiösen Praxis sind, gefällt ihnen nicht. Aber wie bereits zu Beginn des Kurses gesagt, der Buddha hat seine Lehre selbst nie als Religion bezeichnet.«

»Vielleicht haben sie das auch nicht mitbekommen«, wirft Tim lachend ein.

Der Mönch überlegt kurz, dann erklärt er: »Wie der Buddha selbst betonte, tat er nur eins: Er stellte seine Lehre jedermann frei zur Verfügung, um das Leid zu lindern. Das und nichts anderes wurde zu seiner Lebensaufgabe. ›Ich lehre über das Leid und den Weg, der aus dem Leid herausführt, das ist alles, was ich lehre‹, waren seine Worte.«

Nach einer weiteren kurzen Sprechpause fährt er fort: »Aber die Lehre des Buddha ist sehr viel tiefgreifender als das, wie ihr im Laufe der Zeit merken werdet. Ich denke, er würde sich sehr freuen zu sehen, wie weit sich seine Lehre heute verbreitet hat und wie viele Millionen Menschen überall auf der Welt davon profitieren, selbst wenn man ihn nicht als Quelle nennt. Schließlich hat er, wie ihr euch erinnern werdet, hart gearbeitet, um das Gebäude zu demontieren, das einmal sein Ego war. Ich meine, er wird uns kaum brauchen, um es wieder aufzubauen.« Der Mönch schmunzelt.

Es ärgert mich ein wenig für den Buddha, dass man seine Lehre auf derart breiter Ebene übernommen hat, ohne ihm die Urheberschaft zuzubilligen. Dann erkenne ich, dass mir dieses Gefühl die Freude trübt und ich mich damit selbst um meinen inneren Frieden bringe. Ich lächle innerlich, hole tief Luft und lasse den Ärger los.

»Aber um auf deine ursprüngliche Frage zurückzukommen, Nikki«, fährt der Mönch fort. »Es hängt einzig und allein davon ab, wie du deine positiven Gedanken, Affirmationen und so weiter einsetzt. Ich würde sagen, es ist völlig okay, dir Umstände oder eine Zukunft zu visualisieren, die du dir selbst erschaffen möchtest: ein schönes Leben, Frieden, Glück; ja, selbst materielle Dinge, die du gerne hättest. Aber du musst darauf achten, keine Anhaftung und kein Verlangen zu entwickeln, dich nicht auf ein bestimmtes Ergebnis zu fixieren oder dich verblenden zu lassen.«

An uns alle gerichtet, fragt er lachend: »Glaubt ihr, dass ihr das hinbekommt? Visualisieren, sogar beten, und das Ganze dann loslassen?«

Bei diesen Worten fällt mir etwas ein, was ich vor Jahren in einem Buch zum Thema Visualisierung gelesen habe: Man solle sich das, was man sich wünscht, vorstellen und dann »sehen«, wie es in einem rosaroten Ballon in den Himmel entschwebt, im Vertrauen darauf, dass es sich realisieren wird, wenn es dem höchsten Wohl des großen Ganzen entspricht.

»Ihr könnt bestimmte Wunschzustände visualisieren und durch das Fassen einer entsprechenden Absicht anstreben«, fährt der Mönch fort, »und ihr könnt euch vorstellen, wie ihr euch fühlen würdet, wenn sie eingetreten wären. Ihr könnt in eurer Vorstellung sogar so weit gehen, dass ihr jetzt die Freude und das Glück spürt, die sich einstellen würden, wenn sich diese Wunschzustände in eurem Leben bereits manifestiert hätten – solange ihr nicht an ihnen anhaftet oder dabei die Lebensrealität aus den Augen verliert.

Auch wenn es einen gewissen Balanceakt erfordert – ihr könnt für die Samen die richtigen Bedingungen zum Keimen und Wachsen schaffen, indem ihr Frieden und Zufriedenheit im gegenwärtigen Augenblick findet, wie es die ersten drei Edlen Wahrheiten lehren, und für alles dankbar seid.«

Der Mönch wendet sich wieder an Nikki. »Kannst du etwas visualisieren oder zum Gegenstand deiner Affirmation machen, ohne dich auf das Ergebnis zu fixieren; und kannst du dankbar für all das sein, was du bereits hast?«

Nikki grinst. »Ich arbeite daran.«

»Je mehr ihr euch in die Lehre vertieft, desto weniger werdet ihr euer Glück und euren inneren Frieden von äußeren Bedingungen abhängig machen«, sagt der Mönch, wieder an die ganze Gruppe gewandt. »Vielleicht kommt ihr sogar an einen Punkt, an dem der Frieden und die Freude in eurem Inneren so groß sind, dass ihr in diesem Augenblick wirklich zufrieden und glücklich seid, egal, was rings um euch geschieht. Man könnte diesen Zustand als ›Himmel auf Erden‹ oder ›Nirvana jetzt‹ bezeichnen.« Er lacht leise und schweigt dann einen Moment, bevor er weiterspricht.

»Vielleicht hilft es euch, wenn ich euch sage, dass der Buddha ein paar zusätzliche Erläuterungen gegeben hat, was er mit ›rechtem Denken‹ meinte. Er unterschied drei Arten des rechten Denkens. Die erste beinhaltet das Bestreben, unsere Anhaftungen loszulassen – alles, woran wir uns festklammern oder wovon wir unser Glück abhängig machen –, weil jede Form des Anhaftens, wie wir aus den ersten drei Edlen Wahrheiten wissen, nur ins Leid führen kann; langfristig bringt es uns weder Frieden noch Glück.

Mit der zweiten Art von ›rechtem Denken‹ haben wir uns bereits befasst: Es ist die Freundlichkeit – oder *Metta*. Wir fassen die Absicht, zunächst uns selbst mit liebender Güte zu begegnen, dann allen anderen in unserem Umfeld, mit denen wir in Berührung kommen, und schließlich der Welt insgesamt. Und wenn wir das wirklich tun, empfinden wir so viel Freude und Zufriedenheit, dass sich unsere Begierden auf natürliche Weise aufzulösen beginnen.

Und das führt uns zum dritten Aspekt des ›rechten Denkens‹: das Prinzip des ›Nichtschädigens‹, also keinen Schaden anzurichten, nicht zu verletzen und keine Gewalt auszuüben, sondern allen Lebewesen – einschließlich sich selbst! – mit Mitgefühl zu begegnen. Es ist eigentlich eine logische Folge des *Metta*-Gedankens, denn aus einer inneren Haltung der liebenden Güte heraus kann man sich und andere Lebewesen weder verletzen noch ihnen Schaden zufügen.«

Eine Zeit lang sitzen wir alle schweigend da und denken über die Worte des Mönchs nach. Schließlich sagt Robert: »Ich finde, das ist ziemlich viel verlangt.«

Der Mönch nickt. »Ja, aber es ist der Weg ins Glück, wie viele vor uns bereits herausgefunden haben und viele nach uns noch herausfinden werden.« Und nach kurzem Nachdenken fügt er lächelnd hinzu: »Wisst ihr, der Dalai Lama hat das, wovon wir hier reden, sehr schlicht und treffend auf den Punkt gebracht. Er sagte: ›Liebe und Mitgefühl sind Notwendigkeiten, kein Luxus. Ohne sie kann die Menschheit nicht überleben.‹ Und das Besondere daran ist: Wenn wir anderen Liebe und Mitgefühl entgegenbringen, profitieren wir selbst davon – und umgekehrt: Begegnen wir uns selbst mit Liebe und Freundlichkeit, können wir zudem anderen gegenüber mehr Wohlwollen empfinden, wie wir in unserer *Metta*-Praxis gesehen haben.

Wie schon gesagt, es fügt sich alles ineinander, und ja: Es wird mit der Zeit und regelmäßiger Übung leichter. Fangt einfach an, zunächst mit ganz kleinen Dingen, wie wir es in den vergangenen Wochen mit dem achtsamen Atmen, einer täglichen Meditation, dem Üben von *Metta* und dem freundlichen Umgang mit euch selbst getan haben. Auf diese Weise habt ihr euch im Inneren ein Reservoir an Frieden und liebender Güte geschaffen. Ihr werdet überrascht sein, wie viel all dies bewirken kann.«

Eine Atmosphäre der Stille und Nachdenklichkeit hat sich im Raum ausgebreitet. Niemand spricht. Auch der Mönch schweigt eine Weile, bevor er sagt: »Dies also war die erste Gruppe der Prinzipien oder Glieder des Achtfachen Pfads: rechte Einsicht und rechtes Denken. Beim nächsten Mal werden wir uns mit der zweiten Gruppe befassen.

Aber vorher wollen wir uns zum Abschluss der heutigen Sitzung noch etwas Gutes tun und einen Body-Scan machen. Hat jemand von euch schon einmal von dieser Meditation gehört?«

Von einigen in der Gruppe kommt zustimmendes Gemurmel, doch die meisten schweigen. Der Mönch erklärt: »Der Body-Scan hat seinen Ursprung in Burma, dem heutigen Myanmar. In Theravada-Klöstern wird er häufig praktiziert, und es lohnt sich, ihn zu kennen. Er ist ein bisschen wie die Entspannungsübungen, die manche von euch sicher kennen, etwa am Ende einer Yoga-Stunde. Aber man sollte die beiden nicht miteinander verwechseln. Der Body-Scan ist anders.«

»Anders? Inwiefern?«, fragt Nikki.

»Es gibt einen simplen, aber bedeutsamen Unterschied«, erklärt der Mönch. »Eine Entspannungsübung ist an ein Ziel geknüpft: sich zu entspannen. Beim Body-Scan gibt es, wie bei allen buddhistischen Meditationen, kein Ziel. Ihr seid einfach achtsam für euren Körper, öffnet euch für ihn jetzt, in diesem Augenblick, genau so, wie er ist, mit allen Schmerzen und allem, was sonst in ihm präsent ist; ihr akzeptiert es, lasst es da sein und lasst los.

Zu Hause könnt ihr die Meditation im Liegen machen. Legt euch ein kleines Kissen oder eine zusammengefaltete Decke unter den Kopf und winkelt die Beine an. Die Fußsohlen stehen auf dem Boden, die Arme liegen locker seitlich am Körper, die Augen sind geschlossen.

Ihr könnt euch auch jetzt hinlegen, wenn ihr hier im Raum genug Platz findet, aber es spricht auch nichts dagegen, den Body-Scan ganz normal im Meditationssitz zu machen.«

Wir begeben uns leise in die jeweilige Haltung – die meisten bleiben sitzen, manche legen sich wie vom Mönch beschrieben hin. Er wartet ruhig ab, bis alle die richtige Position gefunden haben und zur Ruhe gekommen sind.

»Wenn ihr bereit seid, fangen wir an.«

 **BODY-SCAN**

Oft fangen wir eine Achtsamkeitsmeditation damit an, unser Gewahrsein für unseren Körper zu öffnen. Auch wir haben das schon gemacht. Es bringt uns direkt in den gegenwärtigen Augenblick, was immer von Vorteil ist. Beim Body-Scan machen wir das Gewahrsein des Körpers jedoch zu unserem eigentlichen Fokus.

Werde dir also der Festigkeit des Bodens unter dir bewusst, wie er dich trägt. Lass alle Anspannung los, lass dich in den Boden einsinken.

Bring deine Achtsamkeit zum Atem. Nimm mehrere achtsame Atemzüge und achte darauf, wie die Luft durch deine Nasenlöcher ein–, in die Lunge hinab- und dann wieder durch die Nasenlöcher ausströmt.

Spüre, wie deine Atmung sich verlangsamt. Wenn du irgendein Ziehen oder irgendwelche Schmerzen spürst, atme in sie
hinein, nimm sie an. Lass sie sein, wie sie sind.

Wir werden den Körper jetzt bei den Füßen beginnend von
unten nach oben scannen. Bleib mit deinem Gewahrsein
beim Atmen, indem du den Atem in die jeweilige Körper-
partie schickst, die wir gerade scannen.

Öffne dein Gewahrsein also für deine linken Zehen, wende
dich ihnen achtsam zu. Dann gehe mit deiner Aufmerksamkeit weiter zur Sohle deines linken Fußes. Spüre die Festigkeit
des Bodens, auf dem er steht. Atme gleichmäßig weiter ...

Wende dich als Nächstes deinem linken Fußgelenk zu, und
von dort aus gehe weiter zum linken Schienbein, zum Knie
und Oberschenkel bis hinauf zur Hüfte. Atme dabei jeweils
in die Bereiche deines Körpers hinein, auf denen gerade
deine Aufmerksamkeit ruht.

Nun verschiebe deinen Fokus zu deinen rechten Zehen, der
Sohle deines rechten Fußes und langsam hinauf zum rechten
Fußgelenk, dem Schienbein, dem Knie und Oberschenkel bis
zur Hüfte. Atme gleichmäßig weiter ...

Jetzt lass deine Aufmerksamkeit im Körper langsam weiter
nach oben gleiten, zum unteren Rücken und zum Bauch, dem
oberen Rücken und der Brust, dann zu den Schultern. Atme
gleichmäßig weiter ...

Dann gehe mit deiner Aufmerksamkeit hinüber zu den Fingern der linken Hand, dem Handgelenk, dem Unterarm, dem Oberarm, der Schulter. Atme gleichmäßig weiter ...

Fokussiere dich als Nächstes auf die Finger der rechten Hand, das Handgelenk, den Unterarm, den Oberarm, die Schulter. Atme gleichmäßig weiter ...

Lenke deine Aufmerksamkeit zum Nacken, zum Hals, zum Kiefer. Alles darf sich entspannen. Und nun richte deinen Fokus auf deine Augen – auch sie dürfen weich werden und sich entspannen. Dann komm mit deiner Aufmerksamkeit zu deiner Stirn, zum Hinterkopf, zum Scheitel. Atme gleichmäßig weiter ...

Überlass dich deinem Atem. Atme ein, atme aus. Lass den Atem in dich herein- und wieder aus dir hinausströmen.

Spüre den Frieden. Es ist, wie es ist. Alles ist gut.

Wenn du bereit bist, öffne behutsam die Augen. Nimm ein paar weitere Atemzüge und fang an, dich langsam zu bewegen.

Ich liebe diese Meditation. Es fällt mir leichter, meinen Geist von wandernden Gedanken frei zu halten, während ich mit meiner Aufmerksamkeit durch meinen Körper wandere. Ich habe keine Ahnung, wie lang die Meditation gedauert hat, aber als der Gong ertönt, habe ich das Gefühl, es wäre kaum Zeit vergangen.

Der Mönch schaut in die Runde. »Irgendwelche Fragen?«

Ich fühle mich so entspannt und im Frieden mit mir selbst, dass mir nichts einfällt, was ich sagen oder fragen könnte. Ja, genau genommen wünsche ich mir, dass dieser Frieden nicht durch Worte gestört wird. Aber Tim hat etwas auf dem Herzen.

»Die Meditation, die wir gerade gemacht haben – könnte man die zur Schmerzlinderung einsetzen?«

»Ja, das ist möglich«, sagt der Mönch. »Du kannst jedes Mal, wenn du Schmerzen oder Anspannung im Körper spürst, einen Mini-Body-Scan machen. Öffne dein Gewahrsein für den Schmerz, lass ihn da sein. Sei eins mit ihm und hülle ihn in *Metta* ein.

Womit wir praktisch wieder am Anfang unserer Sitzung wären.« Er lächelt. »Beim nächsten Mal werden wir uns noch eingehender damit befassen, wie der Body-Scan zur Linderung von Schmerzen eingesetzt werden kann. Aber wenn es euch recht ist, lassen wir es für heute gut sein.«

Wir beschließen unsere Sitzung wie üblich mit einem Chant, dann verbeugen wir uns und verlassen schweigend den Raum.

AUF EINEN BLICK

» Die Vierte Edle Wahrheit umfasst den »Achtfachen Pfad« – acht Regeln zur Lebensführung, die uns in unserer inneren Arbeit unterstützen und uns Glück, Freiheit und Frieden bringen.

» Die ersten beiden Prinzipien lauten »rechte Einsicht« und »rechtes Denken«.

» Mit rechter Einsicht ist das Achtsamsein gemeint; es geht
darum, im Augenblick präsent zu sein und alles anzunehmen, was er enthält. Ist Schmerz darin vorhanden, lernen
wir, ihn zu beobachten: »Da ist Leid.« Wir heißen ihn willkommen, sodass das Leid allmählich weicht und schließlich
endet.

» Rechtes Denken beinhaltet den Entschluss, unsere Achtsamkeitspraxis aufrechtzuerhalten, das Leben zu akzeptieren,
wie es ist, und das Bewerten, Kritisieren und Vergleichen sein
zu lassen.

» Der Buddha unterschied drei Arten von rechtem Denken:
  – Anhaftungen loslassen – also alles, woran wir uns fest-
    klammern oder von dem wir unser Glück abhängig
    machen; denn wie uns die ersten drei Edlen Wahrheiten
    gelehrt haben, führt jegliche Anhaftung ins Leid;
    langfristig bringt sie uns weder Glück noch Freiheit
    noch Frieden.
  – Zunächst uns selbst und dann allen anderen in unserem
    Umfeld mit liebender Güte oder Metta begegnen, also
    mitfühlend für alle Lebewesen sein.
  – Das Prinzip des Nichtschädigens praktizieren, also
    niemandem Leid zufügen, niemanden verletzen und
    keine Gewalt ausüben.

ÜBUNG

» Überlege dir, wie du in deinem Leben den Prinzipien
der rechten Einsicht und des rechten Denkens Ausdruck
verleihen und sie stärken kannst.

» Bleib weiter bei deiner Achtsamkeitspraxis.

» Meditiere jeden Tag 20 Minuten lang; probiere einen Body-Scan.

» Fahre mit deiner *Metta*-Praxis fort, indem du dich am Ende deiner Meditation wie immer dir selbst zuwendest und dann jemanden in deine Affirmation mit einschließt, der freundlich zu dir gewesen ist oder dich unterstützt hat. Der Buddha nennt hier den Begriff des »Mentors«: Vater oder Mutter, ein Lehrer, ein(e) wohlgesinnte(r) Chef(in). Sprich also im Stillen: »Möge ich sicher sein. Möge ich glücklich sein. Möge es mir gut gehen.« Dann stell dir deinen Mentor vor und sage: »Möge es dir gut gehen. Mögest du glücklich sein. Mögest du sicher und frei von Leid sein.«

Woche 6
Achtsam leben

Ich rücke mich im Schreinraum auf meinem Kissen zurecht. Wir sind beinahe vollzählig, nur wenige fehlen noch. Der Mönch sitzt auch schon da, in seiner ruhigen, aufrechten Haltung. Er strahlt Frieden aus. Leise suchen sich die zuletzt angekommenen Leute ihren Platz, mit zufriedenen, entspannten Mienen. Es herrscht eine Atmosphäre von Wärme, Freude und gespannter Erwartung.

Ich finde es schön, sie alle wiederzusehen und an diesem Kurs teilzunehmen. Einmal mehr genieße ich die meditative Stille im Raum. Ich kann nicht umhin zu vergleichen, wie ich mich jetzt fühle und wie es mir noch vor ein paar Wochen ging, als wir uns zum ersten Mal trafen. Was war ich damals angespannt und nervös. Voll innerer Abwehr saß ich mit zusammengebissenen Zähnen auf meiner Matte.

Es ist schon seltsam. Eigentlich mache ich bei dem Kurs nur Robert zuliebe mit, und jetzt habe ich schon so viel daraus mitgenommen! Ich fühle mich so viel ruhiger, freier, wohler in meiner Haut – kurz: Ich bin *glücklicher*.

Ich lächle innerlich. Vielleicht ist das, was ich gerade empfinde, ein Beispiel für das viel beschworene gute Karma: Du tust etwas Gutes und bekommst etwas Gutes zurück. In einem spirituellen Ratgeber habe ich einmal gelesen, dass Karma zehnfach zurückkommt. Aber wer weiß das schon? Ob darüber irgendjemand Buch führt? Und wenn man nur deswegen Gutes tut, um Pluspunkte fürs eigene Karma zu sammeln, ob das überhaupt zählt?

Es ist nicht etwa so, dass ich den Kurs hier in meinem Haus organisiert hätte, um mein Karma zu verbessern – der Gedanke ist mir nie in den Sinn gekommen. Aber was auch immer der Grund gewesen sein mag, betrachtet man es im Licht dessen, was uns der Mönch gelehrt hat, kann man nie genug *Metta* – liebende Güte – im Leben haben. Vielleicht gibt es Zeiten, in denen man tatsächlich

gute Taten vollbringen muss, um sich das Freundlichsein anzugewöhnen und den »Freundlichkeitsmuskel« zu trainieren.

So träume ich vor mich hin, während der Mönch die Kerzen
und das Räucherstäbchen anzündet. Mein Blick folgt den duften-
den Rauchspiralen, die hinauf zur Decke steigen. Der ursprüngliche Widerstand in mir gegen diese einfachen Rituale hat sich
aufgelöst. Den Duft von Räucherstäbchen mochte ich schon
immer, aber jetzt stelle ich zu meiner Überraschung fest, wie
schön ich den Klang der Pali-Worte finde, die wir chanten, obwohl
ich ihre Bedeutung nicht verstehe.

*Die müssen irgendwas in diese Räucherstäbchen getan haben, eine
Art »Glücksdroge«,* denke ich innerlich grinsend. Und dann: *Reiß
dich zusammen! Du hebst ja gleich ab.* Glücklicherweise holt mich
in dem Moment die Stimme des Mönchs auf den Boden zurück,
zur Klarheit, in den gegenwärtigen Augenblick.

»Willkommen«, sagt er. »Wie ist es euch ergangen? Welche
Erfahrungen habt ihr mit dem ersten Teil eures Wegs auf dem
Achtfachen Pfad gesammelt? Gibt es Fragen?«

Alles bleibt still. Ich frage mich, ob die anderen dieses gleiche,
ein wenig schläfrige Sonntagnachmittag-Gefühl haben wie ich.

»Dann können wir ja gleich weitermachen«, meint der Mönch
nach einer kurzen Pause. »Ihr könnt ja jederzeit fragen, wenn euch
etwas einfällt. Fassen wir noch einmal zusammen: Beim letzten
Mal haben wir uns mit der Vierten Edlen Wahrheit des Buddha
befasst. Sie wird als Achtfacher Pfad bezeichnet und ist wie eine
Landkarte für eure Reise durchs Leben, es ist seine Anleitung für
eine Lebensführung, die unserer inneren Arbeit förderlich ist – der
Praxis von Achtsamkeit, *Metta* und Meditation –, was uns wiederum im Umgang mit der äußeren Welt, also im Alltag, unterstützt.

Wie ihr wisst, geht es bei der Lehre des Buddha einzig darum,
uns einen Weg aus dem Leid zu weisen, sodass wir jetzt, in diesem

Moment, glücklich sein können. Erinnert ihr euch noch, was den Buddha ursprünglich zu seiner Mission veranlasst hat?«

Bevor wir Zeit haben, groß über eine Antwort nachzudenken, fährt er schon fort: »Es war der Schock, all das viele Leid zu sehen. Er hatte so gut behütet gelebt und war von allem ferngehalten worden, doch als es ihm dann gelang, aus dem Palast wegzulaufen und in die Stadt zu gehen, bekam er auf einmal mit, wie normale Menschen lebten; er sah den Schmerz, die Krankheit und den Tod.

›Ich lehre euch über das Leid und den Weg aus dem Leid. Das ist alles, was ich lehre‹, das waren seine Worte, erinnert ihr euch? Diese Lehre war – und ist – sehr einfach, gleichzeitig aber sehr tief greifend. Sie erfordert wie schon gesagt sowohl innere Arbeit – Achtsamkeit, *Metta* und Meditation – als auch äußere Arbeit – in der Art und Weise, wie wir draußen in der Welt leben. Es handelt sich gewissermaßen um ein Komplettpaket, oder man könnte auch sagen ...«, er wirft mir und Tim, dem Arzt, einen Blick zu, »ein Rezept bzw. eine Verordnung.«

Die anderen lachen, und ich spüre, wie mir die Röte ins Gesicht steigt. Es ist merkwürdig: Obwohl es mir überhaupt nichts ausmacht, mich in einer Kochshow vor laufenden Kameras vor 300 oder mehr Leute hinzustellen, bin ich in Wirklichkeit ziemlich schüchtern und stehe nur ungern im Mittelpunkt.

Das ist ein Thema, an dem ich arbeiten sollte, denke ich. *Warum ist es mir so unangenehm, in den Fokus zu geraten?* Ich komme zu dem Schluss, dass Angst dahintersteckt – die Angst, andere zu enttäuschen. Und mir wird auf einmal klar, woher genau die kommt.

Wie bereits erwähnt war meine Großmutter spiritistisches Medium – ein sehr gutes und in ihrer damaligen Zeit allseits geschätztes, da sie Hinterbliebenen von Gefallenen beider Weltkriege Botschaften aus dem Jenseits überbrachte. Mein Vater hatte

im Krieg keinen Angehörigen verloren, aber ich werde nie vergessen, was meine Großmutter ihm nach dem Tod seines Vaters
sagte, der Farmer in den Yorkshire Dales gewesen war.

»Ich bekomme eine Durchsage von deinem Vater«, begann sie.
»Er hat einen Schäferhund dabei. Er zeigt mir eine Uhr und sagt,
er freut sich, dass du seine Uhr hast.«

Mein Vater bestätigte das, ja, er habe die Uhr, die seinem Vater
so am Herzen gelegen habe, geerbt und halte sie sehr in Ehren. Es
folgte eine Pause. Dann fuhr meine Großmutter fort: »Aber es gibt
noch eine andere ›Watch‹ [engl. für Uhr]. Er sagt, die andere
›Watch‹ sei bei ihm in der geistigen Welt und dass du wüsstest, was
er damit meint. Als er im Jenseits angekommen sei, habe Watch
schon auf ihn gewartet. Keine Ahnung, was er damit meint.«

Mein Vater aber wusste es sofort. Ihm liefen die Tränen über
die Wangen. »Als Kind hatte ich eine Hündin namens Watch. Was
habe ich sie geliebt!« Er lachte und weinte gleichzeitig. »Das ist der
Schäferhund, den du bei meinem Vater gesehen hast.«

Ich bekomme noch heute einen Kloß im Hals, wenn ich an die
Geschichte denke.

Aber ich bin vom Thema abgekommen. Wie schon gesagt,
gründete meine Großmutter aufgrund ihrer medialen Begabung
eine religiöse Organisation und das Retreat-Zentrum, in dem ich
aufgewachsen bin. Leute zogen sich zum Meditieren und um spirituelle Einsichten zu finden dorthin zurück. Ihre beiden Töchter
– meine Mutter und meine Tante – sowie deren Ehemänner – mein
Vater und mein Onkel – unterstützten sie in ihrer Arbeit. Wir
lebten alle in dem Zentrum, das von vielen reichen und damals
bedeutenden Persönlichkeiten besucht wurde, darunter Adelige,
bekannte Schriftsteller und hochrangige Offiziere.

Meine Großmutter stellte sich vor, dass ihre Arbeit weit über
ihren Tod hinaus Bestand haben und von ihrer Familie fortgeführt

werden würde. Obwohl sie ein bescheidener Mensch war, begegneten ihr die aus aller Welt angereisten Besucher mit dem allergrößten Respekt. »Die Familie«, wie man uns nannte, wurde ebenso respektvoll behandelt, und man erwartete von uns, dass wir uns in die uns zugedachte Rolle fügten.

Das bedeutete, wir Kindern mussten uns auf unsere »zukünftige Aufgabe« vorbereiten, etwa indem es jeden Samstagmorgen Sprechunterricht gab, um zu lernen, vor Publikum zu reden (obwohl ich viel lieber Reitstunden gehabt hätte). Auch wurde von uns ausnahmslos gutes Benehmen verlangt. Einer der Lieblingssprüche meiner Mutter lautete: »Von jenen, denen viel gegeben wird, wird auch viel erwartet.« Nicht, dass wir je über große Reichtümer verfügt hätten, aber uns wurde sehr viel Liebe entgegengebracht. Ich gedieh prächtig in der schönen Umgebung und der spirituellen Atmosphäre.

Es gab also eine Menge Anforderungen, denen wir gerecht werden mussten. Und von klein auf – solange ich denken kann – mussten meine Schwester und ich uns im Sonntagsstaat allen Teilnehmern eines jeden Retreats persönlich vorstellen und zur Begrüßung ein paar Worte mit ihnen wechseln. Es gibt Schwarz-Weiß-Aufnahmen von uns, darunter Gruppenbilder mit Kursteilnehmern im Stil der 1950er-Jahre, auf denen wir nicht älter als vielleicht sieben und acht sind.

Du kannst dir sicher vorstellen, dass wir diese Anlässe nicht gerade genossen – von all den fremden Leuten, die unsere Großmutter für eine Art Heilige hielten, beäugt, angesprochen und manchmal sogar in den Arm genommen zu werden. Genau das, so erkannte ich plötzlich, war der Grund, warum ich bis heute jedes Mal, wenn ich jemanden kennenlerne, diese Angst habe, sie oder ihn zu enttäuschen. Als kleines Mädchen wusste ich tief im Inneren, dass ich den Erwartungen all dieser Menschen nie würde gerecht werden können. Julia Roberts bringt meine Gefühle in einem meiner Lieblingsfilme – *Notting Hill* – wunderbar auf den Punkt. Sie spielt darin eine berühmte Schauspielerin, die ungefähr dies sagt: »Ich bin nur ein einfaches Mädchen ... das geliebt werden will ...« Ahhh. Einsatz der Violinen!

Das Seltsame ist: Obwohl ich dieses Leben mit meinem Abschied vom Retreat-Zentrum hinter mir gelassen habe, habe ich mir unbewusst mein Dasein wieder so gestaltet, dass ich als Kochbuchautorin mit öffentlichen Auftritten, Signierstunden, Kochshows und so weiter auf ähnliche Weise im Rampenlicht stehe.

Jedes Mal, wenn ich vor ein Publikum trete, habe ich Angst, die Menschen zu enttäuschen. Als ich jünger war, plagte ich mich lange Zeit mit der Sorge, dass die Leute enttäuscht sein würden, wenn sie mein Essen probierten, weil man mich doch die »Königin der vegetarischen Küche« nannte und ein solcher Titel mit entsprechenden Erwartungen verknüpft ist.

Ich musste immer daran denken, was Marilyn Monroe, zugegeben in einem ganz anderen Zusammenhang, einmal sagte: »Männer erwarten so viel, und ich kann ihre Erwartungen nicht erfüllen. Sie erwarten, dass Glocken bimmeln und Pfeifen schrillen, aber meine Anatomie ist genau wie die von jeder anderen Frau. Ich kann dem nicht gerecht werden.« Genau dasselbe empfinde ich gegenüber meinem Publikum und seinen Erwartungen an mich als Köchin.

In diesem Moment durchbricht die Stimme des Mönchs meine Träumereien. »Also«, sagt er, »das ›Lebensrezept‹ oder die ›Glücksanleitung‹ des Buddha umfasst die drei Edlen Wahrheiten, die uns die Natur unseres Leids begreifen lassen und uns zeigen, wie wir uns daraus befreien können, sowie eine vierte, die uns verrät, mit welcher Lebensweise wir unsere Achtsamkeit und innere Arbeit unterstützen können. Sie weist uns gewissermaßen den Weg ins Glück.

Um es euch noch einmal ins Gedächtnis zu rufen: Dieser Pfad umfasst acht Prinzipien oder Glieder, die in drei Gruppen unterteilt sind, je nachdem, ob sie sich auf das Denken, den Körper oder die Emotionen beziehen. Beim letzten Mal haben wir uns mit den beiden zur ersten Gruppe gehörenden Gliedern beschäftigt: rechte Einsicht und rechtes Denken. Nun kommen wir zur zweiten Gruppe – ihr sind die aktiven Prinzipien der körperlichen Ebene zugeordnet.

Zu dieser Gruppe gehören die rechte Rede, das rechte Handeln und der rechte Lebenswandel. Manchmal wird sie auch die ethische oder Sittlichkeitsgruppe genannt – *Sila* ist das Pali-Wort dafür. Mit zunehmender Achtsamkeit erkennen wir allmählich, dass die Art und Weise, wie wir anderen Menschen begegnen, sich direkt auf deren Verhalten uns gegenüber auswirkt.«

Nikki hebt die Hand, und der Mönch nickt ihr zu. »Im Sinne von Karma? Ist es das, was du meinst?« Sie streicht sich ihr langes, glänzend braunes Haar über die Schulter zurück. »Wir ernten gutes Karma, wenn wir Gutes tun, und wenn nicht, dann schlechtes Karma. Die Leute reden andauernd von Karma.«

»Ja, das tun sie in der Tat.« Der Mönch lacht leise. »Das Wort Karma wird ziemlich oft missverstanden und falsch gebraucht. Es ist daran nichts Abgehobenes oder Seltsames. Karma heißt nichts anderes als ›Aktion‹, ›Handlung‹ oder ›Tat‹, und wenn man auf bestimmte Weise handelt, führt das zu entsprechenden Ergebnissen: Du legst die Hand ins Feuer, und du verbrennst dich. Du stößt dir den Kopf, und du kriegst eine Beule. Du tust etwas Gutes, und du bist glücklich und im Frieden mit dir selbst – und vielleicht tut jemand anderes dir auch etwas Gutes, aber darauf spekulieren wir nicht.« Er grinst.

»Es heißt ja nicht umsonst: Wie man in den Wald hineinruft,
so schallt es heraus. Auch wenn ich selbst solche Sprüche nicht
sonderlich mag, weil sie den Leuten viel zu viel Stoff zum Grübeln
darüber geben, ob das, was in ihrem eigenen Leben oder dem
anderer Leute passiert ist, mit ihrem Karma zu tun hat und
womöglich die Folge von irgendetwas ›Üblem‹ ist, das sie irgendwann mal getan oder gesagt haben. Wie wir wissen, führen genau
solche Überlegungen uns meilenweit von dem weg, was der
Buddha lehrt. Warum, glaubt ihr, steht diese Interpretation von
Karma – die den Begriff in Bezug zur Vergangenheit setzt – im
Widerspruch zur buddhistischen Lehre?«

Er schaut uns erwartungsvoll an. Niemand weiß eine Antwort.

»Ich will es euch sagen. Was hat der Buddha immer und immer
wieder gesagt? Seid in der Gegenwart. Holt euren Geist zu dem
zurück, was ihr jetzt erlebt. Sobald eure Gedanken auf Wanderschaft gehen und eine Situation auszuschmücken beginnen: *Ich
hätte es nicht tun sollen! Es war zwar sein Fehler, aber es muss mit
meinem schlechten Karma zu tun haben, weil ich ihm damals, im alten
Rom, so übel mitgespielt habe ...* Kommt einfach in die Gegenwart
zurück!«

Die Gruppe lacht, aber der Mönch fährt ernsthaft fort: »Leichtfertiges und unfundiertes Gerede über Karma verursacht Leid und
Verwirrung. Bitte merkt euch das. Ich wiederhole: *Leichtfertiges
und unfundiertes Gerede über Karma verursacht Leid und Verwirrung.*
Es fällt in die Kategorie der Verblendung – einer der Ursachen von
Leid, wie ihr euch erinnern werdet – und führt in eine Sackgasse.
Vermeidet es. Wenn ihr inneren Frieden und Freude finden wollt,
haltet euch nicht mit Gedanken darüber auf, was ihr womöglich
im alten Rom oder wo auch immer getan oder nicht getan habt!«

Nach einem Augenblick des Schweigens erzählt der Mönch:
»Ich habe einmal mit einem Mann gesprochen, der ein Problem

mit seinem Jähzorn hatte und Frieden finden wollte. Aber er könne einfach nichts gegen sein ungezügeltes Temperament tun, erklärte er mir. Er sei nämlich in einem früheren Leben Samurai gewesen.«

Alle lachen.

»Viele Leute haben Probleme, ihre Wut in den Griff zu bekommen«, spricht der Mönch weiter. »Aber diese Ausrede hatte ich noch nie gehört.«

»Aber was ist mit Rückführungen in vergangene Leben und Karma?«, will Nikki wissen. »Ich habe gelesen, dass manche Menschen das durchaus als heilsam erleben.«

»Das mag sein«, erwidert der Mönch. »Aber wenn ich im Laufe der Jahre aus meinem Leben, meiner Lehrtätigkeit und meiner Zeit im Kloster eines gelernt und erfahren habe, dann das: Wir brauchen nicht in früheren Leben herumzuwühlen, um herauszufinden, was sie womöglich mit unseren heutigen Problemen zu tun oder nicht zu tun haben. Was bringt uns das? Es fügt dem Leid nur weitere Facetten, weitere Schichten, weitere Szenarien hinzu. Nein und noch mal nein! Die Vergangenheit ist vorbei.

Kommt mit eurer Aufmerksamkeit in die Gegenwart. Beobachtet euren Atem. Folgt dem einfachen Rat des Buddha und seid achtsam. Nehmt den Schmerz zur Kenntnis: ›Da ist Leid.‹ Wenn ihr nach der Ursache sucht, führt euer Gefühl auf das zurück, was *jetzt* dahintersteckt – Gier, Hass oder Verblendung, Anhaftung und Verlangen oder eine Kombination von allem. Und vor allem, akzeptiert den Schmerz – ja, heißt ihn willkommen, macht ihn euch zu eigen – und lasst ihn da sein. Werdet euch *jetzt* dieses Gefühls von Freiheit, dieser Weite und Klarheit tief in eurem Inneren bewusst.«

Der Mönch wirkt bei diesen Worten strenger und ernster, als ich ihn bislang je erlebt habe. Ich frage mich, warum. Dann sagt

er: »Wisst ihr, in der ganzen Zeit, seit ich als Mönch meiner Lehrtätigkeit nachgehe, ist mir kein einziges Mal jemand begegnet,
den es in irgendeiner Weise weitergebracht oder geheilt hätte, um
ein Erlebnis zu wissen, das er aufgrund seines Karmas gehabt
oder nicht gehabt hat. Aber ich habe immer wieder Leute erlebt,
die verunsichert oder beunruhigt waren, weil ihnen irgendjemand erklärt hat, dass ihre aktuelle Lebenssituation das Ergebnis übler Taten sei, die sie in einem früheren Leben begangen
hätten.«

Nach einem kurzen Schweigen fügt er hinzu: »Und ich habe
andere getroffen, die meinten, irgendwer hätte ihnen in einem
früheren Leben etwas angetan, was ihnen als Rechtfertigung
diente, es diesem anderen im jetzigen Leben mit gleicher Münze
heimzuzahlen – Verblendung, die sich aus Verblendung speist!

Jetzt versteht ihr sicher, warum ich sage, dass leichtfertiges und
unfundiertes Gerede über Karma Leid und Verwirrung verursacht.
Haltet euch an die schlichte Lehre des Buddha. Bleibt klar und einfach. So kommt ihr voran.

Aber um auf die von Nikki eingangs gestellte Frage zurückzukommen: Der Achtfache Pfad steht *tatsächlich* im Zusammenhang
mit dem Karma, aber im buddhistischen Sinn von ›Handeln‹. Und
das bedeutet, dass in den acht Prinzipien nicht nur eine bestimmte
Art des Denkens, Handelns und Verhaltens beschrieben wird, sondern gleichzeitig auch Möglichkeiten aufgezeigt werden, die
sicherstellen, dass unsere Taten keine Konsequenzen nach sich
ziehen, die uns oder irgendeinem anderen Leid verursachen. Und
vergesst nicht: Ihr braucht nicht über diese Lebensspanne hinaus-
zuschauen, um nach diesen Konsequenzen zu suchen.

Wenn ihr die Prinzipien des Achtfachen Pfads befolgt, fühlt ihr
euch im Einklang mit euch selbst, öffnet euer Herz und empfindet
Mitgefühl. Gut möglich, dass euer Leben dadurch harmonischer

wird und euch mehr Liebe zufließt, denn: Gute Taten rufen freundliche Reaktionen hervor.

Der Buddha ist aber noch einen Schritt weiter gegangen. Er erklärte, dass wir durch das Beschreiten des Achtfachen Pfads vermeiden können, schlechtes Karma für die Zukunft aufzubauen. Damit bewahren wir uns vor Verstrickungen, die uns auf Dauer im Leid gefangen halten würden. Er drückte es so aus: ›Je nach dem Samen, der gesät wird, erntet ihr die Frucht. Wer Gutes tut, erhält gute Ergebnisse. Wer Übles tut, erhält üble Ergebnisse; wenn ihr einen guten Samen pflanzt, kommt ihr in den Genuss guter Früchte.‹

Aber wir reden hier vom Aufbau möglichen Karmas in der Zukunft; wir stochern nicht in der Vergangenheit herum, um nach karmischen Gründen für unser heutiges Leid zu suchen; und ich halte auch nichts davon, uns in Vorhersagen zu den karmischen Auswirkungen auf irgendein künftiges Leben zu ergehen.«

Der Mönch macht eine kurze Pause, bevor er den Faden wieder aufgreift: »Bei genauerer Betrachtung werdet ihr feststellen, dass wir im Leben meist nicht sehr weit in die Zukunft zu schauen brauchen, um die Ergebnisse unserer Taten zu sehen. Trotzdem befasst sich die buddhistische Lehre definitiv auch mit der Frage, wie wir karmisch rein bleiben können, um uns nicht durch die Auswirkungen unbearbeiteter vergangener Taten an dieses physische Leben zu ketten. Es soll vermieden werden, dass wir, wie der Buddha es formulierte, ›an das Rad der Wiedergeburt gefesselt‹ sind, weil wir Karma beseitigen müssen, das wir uns selbst aufgebürdet haben.

Karma ist unsere Privatangelegenheit. Es steht keinem zu, die karmische Situation anderer Leute zu beurteilen. Dies würde uns nur zu leicht in die Träumerei und Verblendung zurückführen. Mein Rat lautet also, die Vier Edlen Wahrheiten einschließlich des Achtfachen Pfads in die Praxis umzusetzen und dadurch im Hier und Jetzt Glück und Frieden zu finden. Und das werdet ihr. Ich verspreche es euch.«

»Aber heißt das, was du da sagst, dass wir an Reinkarnation glauben müssen, damit der Buddhismus Sinn für uns macht?«, fragt Maurice.

»Ihr müsst an gar nichts glauben«, antwortet der Mönch. »Der Buddha war diesbezüglich ganz klar: ›Glaubt nichts, ganz gleich, wo ihr es gehört habt oder wer es euch sagt, selbst wenn ich es euch sage, sofern es nicht eurer Logik und eurem gesunden Menschenverstand entspricht.‹«

»Ein toller Mann!«, bricht es aus Pam heraus. »Was für ein befreiender Satz. Was für eine beeindruckende Persönlichkeit. Ich glaube, ich bin gerade dabei, mich in ihn zu verlieben.«

»Ich auch«, pflichtet Suzi ihr bei.

Ich lächle in mich hinein. Die beiden sprechen mir aus dem Herzen.

»Das ist so befreiend«, meint auch Maggie. »Ich bin in einer streng religiösen Familie aufgewachsen und hatte mein Leben lang Albträume, dass ich in der Hölle schmoren würde.«

»Das klingt, als hätte der Buddha hier einen ziemlichen Fanclub.« Der Mönch lacht. »Willkommen im Team Buddha. Aber ich habe euch ja gesagt, dass diese Lehre sich erst in der eigenen Erfahrung erschließt. Es kommt voll und ganz darauf an, unseren eigenen Weg zu innerem Frieden und Freude zu finden. Wie der Buddha selbst sagen würde: Er gibt nur die Richtung an.«

»Aber was hältst du persönlich von Reinkarnation?«, will Pam wissen.

»Ich glaube, dass wir hier etwas vom Thema abkommen«, antwortet der Mönch. »Wenn wir so weitermachen, sitzen wir noch um Mitternacht hier. Merkt ihr, wie das Nachdenken und Reden über Karma und Reinkarnation uns vom gegenwärtigen Augenblick weglenkt? Wenn uns Zeit bleibt, können wir uns ein andermal gern noch einmal eingehender mit diesem Thema befassen. Jetzt aber lasst uns ins Hier und Jetzt zurückkommen. Wenden wir uns der rechten Rede zu.«

Rechte Rede

»Sprache ist ein machtvolles Instrument. In unserer heutigen, von einfacher, augenblicklicher, weltumspannender Kommunikation geprägten Welt wird uns das immer deutlicher bewusst. Würden wir das Prinzip der rechten Rede beherzigen und wirklich alles tun, um es praktisch umzusetzen, könnte dies folglich weitreichende Wirkungen auf unser Leben und die ganze Welt nach sich ziehen.

Alle sagen, dass sie sich mehr Frieden auf diesem Planeten wünschen. Es gibt eine wirksame Möglichkeit, dieses Ziel zu erreichen: den achtsamen Umgang mit Worten. Ist das nicht wunderbar? Jeder von uns kann einen konkreten Beitrag dazu leisten.

Was genau ist also unter rechter Rede zu verstehen? Der Buddha hat es unmissverständlich erklärt: Keine rechte Rede ist, wenn wir lügen oder übertreiben – etwas dramatischer darstellen, als es wirklich ist; wenn wir mit ›gespaltener Zunge‹ reden, also im direkten Gespräch mit einem Menschen das eine sagen, hinter seinem Rücken aber etwas anderes; oder wenn wir unflätige Ausdrücke gebrauchen oder Leute beleidigen und beschimpfen.

Um es positiv zu formulieren: Rechte Rede ist, wenn etwas zur rechten Zeit gesagt wird; wenn das Gesagte wahr ist; wenn es liebevoll gesagt wird; wenn das Gesagte nützlich ist oder in wohlwollender Absicht geäußert wird.«

Bei den Worten des Mönchs fällt mir eine Ermahnung ein, die mir meine Mutter als Kind mit auf den Weg gegeben hat. Mir ist, als würde ich plötzlich ihre Stimme in meinem Kopf hören.

Der Mönch schaut mich an. »Möchtest du etwas sagen, Rose?«

Wie peinlich. Hat dieser Mann etwa telepathische Fähigkeiten? »Nein«, sage ich. »Was du gesagt hast, hat mich nur an etwas erinnert, was meine Mutter mir während meiner Kindheit regelrecht eingeimpft hat. Das ist alles.«

»Möchtest du uns verraten, was das war?«, fragt er nach.

Nein, nicht wirklich. Aber die ganze Gruppe schaut mich gespannt an. Ich spüre wieder einmal, wie ich rot werde. Alle Blicke ruhen auf mir. Ich habe das Gefühl, irgendetwas sagen zu müssen.

»Sie meinte, ich sollte mich, bevor ich den Mund aufmache, jedes Mal fragen: ›Ist es klug? Ist es wahr? Ist es hilfreich? Ist es freundlich?‹ Und ich sollte meine Worte lieber für mich behalten, wenn ich nicht alle Fragen mit einem Ja beantworten könnte.«

»Deine Mutter war zweifellos eine weise Frau«, bemerkt der Mönch. »Es ist gut, Kinder von klein auf so zu erziehen – und ihnen selbst vorzumachen, wie es geht. Jeder von uns kann die buddhistische Lehre am eigenen Beispiel vorleben. Es bedarf keiner großen Worte – genau genommen brauchen wir gar nichts zu sagen, um draußen in der Welt zu einem kraftvollen Quell des Guten zu werden, zu einem Licht, das die Dunkelheit erhellt, denn Taten reden lauter als Worte. Aber wenn wir Worte gebrauchen, lasst uns im Auge behalten, welche Macht sie haben. Der Buddha sagte: ›Die Zunge ist scharf wie ein Messer. Sie tötet ohne Blutvergießen.‹«

Der Mönch macht eine Pause und gibt uns kurz Zeit, den Satz sinken zu lassen, bevor er nachschiebt: »Denkt darüber nach. ›Die Zunge ist scharf wie ein Messer. Sie tötet ohne Blutvergießen.‹

Daran sollten wir jedes Mal denken, bevor wir zu sprechen beginnen oder eben schnell eine Nachricht oder E-Mail rausschicken.«

Es folgt eine Stille, die Tim schließlich unterbricht: »Ich finde dieses Thema schwierig. Ich denke, ich bin von Natur aus ziemlich kritisch veranlagt und neige dazu, schneidende Bemerkungen zu machen.«

»Ich auch«, schließt Suzi sich an. »Es würde mir schwerfallen, mit meinen Freundinnen nicht mehr zu tratschen.«

Der Mönch nickt. »Ja, rechte Rede, das klingt nach einem Prinzip, das sich leicht umsetzen lässt, aber in der Praxis haben die meisten allergrößte Schwierigkeiten damit.«

»Was können wir denn machen?«, fragt Pam. »Wie ein anderer unsere Worte auffasst, ist doch bestimmt seine Sache. Schließlich *zwingt* ihn niemand zu reagieren, sich angegriffen zu fühlen oder verletzt zu sein – das haben wir doch bei den ersten drei Edlen Wahrheiten gelernt, oder?«

»Stimmt«, pflichtet der Mönch ihr bei. »Die Verantwortung für sein Tun trägt jeder selbst. Aber das gilt sowohl für das, was wir sagen, als auch für die Art und Weise, wie wir auf die Worte eines anderen reagieren.

Wir können eine Kette von Negativität durchbrechen, indem wir nicht zurückschlagen, wenn jemand etwas Verletzendes zu uns sagt; wir können den Moment einfach verstreichen lassen. Aber natürlich wäre es besser, wenn die Worte gar nicht erst gesagt worden wären.«

Nach einem Moment des Überlegens fährt er fort: »Erinnert ihr euch noch an die Geschichte, die ich euch vom Buddha erzählt habe – wie er reagierte, als ihn dieser wütende junge Mann während einer öffentlichen Lehrrede so furchtbar anschrie? Er ist absolut ruhig geblieben. Der Zorn dieses Mannes, sagte er, sei wie ein Geschenk, das er einem anderen geben wolle. Würde dieser andere sich jedoch weigern, es anzunehmen, bliebe es weiterhin in seinem Besitz.

Das gilt nicht nur, wenn jemand wütend auf euch ist, sondern auch, wenn er euch anzugreifen, zu beleidigen oder abzuwerten versucht. Solange ihr die Beleidigungen oder Abwertungen nicht an euch heranlasst, gehören sie weiterhin demjenigen, der sie euch ›schenken‹ will.

In meiner Ausbildung zum Mönch habe ich noch etwas Wichtiges gelernt. Ich habe mir angewöhnt, einen Moment innezuhalten, bevor ich etwas sage. Macht eine kleine Pause, in der ihr auf euren Atem achtet. Ihr werdet feststellen, dass euch das auf ganz natürliche Weise wieder in eure Mitte zurückbringt. Mit zunehmender Achtsamkeit wird euch das immer leichter fallen, immer häufiger automatisch geschehen.

Gewöhnt euch an zu hinterfragen, was hinter einer Bemerkung steht, die euch auf der Zunge liegt. Wollt ihr sie loswerden, weil euch etwas verletzt hat? Oder eine unangenehme Erinnerung geweckt wurde? Weil ihr dem anderen etwas ›heimzahlen‹ wollt? Oder soll sie euch clever, erfolgreich oder wichtig erscheinen lassen – und falls ja, warum braucht ihr dieses Gefühl? Warum braucht ihr einen zusätzlichen Baustein für dieses Gebäude in eurem Inneren, das man Ego nennt?«

Wir verfallen in ein längeres Schweigen. Ich vermute, dass die anderen auch gerade all die vielen Situationen Revue passieren lassen, in denen sie – genau wie ich – das Prinzip der rechten Rede sträflich missachtet haben.

»Es stimmt schon«, spricht der Mönch schließlich weiter, »sich die Macht der Worte bewusst zu machen und sich vorzunehmen, das Prinzip der rechten Rede zu beachten, ist ein großer erster Schritt. Daher mein Rat: Tut es einfach! Es ist wie mit allem anderen, worüber wir heute gesprochen haben – wenn ihr einfach loslegt und ins Handeln kommt, wird es leichter. Fasst den Entschluss, und dann legt los.

Es wird nicht lang dauern, dann ist es euch zur Gewohnheit geworden, und ihr werdet merken, dass der Vorsatz, euch in rechter Rede zu üben, zu einem regelrechten Drang wird, sodass ihr allein deshalb nichts Kritisches oder Unfreundliches mehr denken oder sagen könnt, weil es euch unangenehm ist. Wenn das geschieht, wisst ihr, dass ihr das Prinzip der rechten Rede wirklich verstanden habt.«

»Man kann sich auch jedes Mal zwicken, wenn man etwas Gemeines sagt oder denkt«, schlägt Suzi vor. »Oder ein Gummiband am Handgelenk tragen und es schnalzen lassen.«

»Es gibt vieles, was man tun kann.« Der Mönch lächelt. »Ich kenne Leute, die haben einen kleinen Kieselstein in der Hosentasche, den sie jedes Mal drücken, wenn ein negativer Gedanke in ihnen aufsteigt. Aber geht nicht zu hart mit euch ins Gericht. Den Entschluss zu fassen macht 99 Prozent des Wegs aus, und sanfte Beharrlichkeit erledigt den Rest. Denkt an das chinesische Sprichwort: Ein Weg von 1000 Meilen beginnt mit dem ersten Schritt. Der Buddha hat etwas Ähnliches gesagt: ›Ein Krug füllt sich Tropfen für Tropfen.‹ Schritt für Schritt, Tropfen für Tropfen. Fasst einfach den Entschluss, beobachtet, seid aufmerksam, und bald werdet ihr zurückblicken und merken, wie schnell sich der Krug gefüllt hat.«

Während des folgenden nachdenklichen Schweigens geht mein Blick hinaus zum Garten, der um diese Zeit sonnendurchflutet ist – ein perfekter Sommertag.

Der Mönch schaut lächelnd in die Runde. »Also, was kommt nach der rechten Rede?« Und ohne unsere Antwort abzuwarten: »Das rechte Handeln.«

Rechtes Handeln

»Was verstehen wir unter rechtem Handeln? Kurz gesagt, uns so zu verhalten, dass wir uns und anderen keinen Schaden zufügen. Der Buddha formulierte es so: ›Vermeidet Töten, vermeidet Stehlen und vermeidet sinnliche Ausschweifungen. Dies, Mönche, ist rechtes Handeln.‹

Für die Laien unter seinen Anhängern hat er diese Prinzipien in den fünf Tugendregeln oder *Silas* noch einmal näher erklärt. Korrektes Verhalten bedeutet demnach:

» nicht töten
» nicht stehlen
» kein sexuelles Fehlverhalten
» nicht lügen
» kein Missbrauch von Rauschmitteln.«

Tim meldet sich zu Wort: »Das klingt alles klar und vernünftig. Aber wie weit sollen wir es mit diesen Regeln treiben? Dass man nicht töten soll, klar – aber heißt das, dass es ausnahmslos immer falsch ist? Ich denke an die großen Fragen von Sterbehilfe und Abtreibung. Und ist es nicht ein Akt der Barmherzigkeit, meinen Hund einschläfern zu lassen, wenn er am Lebensende unerträgliche Schmerzen hat, und ihn nicht weiter leiden zu lassen? Bedeutet die Nicht-töten-Regel außerdem, dass alle Buddhisten Vegetarier sind? Und wie weit geht das Nicht-Stehlen? Muss einem eine Sache wirklich gegeben werden? Was ist, wenn du etwas findest, was ein anderer offensichtlich weggeworfen hat – ist es in Ordnung, es mitzunehmen?«

»Ganz schön viele Fragen auf einmal«, antwortet der Mönch. »Zunächst einmal hilft es, wenn wir uns vor Augen führen, dass uns der Buddha die Prinzipien des rechten Handelns als eine Art

Leitlinie an die Hand gegeben hat. Er weist uns den Weg, aber seine Worte sind nicht absolut gemeint. Daher sagt er ›vermeidet‹; er empfiehlt eine bestimmte Art des Handelns, die uns jetzt und in Zukunft ein Leben ohne Leid ermöglicht.

Er formulierte Grundprinzipien, die uns, wenn wir sie beachten, auf unserem Weg nützlich sein können.

In sein Gebot des Nicht-Tötens schloss er alle Lebewesen mit ein und legte dabei besonderen Wert auf liebende Güte, Mitgefühl und Verständnis sowie darauf, andere nicht zu beurteilen und ihr Recht zu respektieren, ihre eigenen Entscheidungen zu treffen.

Was wir bei der Anwendung dieser fünf Tugendregeln ebenfalls beachten sollten, ist die Zweite Edle Wahrheit.« Der Mönch schaut erwartungsvoll in die Runde. Ich bin sicher nicht die Einzige, die sich gerade beim besten Willen nicht erinnern kann, worum es bei der Zweiten Edlen Wahrheit noch mal ging. Aber bevor jemand aus der Gruppe etwas sagen kann, fährt der Mönch fort: »Denn es kann nur zu leicht passieren, dass wir uns an Regeln und Vorschriften festklammern. Und wohin führt das ›Festklammern‹? Ins Leid.

Die ›absolute‹ Haltung, die wir einnehmen, wann immer unsere Anhaftung an ein Dogma zu groß wird, nimmt keinerlei Rücksicht auf unsere menschliche Natur. Regelwerke – der Buddhismus inbegriffen – sind aber für *Menschen* gemacht, sie sollen uns dienen. Wir müssen daher aufpassen, dass sie sich nicht verselbstständigen und wir schließlich ihnen dienen. Erinnert ihr euch noch an die Geschichte von den beiden Mönchen und der schönen Frau, die am Fluss stand und verzweifelt nach einer Möglichkeit suchte, ans gegenüberliegende Ufer zu kommen?

Im Buddhismus kann die Bedeutung des Mitgefühls gar nicht hoch genug eingeschätzt werden. Echtes Mitgefühl beinhaltet sowohl Weisheit als auch liebende Güte – Eigenschaften, die wir in diesem Kurs permanent üben.

Mitgefühl heißt, auch für andere die Freiheit von Leid anzustreben. Dazu ist es notwendig, dass wir die Natur des Leids begreifen und ein Gefühl von tiefer Nähe und Empathie zu anderen fühlenden Wesen entwickeln – was automatisch geschieht, wenn wir die Prinzipien umsetzen, die ich euch hier erkläre.

Aber kommen wir zu deiner Frage nach der Abtreibung zurück, Tim. Wenden wir das Prinzip des Mitgefühls – Weisheit und liebende Güte – auf das Thema Abtreibung an, denken wir an das Leid der betroffenen Frau: an die Verzweiflung, die manche Schwangere – an Orten, an denen Abtreibung noch immer verboten ist – dazu treibt, sich allen möglichen schmerzhaften, unhygienischen, unsicheren Prozeduren zu unterziehen, um einen Abgang des Fötus zu provozieren, oder sogar Selbstmord zu begehen, wenn sie die seelischen Qualen nicht mehr aushalten kann.

Wir denken auch an das mögliche Leid des Babys, das in eine Welt hineingeboren wird, in der es unerwünscht ist, die Mutter es nur unter Schwierigkeiten großziehen kann und es eine Belastung für die Familie wäre.

Und wenn ihr selbst erlebt habt, wie die Dritte Edle Wahrheit – das Ende des Leids – eintritt und das Einssein zur Realität wird, dann ist dieses Einssein wie ein großer Ozean, in dem sich bei unserer Inkarnation eine winzige Welle erhebt und in den wir wieder eingehen, sobald wir unseren physischen Leib verlassen. Dann fangt ihr an, die Dinge in anderem Licht zu sehen.

Das soll keinesfalls bedeuten, dass wir uns wünschen würden zu töten – irgendein Lebewesen zu töten –, aber manchmal ist es die mitfühlendere, liebevollere Wahl. Und Mitgefühl und Liebe stehen immer, immer, immer über der Doktrin.

Geht bei solchen Fragen also immer auf diese Prinzipien zurück – und in die Haltung der Achtsamkeit. Geht ins reine Gewahrsein, begebt euch an den Ort des Nicht-Selbst. Dort gibt es nichts als Frieden, Klarheit und Freude. Dies ist unsere echte Heimat. Dies ist, wer wir in Wahrheit sind. Dort kommen wir her, und dorthin kehren wir zurück, wie jedes andere Lebewesen auch – obwohl wir diesen Ort nie wirklich verlassen haben.

Wir haben nur unser wahres Selbst vergessen, das sich hinter dem Ego-Gebäude verbirgt, das wir uns ironischerweise zugelegt haben, um uns zu schützen. Nehmen wir die Perspektive von außerhalb des Ego-Gebäudes ein, statt die Dinge vom Standpunkt des darin Eingeschlossenseins zu betrachten, stellen sich uns das Leben und seine Probleme ganz anders dar.

Je mehr wir in diesen Raum des Gewahrseins kommen, desto klarer wird unser Blick. Sucht ihn daher immer wieder auf, haltet euch dort auf, sooft es geht, und ihr werdet merken, wie sich scheinbare Widersprüche in der Ganzheit des Lebens aufzulösen beginnen.«

Der Mönch schaut Tim an. »Beantwortet das deine Frage?«

»Ja, danke«, antwortet Tim leise.

»Es steht niemandem – keinem einzigen Menschen – zu, moralische Wertungen vorzunehmen oder andere zu kritisieren«, fügt der Mönch noch hinzu.

Darauf folgt eine längere Stille, bis Pam zu erzählen beginnt: »Ich lehre Englische Literatur. Und was du gerade erklärt hast, erinnert mich an ein bekanntes Zitat aus einem Buch, das ich mit meinen Schülern besprochen habe – *To Kill a Mocking Bird* [dt. Titel: *Wer die Nachtigall stört*]. Darin sagt der Protagonist Atticus Finch: ›Du kennst einen Menschen nie wirklich, bevor du nicht seine Schuhe anhast und darin herumläufst.‹ Wir können einen anderen einfach nicht beurteilen, nicht wahr?«

»Das stimmt«, sagt der Mönch, und nach einem nachdenk-lichen Schweigen fährt er fort: »Wir leben in einer materiellen Welt, und es gibt Situationen, in denen klares, einwandfreies Han-deln schlicht unmöglich ist. Wenn wir nach ›da draußen‹ schauen, mag vieles unvollkommen sein, aber wenn wir ›hier drinnen‹ schauen«, sagt er und berührt sein Herz, »wenn wir die Dinge im spirituellen Licht betrachten, werden sie klarer. Ich rate euch, schaut zuerst nach innen. Richtet eure Gedanken richtig aus.

Handelt aus eurem Friedenszentrum heraus, mit liebender Güte und Achtsamkeit. Behandelt andere, wie ihr selbst gern behandelt werden möchtet. Seid rein in euren Gedanken und ehr-lich in euren Beziehungen. Alles andere ergibt sich von selbst. Ver-gesst nie, dass die Tat der Absicht folgt.

Aber klammert euch nicht an Perfektion«, fügt er lachend hinzu.

Nach einem Moment des Schweigens meldet sich Suzi zu Wort. »Können wir zum Sex kommen?«, fragt sie. Im ersten Moment schnappen alle nach Luft, dann lachen wir, auch der Mönch.

»Ich meine, über die Einstellung des Buddha zur Sexualität reden«, fügt Suzi verlegen hinzu.

»Ich weiß, was du meinst«, antwortet der Mönch. »Du fragst dich, was unter dem ›sexuellen Fehlverhalten‹ zu verstehen ist, von dem der Buddha gesprochen hat, nicht wahr?«

»Genau.« Sie nickt.

»Nun«, sagt der Mönch, »betrachten wir das Ganze aus karmi-scher Sicht. Als uns der Buddha im Rahmen des Achtfachen Pfads diese Regeln mit auf den Weg gegeben hat, ging es ihm darum, uns eine Lebensweise zu empfehlen, durch die wir uns nicht unnötig in karmische Verstrickungen begeben.

Und wie entsteht Karma? Karma heißt Tat, und mit jeder unse-rer Taten setzen wir eine Dynamik in Gang, die zu uns zurückkommt. Sexuelles Handeln, das einem anderen Schaden oder Schmerz zufügt, fällt unter diese Rubrik.

Der Buddha ist auf diesen Punkt noch näher eingegangen und forderte von seinen Anhängern: ›... er vergeht sich nicht gegen Mädchen, die unter der Obhut von Vater, Mutter, Bruder, Schwester oder sonstigen Verwandten stehen; oder gegen Mädchen, die unter dem Schutz einer Religionsgemeinschaft stehen, einem Gatten versprochen oder verlobt sind.‹ Beantwortet das deine Frage, Suzi?«

Sie nickt, und Dan meldet sich als Nächster: »Der Buddha hat also Homosexualität nicht verurteilt?«

»Nein, das hat er nicht«, bestätigt der Mönch. »Was den Buddha anbelangt, ist Sex gleich Sex. Er war da ziemlich pragmatisch. Wie Zorn, Gier und Gewalt akzeptierte er auch die Sexualität als Teil unserer physischen Natur. Sie gehörte für ihn zum Menschsein dazu. Er nahm keine moralische Bewertung solcher Aspekte vor, betonte aber auch, dass wir uns nicht zu ihrem Sklaven machen sollen. Und warum?«, fragt der Mönch und liefert die Antwort gleich selbst: »Weil es allesamt Formen von Begierden sind. Und das Anhaften an Begierden verursacht, wie wir wissen, Leid. Und wie wir uns daraus befreien können, haben wir in diesem Kurs bereits mehrfach besprochen.

Das heißt aber nicht, dass ihr, um der Lehre des Buddha zu folgen, sexuelle Enthaltsamkeit üben müsstet, vorausgesetzt natürlich, ihr fügt dabei niemandem Schaden zu. Was es jedoch schon bedeutet, ist, auf etwaige Anhaftungen an Begierden zu achten – Fixierungen auf Essen, Geld, Erfolg, Ideale, Ideen und so weiter. Es sind solche Begierden, die euren inneren Frieden und euer Glück stören und euch kontrollieren, sodass ihr nicht mehr selbst das Steuer in der Hand habt. Womit ich wieder bei der Auto-Metapher angelangt wäre.« Er lacht.

»Natürlich gelten für uns Mönche viel strengere Regeln als für Laien. Die Klosterordnung – die sogenannte *Vinaya* –, der wir uns bei unserer Ordination unterwerfen, verbietet uns jegliche Art von Sexualität. Wir müssen im absoluten Zölibat leben. Der Buddha war in diesem Punkt sehr strikt. Für ihn ist dies eine der Voraussetzungen, um Erleuchtung zu erlangen.«

»Warum?«, will Maurice wissen.

»Weil die Möglichkeit, Sex zu haben – oder Besitztümer, Geld oder andere erstrebenswerte Dinge –, die Begierden stimuliert. Unsere ganze Ausbildung dreht sich jedoch darum, uns aus der Gefangenschaft der Begierden – Hass, Gier, Anhaftung und Verlangen – zu befreien. Wie bereits gesagt, ist es weder weise noch hilfreich, diese ständig zu befeuern. Das bringt uns auf unserer Suche nach innerem Frieden nicht weiter.«

Der Mönch denkt eine Weile nach. »Letzteres trifft auch für Laien zu, es gilt für jeden von uns«, sagt er dann. »Wenn ihr beispielsweise abzunehmen versucht, holt ihr euch doch auch keinen Vorrat an Keksen und Schokolade ins Haus, oder? Das Gleiche gilt, wenn man es mit dem Üben des Achtfachen Pfads ernst meint: Man setzt sich nicht unnötig der Versuchung aus, etwa indem man die Leidenschaften mit Gewaltvideos oder erotischen Büchern oder Filmen schürt. Das sagt einem schon der gesunde Menschenverstand.«

»Ist es schwer, sich an das Gelübde ›Kein Sex‹ zu halten?«, möchte Suzi wissen.

»Manchen Mönchen fällt es wirklich schwer«, antwortet der Mönch. »Für andere stellt es keine so große Herausforderung dar. Aber es ist wie mit allem anderen: Wenn du es akzeptierst und dich bewusst dazu entschließt – also zum Zölibat –, wird es einfacher.«

Nach einer kleinen Pause erklärt er: »Ihr müsst wissen, ich bin nicht mein Leben lang Mönch gewesen. Ich habe meine Momente gehabt, und ich kann euch versichern, kein Sex der Welt kommt an die Glückseligkeit von *Nirvana* heran.«

Er hält einen Augenblick inne, dann schiebt er leise lachend nach: »Zumindest hat man mir das gesagt.«

Bei diesen Worten erinnere ich mich an etwas, was ich einmal gelesen habe: dass ordinierte buddhistische Mönche auf gar keinen Fall damit prahlen dürfen, welche spirituellen Zustände sie erreicht haben.

Der Mönch schaut in die Runde. »Wenn wir es dabei belassen können, kommen wir zum nächsten Thema, der rechten Lebensweise.«

Rechte Lebensweise

»Rechte Lebensweise heißt, einen Beruf auszuüben, der anderen Lebewesen nicht schadet und es uns ermöglicht, die fünf vorhin besprochenen Tugendregeln einzuhalten. Unsere Tätigkeit soll also nichts beinhalten, was mit Töten, Stehlen, sexuellem Fehlverhalten, Lügen oder dem Missbrauch von Rauschmitteln zu tun hat. Oder, wie der Buddha es formulierte: ›Ein Laienanhänger sollte sich von fünf Arten des Lebenserwerbs fernhalten: Geschäften mit Waffen, Geschäften mit Menschen, Geschäften mit Fleisch, Geschäften mit Rauschmitteln und Geschäften mit Giften.‹«

Ed meldet sich: »Heißt das, dass es falsch ist, in einer Bar zu jobben oder in einer Metzgerei zu arbeiten?«

»Oder an der Delikatessen-Theke im Supermarkt zu bedienen?«, fragt Pam. »Ich meine, wie weit sollen wir das alles treiben – vor allem heutzutage angesichts der schwierigen Wirtschaftslage. Die meisten Leute können froh und dankbar sein, überhaupt einen Job zu haben.«

»Du hast recht«, sagt der Mönch. »Und Dankbarkeit ist eine schöne Sache. Dankbar für das zu sein, was wir haben, lindert

Schmerz und Traurigkeit, öffnet das Herz und bringt mehr Gutes in unser Leben.

Wir tun, was wir zu tun haben – im Geist der Achtsamkeit und liebenden Güte. Wir leben unser Leben. Wir handeln integer, wir halten unser Wort, wir nehmen nichts, was uns nicht gegeben wird; wir lassen uns nicht auf Klatsch und Tratsch ein; wir begegnen allen Lebewesen mit Mitgefühl und liebender Güte.

Das ist eine großartige Basis – und verlangt uns schon einiges ab. Und wenn wir uns so verhalten, wisst ihr, was dann geschieht? Wir scheinen die richtigen Lebensumstände anzuziehen.

Tut also euer Bestes, um euch einwandfrei zu verhalten, egal in welcher Situation ihr auch seid. Seid dankbar für das, was ihr schon habt, und geht davon aus, dass euch noch Besseres erwartet.« Er hält kurz inne und fügt dann lachend hinzu: »Aber natürlich ohne euch an diesen Wunsch zu klammern.

Wisst ihr, man kann über kniffelige moralische Fragen diskutieren, bis man schwarz wird. Wie schon gesagt, wir müssen akzeptieren, dass wir in einer unvollkommenen, vergänglichen Welt leben, und sollten dem nicht zu viel Beachtung schenken. Konzentriert euch lieber auf eure innere Welt: auf den Frieden und die Freude und die Liebe, die ihr in der Achtsamkeitsmeditation findet. Das ist die Basis für alles Weitere.

Handelt stets im Einklang mit eurer inneren Integrität. Macht, was sich für euch richtig anfühlt. Wie der Buddha sagte, es liegt alles in unserer Hand. Keiner sagt uns, was wir tun sollen. ›Niemand rettet uns, außer uns selbst‹, das waren seine Worte. ›Keiner kann es, und keiner darf es. Wir müssen den Pfad selbst gehen und den Weg zu unserer Erlösung selbst finden. Macht euch nicht von anderen abhängig.‹

Und ich füge hinzu: Seid glücklich! Seid im Fluss mit dem Leben. Akzeptiert die Dinge, wie sie sind. Kämpft nicht unnötig gegen sie an. Das erinnert mich an etwas, was mir mein Lehrer Ajahn Sumedho aus seiner Zeit als Mönch in Thailand erzählt hat. Es gab eine Zeit, da machte er sich plötzlich größte Sorgen um den Zustand des Klosters und die Disziplin der Mönche. Er hatte das Gefühl, dass alles im Niedergang begriffen sei, und konnte nicht verstehen, warum der Abt, der ehrenwerte Ajahn Chah, nichts dagegen unternahm. Er hätte die Mönche doch zur Ordnung rufen und mit eisernem Besen durchfegen müssen! Je mehr er darüber nachgrübelte, desto mehr regte ihn das Ganze auf. Schließlich ging er zu Ajahn Chah und zählte ihm all die Missstände einzeln auf. Der hörte still und geduldig zu. Dann sagte er nur: ›Oh, Sumedho. Du leidest sehr. Es wird sich verändern.‹ Und das tat es auch.

Mitunter muss man die Dinge einfach eine Weile ruhen lassen, in dem Wissen, dass sie sich mit der Zeit verändern werden. Wir müssen manchmal lernen, das Leben zu akzeptieren und uns selbst nicht so ernst zu nehmen. Und wenn es wirklich schwierig wird und wir alles getan haben, was uns irgend möglich ist, bleibt uns bisweilen nichts anderes übrig, als uns zu fügen. Manches Mal ist es erstaunlicherweise gerade dieser Akt des uns Fügens, des uns Ergebens, mit dem sich die Umstände zu bessern beginnen.«

Der Mönch lächelt in die Runde. »Mir ist gerade aufgefallen«, sagt er, »dass Sumedhos kleine Geschichte ein Beispiel für die Macht der Achtsamkeit und das Wirken der ersten drei Edlen Wahrheiten ist: Bleib bei der Situation, wie sie im Augenblick ist; nimm sie zur Kenntnis, ohne sie zu beurteilen; akzeptiere sie und nimm sie an – man könnte auch sagen: Gib dich der Sorge hin. Dann wird es sich ändern.

Versucht, so mit euren Sorgen umzugehen, und schaut zu, wie die magische Kraft der Achtsamkeit zu wirken und euer Leben zu verändern beginnt.«

Nach einem Moment des Schweigens stellt der Mönch fest: »Wir haben heute sehr viel Stoff durchgenommen. Bevor wir Schluss machen, lasst uns ein paar Minuten gemeinsam in die Achtsamkeit gehen und schauen, wie der Body-Scan zur Schmerzlinderung eingesetzt werden kann.

Seine Wirkung ist so stark, dass manche Ärzte in ihrer Praxis damit arbeiten. Aber egal, ob euch im Moment etwas wehtut oder nicht, die Übung tut immer gut, also lasst uns damit beginnen.

Genau genommen ist es am besten, Achtsamkeit zur Schmerzlinderung einzusetzen, solange es nur hier und da ein bisschen zwickt. Solltet ihr es dann wirklich einmal mit größeren Schmerzen zu tun bekommen, seid ihr mit der Übung schon vertraut und es fällt euch leichter, sie zu machen.

Ihr könnt entweder einen kompletten Body-Scan machen oder euch nur auf den Bereich konzentrieren, der euch Schwierigkeiten bereitet, und Letzteres wollen wir heute tun.

Wenn euch nichts wehtut, dann haltet einfach euren ganzen Körper oder Bereiche, in denen ihr Anspannung verspürt, im Gewahrsein.«

MEDITATION ZUR SCHMERZLINDERUNG

Schließ behutsam die Augen.

Werde dir deines Atems bewusst: wie die Luft durch deine Nasenlöcher ein- und in die Lunge hinabströmt und wie sie deinen Körper wieder durch die Nasenlöcher verlässt. Nimm mehrere angenehme, heilende Atemzüge.

Lenke dein Gewahrsein an die Stelle in deinem Körper, wo du Schmerz oder Unbehagen spürst. Öffne dich für das Gefühl von Schmerz. In diesem Augenblick nimmst du Schmerz wahr: Da ist Leid. Atme gleichmäßig ...

Nimm den Schmerz und das Leid genau so an, wie sie sind. Lass allen Widerstand los: Ängste, Wut, Ungeduld, Schuldgefühle oder was auch immer an anderen Gedanken oder Emotionen da sein mag. Lass sie in den Hintergrund treten.

In diesem Moment ist Leid da. Nur Leid. Lass das Leid da sein. Wenn du kannst, nimm das Leid an. Sage:»Willkommen, Leid. Ich heiße dich im Herzen willkommen. Ich nehme dich an.«

Da ist Leid, aber du bist nicht das Leid. Da ist Leid, und da ist jener Teil in dir, der das Leid anschaut; jener Teil deines Geistes, der sich des Leids bewusst ist, aber nicht leidet.

Ruhe in diesem Teil deiner selbst. Sinke ein in diesen Ort, in die Sicherheit, die absolute Sicherheit, die von diesem »gewahr seienden« Teil von dir ausgeht. Spüre den Frieden. Spüre die Liebe.

Sage dir: »Möge ich frei von Angst sein. Möge es mir wohl ergehen. Möge ich glücklich sein, genau so wie ich bin. Möge ich sicher und unbeschwert sein.«

Atme und nimm diesen Frieden, diese Heilung in dich auf. Es ist, wie es ist, und alles ist gut.

Ich fühle mich ein bisschen müde. Obwohl ich eigentlich keine speziellen Schmerzen zu haben meinte, merke ich bei genauerem Hinspüren doch, wie ich die Zähne zusammenbeiße und die Schultern hochgezogen habe. Außerdem ist mein Nacken ziemlich steif. Ich beschließe, mich auf diese Körperbereiche zu konzentrieren.

Ich lasse mich in die Meditation regelrecht hineinfallen. Ich liebe sie! Dass sie hervorragend wirkt, wenn jemand richtige Schmerzen hat, kann ich mir gut vorstellen. Ob sie mir wohl helfen könnte, wenn ich wieder mal Migräne bekomme? Ab und zu leide ich unter schlimmen Attacken, und ich nehme mir vor, es nächstes Mal auszuprobieren. Obwohl es dank meiner Meditationspraxis vielleicht gar kein nächstes Mal geben wird ...

»Das ist also die Meditation zur Schmerzlinderung«, erklärt der Mönch. »Etwas Wichtiges gibt es dabei zu beachten: Bleibt ›im Augenblick‹! Klammert euch nicht an irgendein Ergebnis. Je öfter ihr die Meditation bei kleineren Wehwehchen macht, desto vertrauter wird sie euch, und desto leichter wird es euch fallen, mit ihr zu arbeiten, wenn ihr es wirklich nötig habt.«

»Wieder so ein buddhistisches Heilmittel?«, lacht Suzi.

»Ja«, lacht der Mönch zurück, »des Buddhas erste Wahl: die Kombination aus *Metta* und Achtsamkeit.«

Einen Moment lang schaut er schweigend in die Runde. »Das war ganz schön viel heute. Beim nächsten Mal befassen wir uns mit der letzten Gruppe des Achtfachen Pfads.

Bis dahin: Geht behutsam mit euch um; seid freundlich zu euch selbst.« Er schmunzelt. »Das erinnert mich an etwas, was der Dalai Lama einmal gesagt hat. ›Seid freundlich, wann immer es möglich ist. Es ist immer möglich.‹«

Wir müssen alle lächeln. Dann chanten wir noch gemeinsam, bevor sich die Runde auflöst und wir hinaus in den warmen frühabendlichen Sonnenschein gehen.

AUF EINEN BLICK

» Bestimmte Taten führen zu bestimmten Ergebnissen; manchmal wird dies auch als Karma bezeichnet.

» In seinen Geboten des rechten Handelns, der rechten Rede und des rechten Lebenswandels beschrieb der Buddha Verhaltensweisen, die zu positiven Ergebnissen und gutem Karma führen. Er stellte fünf Tugendregeln auf:
  - nicht töten
  - nicht stehlen
  - kein sexuelles Fehlverhalten
  - nicht lügen
  - kein Missbrauch von Rauschmitteln.

» Handle achtsam und mit Integrität, begegne allen Lebewesen mit Mitgefühl und liebender Güte; kurz: Behandle andere, wie du selbst behandelt werden möchtest.

» Sei rein in deinen Gedanken und ehrlich in deinem Tun. Halte dein Wort, ereifere dich nicht über andere und ihr Verhalten, lass dich nicht auf Tratsch ein und nimm nur das, was dir gegeben wird.

ÜBUNG

» Reflektiere über die rechte Rede und das rechte Handeln und schau, inwieweit du sie in deinem Leben zum Ausdruck bringen kannst. Vielleicht wählst du einen bestimmten Aspekt deines Lebens und bringst ihn in Einklang mit der Lehre des Buddha.

» Fass den Entschluss, freundlich zu dir selbst zu sein. Denk daran: »Ein Krug füllt sich Tropfen für Tropfen.«

» Gewöhne dir an, bevor du sprichst oder handelst, einen Moment innezuhalten und einen oder zwei achtsame Atemzüge zu nehmen.

» Meditiere jeden Tag 20 Minuten lang.
Sprich am Ende deiner Meditation weiterhin die *Metta-*Worte. Richte sie wie gewohnt zunächst an dich selbst und dann an deinen Mentor oder Wohltäter. Dann dehne sie auf jemanden aus, den du liebst, etwa deinen Partner oder ein Kind. Sage dir: »Möge ich sicher sein. Möge ich glücklich sein. Möge es mir gut gehen, und möge ich unbeschwert sein.« Dann wende dich an deinen Mentor und sprich: »Mögest du sicher sein. Mögest du glücklich sein. Möge es dir gut gehen, und mögest du unbeschwert sein.« Und zuletzt stell dir den Menschen vor, den du liebst, und sprich: »Mögest du sicher sein. Mögest du glücklich sein. Möge es dir gut gehen, und mögest du unbeschwert sein.«

Woche 7

Innerer Frieden, äußerer Frieden

Wir hatten einen Wetterwechsel. Nach vielen wunderbar warmen Tagen hat es gestern Abend ein großes Gewitter gegeben, und jetzt gießt es in Strömen. Entsprechend wirken die nach und nach eintreffenden Kursteilnehmer ein bisschen wie durchs Wasser gezogen. Sams Brille ist beschlagen und sein sandfarbenes Haar patschnass. Ich lasse ihn sein Regenzeug in unsere Abstellkammer hängen und reiche ihm ein Handtuch, damit er sich abtrocknen kann.

Ich weiß, es klingt verrückt – es ist Juli! –, aber ich beschließe, die Zentralheizung anzuschalten. Dankbar setzt sich Sam mit dem Rücken an einen der Heizkörper, um sich aufzuwärmen.

Doch obwohl die Heizung läuft, ist mir irgendwie kalt, und ich frage den Mönch, ob wir nicht mit einer Tasse Tee beginnen können. Ich habe keine Ahnung, was die klösterliche Etikette dazu sagt, aber die Idee scheint ihm zu gefallen. »Du kannst ja das Wasser aufstellen und heiß werden lassen, während wir die Eröffnungszeremonie halten«, schlägt er vor. »Dann kann ich, während wir den Tee trinken, noch mal den bisherigen Stoff zusammenfassen und Fragen beantworten.«

Genau so machen wir es. Ich verschwinde schnell in der Küche. Maggie folgt mir, um zu helfen. Wir füllen zwei Wasserkocher bis zum Rand und meinen größten Topf zur Hälfte mit Wasser, kramen meinen Vorrat an Teebeuteln aus dem Schrank und stellen ein paar große Tabletts bereit. Dann gehen wir zurück in den Gruppenraum, wo die anderen still dasitzen und auf uns warten.

Wir legen die Hände in Gebetsposition zusammen und verneigen uns vor dem Mönch. Auch wenn mir die Geste inzwischen vertraut ist, liegt sie mir irgendwie nicht. Immerhin hilft es mir zu wissen, dass ich mich damit vor der Lehre verneige und vor jenen Praktizierenden, die sie uns durch ihr Üben und Überliefern über die Jahrhunderte hinweg erhalten haben. Es ist also nicht etwa so, dass ich mein Haupt vor irgendeiner Gottheit oder der Person des Mönchs zu beugen habe. Trotzdem ist mir das Ganze unangenehm.

Der Mönch wartet, bis alles still geworden ist, dann vollzieht er die übliche Zeremonie: Er zündet erst die Kerzen, dann das Räucherstäbchen an, dann folgt ein kurzer Chant. An diesem Teil des Rituals habe ich inzwischen Gefallen gefunden. Wir singen zwar die Pali-Worte, doch auf unseren Blättern steht daneben jeweils die Übersetzung, sodass wir in etwa wissen, was sie bedeuten.

Anschließend schleichen Maggie und ich uns leise aus dem Raum und gehen in die Küche. Ich braue dem Mönch seinen großen Pott starken Schwarztee mit Zucker und Sojamilch, den er so gerne mag, und stelle das heiße Wasser, alle möglichen Teebeutel, Plastikbecher sowie Soja- und Kuhmilch auf die Tabletts.

Auf dem Weg durch die Halle hören wir, wie die anderen sich angeregt unterhalten und immer wieder lachen – es klingt mehr nach einer Party als nach einem Meditationskurs. Um welches Thema es wohl gerade geht?

Ich reiche dem Mönch ganz bewusst seinen Tee, denn ich weiß, dass er nichts nehmen darf, was ihm nicht eindeutig gegeben wird. Alle anderen bedienen sich mit Maggies Hilfe selbst.

»Also«, beginnt der Mönch mit einem Lächeln in die Runde, »wir haben uns mit dem Achtfachen Pfad befasst – dem Weg, der dem Buddha zufolge zu einem glücklichen Leben führt. Oder sollte ich sagen, seinem ›Rezept‹ zum Glücklichsein«, sagt er mit einem Blick auf Tim, den Arzt. Der grinst zurück.

»So wie ein Arzt uns im Rahmen seiner Behandlung neben den Medikamenten vielleicht die eine oder andere Empfehlung oder Anweisung mit auf den Weg gibt, so machte der Buddha es mit seinem Achtfachen Pfad.

Wie wir bereits gesehen haben, werden dabei sämtliche Lebensbereiche mit einbezogen – die geistige, körperliche und emotionale Ebene. Maximalen Nutzen ziehen wir aus der Lehre des Buddha, wenn wir sie als Ganzes übernehmen – die Achtsamkeit ebenso wie die Anleitung zur Lebensführung, wie sie in den Vier Edlen Wahrheiten und dem Achtfachen Pfad zum Ausdruck kommen.

Mit den ersten fünf Prinzipien des Achtfachen Pfads haben wir uns schon befasst. Die erste Gruppe hat mit unserer Geisteshaltung zu tun: rechte Erkenntnis und rechtes Denken. Die zweite mit unserem physischen Leben: rechte Rede, rechtes Handeln und rechter Lebenswandel. Nun kommen wir zur dritten und letzten Gruppe, die der Herzebene zugeordnet ist. Sie beschreibt Eigenschaften, die uns emotionale Stabilität schenken: rechtes Streben, rechte Achtsamkeit und rechte Konzentration. Obwohl diese drei Glieder an sechster, siebter und achter Stelle stehen, heißt das keineswegs, dass sie weniger bedeutsam wären als die anderen.

Wie bereits gesagt, diese Lehre ist nichts Lineares. Alles wirkt im Zusammenspiel. Entwickeln wir die Eigenschaften dieser letzten Gruppe – rechtes Streben, rechte Achtsamkeit und rechte Konzentration –, gewinnen wir die mentale und emotionale Reife und Stabilität, um aus unseren Erfahrungen echte Weisheit zu beziehen. Und damit schließt sich der Kreis, und wir kehren zum Anfang des Achtfachen Pfads zurück – zur Weisheit oder ›rechten Einsicht‹, wie es darin heißt.

Fangen wir also an mit dem rechten Streben.«

Rechtes Streben

»›Rechtes Streben‹ – was ist darunter zu verstehen? Nun, der Begriff ist ganz wörtlich gemeint: Es geht darum, unser Bestes zu geben. Und wo machen wir den Anfang?« Der Mönch lacht. »Hören wir uns an, was der Buddha dazu sagt. Er stellt vier Forderungen auf:

- » unheilsame Geisteshaltungen wie Gier, Hass und Verblendung nicht aufsteigen zu lassen
- » unheilsame Geisteshaltungen, die bereits aufgestiegen sind, loszulassen
- » das zu kultivieren, was er als ›heilsame‹ Eigenschaften bezeichnet, etwa liebende Güte, Großzügigkeit und Weisheit
- » die ›heilsamen‹ Eigenschaften, die wir bereits in uns tragen, zu stärken.

Die ersten beiden Aspekte, die das Kontrollieren von negativen Eigenschaften wie Gier, Hass und Verblendung betreffen, führen uns zu dem zurück, was wir bereits aus den ersten beiden Edlen Wahrheiten kennen: Wir nehmen zur Kenntnis, wenn solche negativen Gedanken und Gefühle in uns aufsteigen. Wir versuchen nicht, sie zu verändern, sondern lassen sie einfach da sein; und indem wir sie einfach da sein lassen, lassen wir sie los. Kurz gesagt: Beobachten, da sein lassen, loslassen.

Lasst negative Gedanken los; lasst Verletzungen los; lasst Widerwillen und Abwehr los. Ihr erinnert euch noch an die Geschichte vom Buddha und dem wütenden Mann? Das Gleiche gilt für Beleidigungen: Sie gehören euch nur, wenn ihr sie annehmt; solange ihr das nicht tut, gehören sie weiterhin dem, der sie euch ›angeboten‹ hat.

Wen verletzt ihr, wenn ihr an Zorn und Abwehr festhaltet? Bestimmt nicht den anderen, und an der Situation verändert ihr auch nichts. Ihr verletzt nur euch selbst. Es ist ein bisschen, wie es der Buddha im Hinblick auf den Zorn sagte. Kennt jemand das Zitat?«

Der Mönch schaut erwartungsvoll in die Runde, doch als sich keiner von uns meldet, gibt er selbst die Antwort. »Der Buddha sagte: ›An Zorn festzuhalten ist, als würde man nach einem Stück glühender Kohle greifen, um damit nach jemandem zu werfen. Derjenige, der sich verbrennt, bist du.‹ Genauso ist es, wenn wir uns irgendetwas Negatives zu Herzen nehmen. Wir sind diejenigen, die dabei verletzt werden.

Auch Rache bringt gar nichts. Die Wut oder Beleidigung wird dadurch nur weiter geschürt und am Leben erhalten.«

Der Mönch sitzt eine Weile schweigend da, bevor er weiterspricht: »Was wir tun müssen, ist, den Kreislauf des Schmerzes zu durchbrechen. Es gibt etwas, womit sich das erreichen lässt: Vergebung. Vergebung ist die allerschönste, heilsamste Emotion, die der Mensch empfinden kann. Wenn jemand euch wehgetan hat, lasst die Verletzung los.

Lasst euer Herz frei werden von Schmerz und Unheil, sodass sich die entstehende Leere mit der reinigenden, klärenden Kraft der Vergebung füllen kann.

Wer Vergebung übt, ist der eigentlich Starke. Kannst du einem anderen verzeihen und spürst du, wie dein Herz überfließt von dem dabei entstehenden heilenden Balsam von Frieden und Freude, kommst *du* in *deine* Kraft. Du bist derjenige, der Glückseligkeit findet. Wenn die Menschheit das nur begreifen könnte! Würde jeder Vergebung üben, würde die Welt im Handumdrehen eine bessere sein.«

»Na, dann viel Spaß«, wirft Ed ein. »Das hört sich ein wenig arg simpel an.«

Nicht schon wieder Ed!, denke ich. *Immer muss er den Mönch provozieren.*

»Ich meine«, beeilt er sich hinzuzufügen, »bei dir klingt das alles so einfach – Glückseligkeit finden, die Welt genesen lassen.«

Der Mönch lässt sich nicht aus der Fassung bringen: »Das Rezept – die Arznei für Frieden und Glück, sowohl für den Einzelnen als auch für die Welt – ist einfach. Die Medizin *zu nehmen* – darin liegt das Problem.«

Er denkt kurz nach, bevor er weiterspricht: »Es gibt dazu eine schöne, kleine Geschichte, und die geht so: Es war einmal ein greiser König, der sich auf den Weg zu einem weisen Einsiedler machte. Dieser lebte in einem Baumhaus, man könnte auch sagen einer Art Nest – einer Behausung also, wie sie für Eremiten zu jener Zeit üblich war. Der König kam, um ihm eine einzige Frage zu stellen: ›Was ist der wichtigste Teil der Lehre des Buddha?‹, wollte er wissen.

Der Einsiedler überlegte eine Weile, bevor er antwortete: ›Tue nichts Böses. Tue nur Gutes. Reinige dein Herz.‹ Angesichts der Bedeutsamkeit seiner Person und der Strapazen der Reise, die er auf sich genommen hatte, um an diesen entlegenen Ort zu kommen, hatte der Herrscher einen langen, klugen Vortrag erwartet. Daher traute er nun seinen Ohren kaum. ›Das ist alles? Das kann ja selbst ein Kind mühelos verstehen!‹, polterte er los.

Der Einsiedler schwieg lange. Dann sagte er: ›Ja, und selbst ein 80-Jähriger versteht es manchmal nicht.‹«

Alle lachen, auch der Mönch. »Aber es steckt ein ernster Kern in der Geschichte. Die Lehre des Buddha ist in vielerlei Hinsicht einfach. Sie ist bodenständig und richtet sich an das normale Volk – Menschen, wie sie dem Buddha ständig begegneten: die Armen, die Kranken, die Traurigen, die Leidenden; Leute ohne jede Ausbildung, ohne Geld, ohne Hoffnung. Darum hat er sich so klar und leicht verständlich ausgedrückt.

Wer nach der Lehre des Buddha lebt, stellt fest, dass sie tatsächlich funktioniert. Und doch täuscht ihre Einfachheit, denn je weiter man einsteigt, desto deutlicher spürt man, wie sehr sie in die Tiefe geht. Worauf ich hinauswill, ist dies: Die Lehre ist einfach – so einfach, dass ein Fünfjähriger sie praktizieren kann. Aber man muss es *tun*. Tut es einfach. Fangt an. Wendet an, worüber wir hier reden. Rechtes Streben, das heißt, sich wirklich Mühe zu geben. Das Leben ist kurz, die Not ist groß. Macht es einfach! Verändert euer Leben – und wenn sich euer Alltag zum Besseren wandelt, verändert das die Welt. Darum geht's.«

Es kehrt Stille ein im Raum. Ich denke, das ist die leidenschaftlichste Rede, die ich je von dem Mönch gehört habe. Ich fasse den Entschluss, mir wirklich mehr Mühe zu geben. Es ist so leicht, Dinge auf die lange Bank zu schieben, sie schleifen zu lassen, »zu viel zu tun« zu haben. Ich werde mich in Zukunft mehr anstrengen.

»Ganz schön viel Stoff, um sich das alles auf einmal zu merken«, meint Suzi.

»Ja, ich weiß«, antwortet der Mönch milde. »Aber wie schon gesagt, wenn ihr ernsthaft entschlossen seid, kommt ihr automatisch ins Handeln.«

»Mir fällt es auch schwer, das alles im Gedächtnis zu behalten.« Debbie nickt in Suzis Richtung.

»Erinnert ihr euch noch, was ich euch erzählt habe?«, fragt der Mönch in die Runde. »Es gab da eine Sache, die mich ganz besonders am Theravada-Buddhismus angesprochen hat. Was war das noch?«

»Die Postkarte?«, meint Dan zögernd.

»Genau!« Der Mönch strahlt. »Abgesehen davon, dass es mir gefiel, dass mir keiner mit Gewalt eine Lebensphilosophie aufzudrücken versuchte, sondern ich alles selbst ausprobieren konnte, um zu sehen, ob es funktioniert oder nicht ... Eines der Dinge, die mich von Anfang am Buddhismus fasziniert haben, ist die Tatsache, dass das Wesentliche der Lehre so einfach und knapp auf den Punkt zu bringen ist, dass es auf eine Postkarte passt.«

»Genau das sollte ich vielleicht mal machen«, bemerkt Suzi. »Vielleicht spricht die Lehrerin aus mir, aber ich werde mir alles auf eine Postkarte schreiben und sie mir in die Handtasche stecken. Oder ich mache mir ein Poster und hänge es mir in die Küche – vielleicht vom Achtfachen Pfad.«

»Tolle Idee«, sage ich und habe sofort ein lebhaftes, buntes Bild vor Augen.

»Man könnte es sich auch als Hintergrund aufs Smartphone oder Tablet laden«, schlägt Sam vor. »Oder als Bildschirmschoner auf den PC; oder es in eine Diashow auf dem Handy einbauen.«

»Alles großartige Ideen«, stimmt der Mönch zu. »Und wenn ihr das alles getan habt«, er lacht, »dann legt einfach los und *tut* es. Setzt die Lehre in jedem Moment eures Lebens neu in die Praxis um. Und je öfter ihr das macht, desto leichter wird es euch fallen, und irgendwann wird es euch zur Gewohnheit.«

»Es heißt, dass man etwas drei Wochen lang tun muss, bis es zur Gewohnheit wird. Und von da an macht man es automatisch weiter«, bemerkt Suzi.

»Mit den drei Wochen bin ich mir nicht so sicher«, entgegnet der Mönch. »Ich würde mich nicht auf eine bestimmte Zeit festlegen. Setzt die Lehre einfach Stück für Stück um. Fasst den Entschluss, macht den ersten Schritt – und dann geht einfach Schritt für Schritt weiter.

Und vergesst nicht eure *Metta*-Praxis. Seid freundlich zu euch selbst. Sucht nach Möglichkeiten, die euch beim Üben unterstützen. Organisiert euer Leben so, dass es euch leichtfällt, den

Achtfachen Pfad umzusetzen. Seid pragmatisch. Haltet euch von Dingen fern, die es euch erschweren, euch an die Tugendregeln zu halten. Das ist das, was wir auch im Kloster tun, wie ich ja schon erzählt habe.«

»Aber heißt das nicht zu mogeln?«, fragt Ed. »Ist es nicht einfacher, etwas nicht zu tun, wenn die Versuchung gar nicht erst da ist?«

Der Mönch schmunzelt. »Nein, Ed, es ist gar nicht so leicht, besonders am Anfang nicht. Es kommt nur darauf an, wie du deine Energie einsetzen möchtest. Willst du sie darauf verwenden, gegen die Versuchung anzukämpfen, die überall ringsum lauert, dann ist das halt so. Möchtest du sie aber lieber für andere Dinge nutzen, zum Beispiel zum *Leben*, zum Meditieren, um Freude zu haben, dann ist es hilfreich, deine Umgebung frei von den Dingen zu halten, die die fünf Gifte in dir wecken: Gier, Hass oder Verblendung, Anhaftung und Verlangen.

Aber kommen wir noch einmal auf das zurück, wovon wir eben gesprochen haben: Gewohnheiten bauen sich Tag für Tag auf. Denkt daran, wie es Leuten gelingt, das Rauchen aufzugeben. Es braucht dazu den Entschluss und das Bemühen, oder anders formuliert: das rechte Streben. Und wenn keine Zigaretten in der Nähe sind, ist es leichter, auf das Rauchen zu verzichten. Es empfiehlt sich, das Ganze pragmatisch zu betrachten.

Aber jetzt lasst uns zum nächsten Glied des Achtfachen Pfads kommen, dem vorletzten, der rechten Achtsamkeit.«

Rechte Achtsamkeit

»Jetzt wären wir also wieder bei der Achtsamkeit, der allerersten Eigenschaft, mit der wir uns in diesem Kurs befasst haben. Sie ist einer der beiden Eckpfeiler des Buddhismus: Achtsamkeit und *Metta*.

Auf *Metta* werden wir an anderer Stelle noch näher eingehen. Schauen wir uns zunächst an, was es mit der rechten Achtsamkeit auf sich hat. Seit wir uns hier treffen, haben wir uns mit Achtsamkeit befasst, und ich weiß, dass viele von euch sie täglich sowohl im Alltag als auch in der Meditation praktizieren. Nun werden wir im Rahmen des Achtfachen Pfads wieder daran erinnert.«

In das folgende kurze Schweigen hinein fragt Maurice: »Stellt der Achtfache Pfad also in Wirklichkeit eine Wiederholung der ersten drei Edlen Wahrheiten dar?«

»In gewisser Weise ja«, antwortet der Mönch. »Wie ich bereits erklärt habe, beinhaltet der Achtfache Pfad alles – auch die ersten drei Edlen Wahrheiten. Eines seiner wichtigsten Kernanliegen ist ja die Frage, wie wir diese in unserem Alltag praktisch umsetzen können; wenn wir eben nicht auf der Meditationsmatte sitzen, sondern uns draußen in der Welt bewegen. Ihr seht, wie sehr alles miteinander verwoben ist, sich perfekt ineinander fügt. In Wirklichkeit genügt sogar eine halbe Postkarte, um es alles aufzuschreiben, wenn man es erst einmal begriffen hat.« Er lacht.

»Lasst uns also noch einmal rekapitulieren, was Achtsamkeit ist.« Er wirft einen Blick in die Runde. »Möchte jemand von seinen persönlichen Erfahrungen mit der Achtsamkeit berichten?«

Suzi meldet sich: »Achtsam zu sein holt uns mit unserer Aufmerksamkeit in den gegenwärtigen Augenblick, stimmt's?«

»Stimmt«, antwortet der Mönch, »ins *Jetzt*. Es geht darum, das augenblickliche Geschehen in unserer Umgebung und unserem Körper und gleichzeitig den Atem wahrzunehmen.«

»Es heißt, sich auf das zu konzentrieren, was im Moment passiert«, pflichtet Nikki ihm bei.

»Genau«, der Mönch nickt. »Und es einfach nur zur Kenntnis zu nehmen; es anzunehmen; es da sein zu lassen, ohne es zu kommentieren, zu kritisieren, zu beurteilen, sich irgendetwas zu wünschen oder zu vergleichen. Es heißt, zu bemerken, wenn wir uns in ein wachsendes Netz von Gedanken verstricken, und wenn dies geschieht, einfach zu unserer Atmung zurückzukehren und zu dem, was im gegenwärtigen Augenblick präsent ist.«

»Das passiert mir oft«, wirft Sam ein. »Dass ich mich in ein Netz von Gedanken verstricke, meine ich. Ich denke, dass ich noch einen ziemlich weiten Weg vor mir habe.«

Aus der Gruppe kommt zustimmendes Gemurmel.

»Ja, es bedarf der Übung«, sagt der Mönch. »Und wie bei jeder anderen Fähigkeit, die ihr neu erwerben möchtet, gilt es, den Entschluss zu fassen, es zu tun, und dann dranzubleiben. Wenn ihr das notwendige Durchhaltevermögen an den Tag legt, werdet ihr feststellen, wie es euch mit der Zeit leichter fällt. Achtet einfach beharrlich darauf, was gerade geschieht, und holt euren Geist immer wieder in die Gegenwart zurück.«

Nach einer kurzen Pause bemerkt Gwyn: »Was ich an der Achtsamkeit so gut finde, ist, dass man sie jederzeit üben kann, wann immer man daran denkt – also zum Beispiel beim Geschirrspülen, beim Arbeiten am PC, wenn man die Straße entlanggeht, auf einen Bus wartet oder irgendwo Schlange stehen muss.«

»Sie kann zum ständigen Begleiter im Leben werden«, stimmt der Mönch ihr zu, »zu einem Teil unseres Wesens. Und je achtsamer wir werden, desto deutlicher spüren wir das Glück, die Freiheit und den Frieden in unserem Inneren. Das ist etwas, was jeder bereits ganz am Anfang seiner Achtsamkeitspraxis am eigenen Leib erfahren kann, was sehr motivierend ist.«

Schweigen macht sich breit. Vermutlich gehen auch die anderen der Frage nach, wie lang es wohl noch dauern wird, bis ihnen die Achtsamkeit zur zweiten Natur geworden ist. Der eine oder andere dürfte jetzt sicher beschließen, sich ab sofort noch mehr Mühe zu geben.

»Gibt es noch irgendwelche Fragen zur Achtsamkeit?«, will der Mönch mit einem Blick in die Runde wissen. »Wenn nicht, dann lasst uns zum letzten Glied des Achtfachen Pfads kommen, der rechten Konzentration.«

Rechte Konzentration

»Was bedeutet rechte Konzentration? Es geht hier um innere Versenkung. Wir sind aufgefordert, unsere Achtsamkeits- und Meditationspraxis beharrlich zu verfolgen und in uns den Vorsatz wachzuhalten, alle Prinzipien des Achtfachen Pfads in die Praxis umzusetzen. Wir sollen uns fest entschlossen auf unser Tun fokussieren.«

Die Gruppe lässt seine Worte ein paar Momente wirken. Dann sagt Debbie nachdenklich: »Es ist manchmal ziemlich schwer, sich zu konzentrieren, oder? Ich empfinde es als Herausforderung. Es gibt so viele Ablenkungen.«

»Das finde ich auch«, stimmt Joan ihr zu. »Besonders mit dem ganzen Internet-Kram, dem Tweeten oder wie das heißt.«

»Twittern«, korrigiert Rodney seine Frau. »Ich glaube, es heißt twittern.«

»Wie auch immer«, meint Joan. »Es gibt so vieles, was einen ablenkt. Da ist es schwer, sich zu konzentrieren. Besonders für jüngere Leute.«

»Das ist wahr«, pflichtet der Mönch ihr bei. »Aber rechte Konzentration geht noch tiefer. Es ist, als würden wir den Entschluss fassen, in die richtige innere Haltung zu kommen, vor allem im Geist Ruhe einkehren zu lassen und die Umstände und Gedanken loszulassen, die ihn stören. Das können wir schaffen. Der Buddha hat die geistigen Haltungen benannt und beschrieben, die die Konzentration und Achtsamkeit stören. Er nannte sie die Fünf Hindernisse.«

Bevor er weiter ausholen kann, unterbricht ihn Suzi: »Der Buddha war ja ein ziemlicher Fan von solchen Aufzählungen! Vier Edle Wahrheiten, Achtfacher Pfad, Fünf Tugendregeln und jetzt auch noch Fünf Hindernisse.«

»Dabei haben wir noch nicht mal richtig angefangen!«, gibt der Mönch lachend zurück. »Es gibt noch viele, viele andere: die Drei Zufluchten, Fünf Aggregate, Zehn Vollkommenheiten, Zehn Fesseln, die Zwölfgliedrige Kette des bedingten Entstehens und so weiter und so fort. An Aufzählungen herrscht wahrlich kein Mangel.

Ihr müsst bedenken: Als der Buddha vor 2500 Jahren in den Wäldern Nordindiens seine Lehrreden hielt, waren noch keine schriftlichen Aufzeichnungen möglich. Er erklärte also alles so, wie die Leute es sich am besten merken konnten: Er zählte auf, fasste Themen zu Gruppen zusammen, gebrauchte Alliterationen und wiederholte sehr viel. So konnte es gelingen, seine Lehre über zwei oder drei Jahrhunderte hinweg zu erhalten, bis es schließlich möglich war, sie niederzuschreiben.

Auf diese Weise war es auch möglich, bis heute die Lehre direkt aus dem Mund des Buddha in derartiger Reinheit zu bewahren. Es ist fast so, als würde er selbst zu uns sprechen.

Aber verkomplizieren wir die Dinge nicht. Wie ich zu Beginn dieses Kurses gesagt habe, enthalten die Vier Edlen Wahrheiten alles, was wir wirklich zum Leben brauchen. Die anderen Aufzählungen von Zuständen oder Kategorien können in bestimmten Momenten ein guter Ausgangspunkt zur Kontemplation sein, um ein Licht auf unsere weitere Entwicklung zu werfen oder uns ein tieferes Verständnis vom Leben insgesamt zu schenken. Die Fünf Hemmnisse, die ich eben erwähnt habe, sind hier von besonderer Bedeutung, denn sie können sich unserer Entwicklung in den Weg stellen.

Nur interessehalber und damit ihr wisst, worauf es zu achten gilt, zähle ich sie für euch auf. Schließlich hat jeder von uns mit ihnen zu tun. Es sind im Einzelnen:

» Sinneslust – das Verlangen nach sinnlichen Genüssen
» Zorn und Gefühle des Übelwollens und des Hasses
» Langeweile und Halbherzigkeit im eigenen Tun – der Buddha redete von ›fauler Trägheit‹
» Ruhelosigkeit und Sorge
» Zweifel – ein Mangel an Überzeugung oder Vertrauen.

Um rechte Konzentration zu erreichen, müssen wir diese fünf Zustände loslassen, sobald wir sie in uns aufsteigen fühlen.«

»Und wie gelingt uns das?«, will Tim wissen.

»Wie gesagt, es fängt mit dem Entschluss an. Setzt eure Willenskraft ein und beschließt, euch zu konzentrieren. Entschlossenheit ist ein wirksames Instrument, wie wir bereits gesehen haben. Aber es hilft auch, um die Fünf Hemmnisse zu wissen, denn dann könnt ihr euer Leben so ausrichten, dass ihr weitestgehend davor geschützt seid. Wenn ihr zum Beispiel meditieren und euch dabei konzentrieren wollt, verbannt aus eurem Umfeld alles, was eure Begierden stimulieren oder auch euren Hass erregen könnte.«

»Na toll«, wirft Suzi ein. »Das heißt für mich: keine Nachrichten im Fernsehen oder Radio mehr; und auch nicht groß Zeitung lesen, weil ich dabei immer einen solchen Hass auf die Politiker bekomme. Und das schadet meiner Konzentration.«

Zustimmendes Gelächter.

»Genauso ist es«, bestätigt der Mönch. »Ich rate bestimmt niemandem, sich vor dem Meditieren oder auch kurz vor dem Schlafengehen die Nachrichten anzuhören oder anzuschauen.

Macht euch bewusst, wie empfänglich ihr mental und emotional für externe Reize seid, und gestaltet euch eure Umgebung so ruhig, liebevoll und harmonisch wie möglich. Das hilft dabei, inneren Frieden zu finden.

Und kehrt mit eurem Geist immer wieder in den gegenwärtigen Augenblick zurück. Das ist das Allerwichtigste. Wenn ihr diese Fähigkeit entwickelt – und glaubt mir, ihr könnt das, jeder kann es –, dann seid ihr in der Lage, überall euren Frieden zu finden, jederzeit, egal, wo ihr seid; dann seid ihr nicht mehr von äußeren Umständen abhängig.

Was auch immer im Außen los ist, ihr habt euer ›inneres Klima‹ stets unter Kontrolle, wie wir während dieses Kurses mehrfach gesehen haben. Dennoch ist es gut, sowohl im Inneren als auch im Äußeren Frieden zu haben. Es hängt wie immer alles mit allem zusammen: Innerer Frieden bringt mehr äußeren Frieden, und äußerer Frieden erleichtert es euch, inneren Frieden zu finden und in die rechte Konzentration zu finden.«

Ed meldet sich. Er wirkt heute seltsam verhalten, so ganz anders als der Ed, den ich bisher kannte und der dem Mönch so gern – und sei es nur spaßeshalber – provozierende Fragen stellt. Blass sieht er aus, als läge ihm irgendetwas auf der Seele.

»Mein Problem«, gesteht er zögernd, »ist mein Jähzorn. Ich werde schnell wütend. Mir ist klar, dass das total im Widerspruch zu den Lehren des Buddha steht, und seit ich an diesem Kurs teilnehme, ist mir das umso bewusster geworden. Ich wüsste gern, wie ich ihn loswerden kann.«

Der Mönch lächelt Ed aufmunternd an. »Ich weiß, was es heißt, sich mit Wut und Jähzorn auseinanderzusetzen«, sagt er. »Ich habe damit früher selbst zu kämpfen gehabt. Ein Leben im Kloster bewahrt dich ja nicht vor Wut oder anderen negativen Emotionen wie Hass, Eifersucht, Angst und so weiter.

Wir alle kennen solche Gefühle. Sie sind einfach menschlich. Aber was du gesagt hast, ist interessant. Schau einmal genau hin, wie du es formuliert hast: ›*Ich* werde schnell wütend. *Mein* Problem ist *mein* Jähzorn. *Ich* wüsste gern, wie ich *ihn loswerden* kann.‹ Das wollen wir alle, stimmt's? Negative Gefühle loswerden! Was ist also zu tun?

Zu allererst nimmst du das ›ich‹ weg. Statt zu sagen: ›Ich werde wütend‹, und das Ganze als ›*mein* Problem‹ zu betrachten, versuchst du zu sagen: ›Da ist Wut.‹ Werde zum Beobachter deiner Wut, deines Zorns.«

An uns alle gerichtet fährt der Mönch fort: »Erinnert ihr euch? Wie fühlt es sich so formuliert an? Merkt ihr, wie dadurch ein wenig Platz zwischen euch und eurem Zorn entsteht? Ihr macht ihn euch nicht zu eigen; er gehört nicht zu euch; es ist einfach Zorn.

Wütend zu sein entspricht der menschlichen Natur. Zorn und Wut gehören einfach dazu. Indem wir solche Gefühle aber zur Kenntnis nehmen und sagen: ›Da ist Zorn‹, ›Da ist Wut‹, tun wir zwei Dinge. Zunächst einmal gestehen wir offen ein, dass das Gefühl da ist. Wir sagen nicht mit zusammengebissenen Zähnen: ›Ich und wütend? Was soll das heißen?! Ich bin doch nicht wütend!‹ Wir geben zu, dass da Zorn ist. Und zweitens entpersonalisieren wir das Gefühl. Wir schaffen ein wenig Raum zwischen uns und ihm. Wir betrachten es und lösen uns von ihm.

Tun wir diese beiden Dinge – den Zorn, die Wut eingestehen und entpersonalisieren –, fühlen wir uns sofort friedlicher. Statt uns völlig von einer Emotion vereinnahmen zu lassen, die außerhalb unserer Kontrolle liegt, finden wir uns in der Position des Beobachters wieder, der den Zorn und die Wut zur Kenntnis nimmt.

Außerdem müssen wir darauf achten, unsere Beobachtung rein zu halten und nicht zusätzliche Schichten von Zorn und Wut hinzufügen, indem wir anderen die Schuld daran geben, uns wütend zu ›machen‹, oder uns mit Selbstvorwürfen oder Schuldgefühlen darüber quälen, dass wir wütend geworden sind.

Konzentriert euch weiter auf ›Da ist Zorn‹ – oder ›Da ist Leid‹, wenn euch der Ausdruck lieber ist. Spürt das Gefühl in euch, und dann lasst es einfach da sein. Ihr könnt es sogar mit Ajahn Sumedhos Trick probieren. Er sagt: ›Willkommen, Zorn!‹ Aber das wäre am Anfang ziemlich viel verlangt. Wenn ihr dies übt, werdet ihr aber irgendwann tatsächlich so weit sein, dass ihr den Zorn ›willkommen‹ heißen könnt und spürt, wie er sich auflöst. Was für ein großartiges Gefühl von echter Macht und Kontrolle!«

»Ich kann mir ehrlich gesagt nicht vorstellen, je dahin zu kommen«, bemerkt Ed bitter.

»Doch. Ernsthaft«, ermutigt ihn der Mönch. »Wenn du deine Hausaufgaben machst, wirst du irgendwann genau da sein. Fang mit kleineren ›Aufregern‹ an, um dir anzugewöhnen, die Wut, den Zorn und andere unangenehme Gefühle willkommen zu heißen. Die Methode funktioniert nämlich generell gut. Du wirst es sehen. Irgendwann stellt sich Frieden ein.

Führ dir auch noch einmal vor Augen, was wir in Bezug auf die Vergänglichkeit von Gefühlen gesagt haben. Sie kommen und gehen. Wut kann ganz plötzlich aufflammen und ebenso schnell in sich zusammenfallen. Sie ist wie eine dunkle Regenwolke – oder vielleicht ein Gewitterblitz –, irgendein Unwetter, das in deine innere Landschaft hineinweht, und wie jedes Wetterphänomen vergeht auch dieses. Alle Stürme und dunklen Wolken ziehen irgendwann weiter. Unser natürlicher innerer Zustand ist sonnig. Vergiss das nie: Die Sonne wird wieder scheinen.

Wenn du Zorn oder welches leidenschaftliche Gefühl auch immer empfindest, versuche, lang genug innezuhalten, um es zu beobachten. Lass dich nicht drängen, sofort etwas zu sagen oder zu tun. Nimm wenigstens einen tiefen Atemzug, besser noch: einen achtsamen Atemzug, was dir mit zunehmender Übung immer besser gelingen dürfte.«

»Oder versuche, bis zehn zu zählen, wie es mir meine Oma immer geraten hat«, schlägt Debbie vor.

Pam hebt die Hand. »Es hilft doch auch, in ein Kissen zu boxen oder nach draußen zu gehen und laut zu schreien, oder?«, fragt sie.

»Im Augenblick mag es sich durchaus so anfühlen, als ob es Erleichterung bringt«, antwortet der Mönch. »Und es ist allemal besser, in ein Kissen zu boxen, als einem Menschen eins auf die Nase zu geben oder einen Hund zu treten, aber genau genommen förderst du die Wut noch, wenn du das tust.

Der Weg zu echtem inneren Frieden und wahrer Freiheit führt über die Stufen, die ich eben beschrieben habe: euch selbst den Zorn eingestehen und ihn beobachten, ohne zusätzliche verwirrende Emotionen in Form von Vorwürfen oder Schuldgefühlen ins Spiel zu bringen. Dann werdet ihr merken, wie ihr ihn akzeptieren, einfach da sein lassen und dann loslassen könnt.

Versucht nicht, ihn loszuwerden Befolgt lieber die Anleitung des Buddha. Dann wird er sich von alleine auflösen wie die dunklen Regenwolken. Es ist, als würdet ihr eine Taste programmieren, und jedes Mal, wenn ihr sie drückt, verliert der Zorn ein wenig an Macht über euch.«

Nikki schaut skeptisch. »Ich hasse mich selbst furchtbar, wenn ich wütend bin.«

»Damit überlagerst du den Zorn nur mit einer weiteren Schicht von Schmerz«, bemerkt der Mönch freundlich. »Du machst dich fertig deswegen. Fokussiere dich einfach auf das Gefühl von Zorn in deinem Inneren. Nimm es zur Kenntnis, heiße es, wenn du kannst, willkommen, und lass es da sein. Enthalte dich im Inneren jeglicher Vorwürfe oder Schuldgefühle. Sei freundlich und tolerant dir selbst und deinem Zorn gegenüber. Begegne dir – und deinem Zorn – mit etwas *Metta*.«

Eine Weile schweigt der Mönch, dann sagt er: »Das erinnert mich an die alte buddhistische Geschichte von dem Dämon, der sich vom Zorn ernährte. Da er unter Menschen lebte, gab es für ihn immer genug zu fressen.« Die Gruppe lacht. »Und wenn es je so aussah, als könnte ihm das Futter knapp werden, brauchte er die Leute nur ein wenig zu ärgern und sie zu Dingen anzustacheln, die andere wütend machten, oder gar einen Krieg anzetteln. An einem Tag aber trieb er es zu bunt. Ihm war langweilig, und um für Abwechslung zu sorgen, beschloss er, seine magischen Kräfte zu nutzen, um sich ins Reich der Götter zu begeben. Dort suchte er den Palast eines Götterkönigs namens Sakka auf.

Es begab sich, dass der König bei seiner Ankunft nicht im Palast weilte, und so marschierte der Dämon geradewegs in den großen Empfangssaal und setzte sich auf den Thron.

Als die Götter hereinkamen und ihn da sitzen sahen, trauten sie ihren Augen kaum. Sie brüllten ihn an, verfluchten und beschimpften ihn und befahlen ihm, den Thron sofort zu räumen und sich ein für alle Mal davonzumachen. Der Dämon füllte sich gierig den Wanst mit ihrem Zorn und wurde immer fetter und fetter und größer und größer. Die Götter wussten weder ein noch aus.

Dann kehrte König Sakka zurück. Er war weise und erleuchtet und blieb ganz gelassen. Offensichtlich wusste er, wie er auf die richtige Weise mit Zorn umzugehen hatte. Er war im Frieden mit sich selbst.

›Willkommen, Freund!‹, begrüßte er den Dämon. Seine Gefolgsleute waren so entgeistert, dass ihnen der Mund offen stehen blieb. ›Ich hoffe, du hast es dir bequem machen können. Brauchst du noch irgendetwas? Soll ich dir etwas zu trinken holen? Was hättest du gern?‹

So sprach König Sakka mit dem Dämon und betonte immer wieder, wie willkommen er ihm sei, und während er so redete, fing dieser zu schrumpfen an. Er wurde kleiner und kleiner und kleiner, bis der König ihn mit beiden Händen auflesen und nach draußen tragen konnte.«

Der Mönch lacht leise vor sich hin. »Wann immer ich wütend werde, denke ich an diese Geschichte. Sie zeigt, wie sich Zorn aus sich selbst heraus nährt. Zorn gebiert Zorn. Begegnen wir uns aber mit ein wenig liebender Güte, beginnt er zu schrumpfen.

Klipp und klar gesagt heißt das: Seid freundlich und liebevoll zu euch selbst. Akzeptiert den Zorn, die Wut. Begegnet euch mit Liebe. Sie heilt den Schmerz, der den Zorn überhaupt erst verursacht hat, und ihr werdet merken, dass der Zorn kleiner und kleiner wird und schließlich verschwindet.«

Es folgt eine längere Pause, in der wir diese Gedanken auf uns wirken lassen. Nach einer Weile fragt Debbie: »Passiert das Gleiche mit Depressionen? Ich habe gehört, dass Achtsamkeitsmeditation da auch Linderung bringt.«

Der Mönch nickt. »Achtsamkeitsmeditation, so wie wir sie in diesem Kurs praktizieren, hat sich bei Depressionen als ausgesprochen wirksam erwiesen. Mit geschlossenen Augen dasitzen; sich auf den Atem konzentrieren, wie er ein- und wieder ausströmt, ein und aus; darauf achten, was im Körper vor sich geht; wieder zum wunderbaren, heilenden Atem zurückkehren; und wenn Gedanken aufsteigen, sie einfach ziehen lassen ... das ist alles sehr hilfreich.

Nach acht Wochen 20- bis 30-minütiger täglicher Achtsamkeitsmeditation wurde in Studien eine deutliche Verminderung von Depressionssymptomen festgestellt. Eine der Herausforderungen dabei ist, dass der Mensch zum Grübeln neigt und ihm ständig die gleichen Gedanken im Kopf herumkreisen; und wenn wir depressiv sind, ist diese Eigenschaft noch verstärkt, und die Gedanken sind besonders düster. Trainieren wir uns darauf, immer wieder zu unserem Atem zurückzukehren, schafft das Platz im Kopf. Es hilft uns, zum Beobachter zu werden, statt uns im Nebel unserer negativen Gedanken zu verlieren.

Mit der Zeit, wenn wir regelmäßig üben, wird uns bewusst, dass ›wir‹ nicht unsere Gedanken sind. In unserem Inneren tut sich ein kleiner Raum auf, der umso größer wird, je mehr wir auf unseren Atem zu achten lernen. Und auf einmal ist da mehr Freiheit; mehr Frieden. Die Sonne kommt allmählich zwischen den Wolken hervor.«

Der Mönch schweigt eine Weile und schaut in die Runde. »Wisst ihr, Dämonen können sich von Depressionen genauso gut wie vom Zorn ernähren, jedenfalls im metaphorischen Sinn. Tatsächlich neigen Depressionen – wie im Übrigen alle negativen Emotionen – dazu, sich aus sich selbst zu speisen und dabei stetig an Größe zuzulegen.

Die Lösung liegt genau in dem, was Sakka, der Götterkönig, uns vorgemacht hat: in der liebenden Güte. Davon können wir nicht genug bekommen. Seid freundlich und milde zu euch selbst. Begegnet euch selbst, wie der König dem wütenden Dämon begegnet ist. Beobachtet den Zorn, die Depression oder welches Gefühl auch immer euch Leid verursacht, bis es so schrumpft, dass auch ihr es mit beiden Händen auflesen könnt. Dann schaut zu, wie es von einer Windbö ergriffen und wie eine kleine Rauchwolke davongeweht wird.«

Der Mönch schaut uns an. Ein entspanntes Lächeln hat sich auf unseren Gesichtern ausgebreitet, und es ist ein Gefühl von Nähe und Wärme im Raum entstanden.

»Nun haben wir uns also alle Vier Edlen Wahrheiten angesehen und auch die Prinzipien des Achtfachen Pfads einzeln kennengelernt – euren Reisepass ins Paradies – ins *Nirvana*.« Er lacht und strahlt über das ganze Gesicht.

»Ich finde, es ist eher wie eine Landkarte«, lacht Rodney zurück. »Oder eine Bedienungsanleitung fürs Leben«, meint Robert. »Wenn man uns die gleich bei unserer Geburt in die Hand gedrückt hätte ...«

»Genau genommen wurde sie uns mitgegeben«, wirft der Mönch ein. »Aber leider merken wir es nicht, und bis wir alt genug sind, es zu verstehen, ist der meiste Inhalt verloren gegangen.«

»Wie meinst du das?« Pam guckt verwirrt.

»Es steht alles hier drinnen«, erklärt der Mönch und deutet auf sein Herz. »Wenn wir noch ganz klein sind, bevor sich die Bausteine unseres Egos zu einem Gebäude zusammengefügt haben, haben wir ungehinderten Zugang zu diesem Zustand der Reinheit, Freude und innigen Verbundenheit mit allen Lebewesen, wie es unserem natürlichen Seinszustand entspricht. Offen, vertrauensvoll und spontan in unseren Aktionen und Reaktionen zu sein empfinden wir als ganz natürlich. Wir folgen unserer wahren inneren Leitstimme – der Stimme, die uns zu Liebe und Freundlichkeit mahnt. Werden wir in diesem Verhalten von einfühlsamen, weisen Eltern bestärkt, können wir den Kanal offen halten. Die meisten von uns verlieren diese Offenheit im Herzen jedoch in dem Maße, wie wir lernen, uns durch den Aufbau von Ego vor Schmerz zu schützen.«

»Sehr interessant«, sagt Debbie. »Könntest du mehr dazu sagen, wie man Kinder richtig erzieht?«

»Das ist eine wirklich große Frage!« Der Mönch lacht. »Aber ein paar Hinweise will ich euch geben. Wenn ihr in euer eigenes Friedenszentrum findet und euer Leben so gut ihr könnt nach den Vier Edlen Wahrheiten ausrichtet, schafft ihr damit die besten Voraussetzungen, um einem Kind einen guten Start ins Leben zu geben.

Ein Kind saugt die Atmosphäre und Bedingungen in seinem Umfeld wie ein Schwamm auf. Nichts wirkt da harmonisierender, als in einem Zuhause aufzuwachsen, in dem Frieden, Liebe und ein Kodex von moralischen Werten zu einem Verhalten anleiten, mit dem es weder sich selbst noch anderen Leid zufügt.

Außerdem: Nehmt euch die Zeit, Kindern zuzuhören. Seid für sie da; lasst euch von ihren Ängsten, Hoffnungen und Problemen erzählen, ohne sie zu beurteilen.

Das ist ungemein befreiend: zu wissen, dass man sein Herz ausschütten kann, ohne Angst vor Kritik haben zu müssen und ohne dass einem jemand sagt, was man tun oder lassen ›sollte‹ – sicher und geborgen in einem liebevollen Umfeld. Zuhören – und lieben.« Der Mönch schweigt einen Moment. »Genau genommen ist das ein wunderbares Mantra für alle Beziehungen, findet ihr nicht?

Wisst ihr«, fügt er nachdenklich hinzu, »an eure Kinder zu glauben, durch den Schmerz und das Leid hindurch auf ihr inneres Potenzial zu schauen, auf ihr höchstes Selbst, und sie zu ermutigen, es ebenfalls zu sehen und an sich zu glauben – das ist viel nützlicher als Mitleid oder Mitgefühl. Mit Sätzen nach dem Motto: ›Oh, du armes Kleines, es tut mir ja so leid!‹, bestärken wir in Wirklichkeit nur die negative Sicht.

Helft euren Kindern, an sich selbst zu glauben und ihre allerbesten Eigenschaften zu entfalten. Das gelingt euch, indem ihr nach dem Ausschau haltet, was sie im Inneren sein und erreichen möchten, und sie so behandelt, als hätten sie es schon erreicht. Der Glaube an einen Menschen kann sehr viel bewirken!«

Nach einer kleinen Pause fährt der Mönch fort: »Wir können jedem auf diese Weise begegnen, nicht nur Kindern. Gedanken haben Macht. Machen wir von ihnen in unserem Leben positiven Gebrauch.«

»Ist es gut, einem Kind das Meditieren beizubringen?«, will Nikki wissen.

»Ein Kind Achtsamkeit zu lehren ist ein großartiges Geschenk«, antwortet der Mönch. »Man kann es ihm beim Verrichten kleiner alltäglicher Aufgaben wie dem Zähneputzen beibringen. Aber hängt es nicht zu hoch auf; macht es nicht zur Pflichtübung. Auch hier wird das Kind an eurem Beispiel lernen. Wenn ihr selbst auf natürliche Weise Achtsamkeit praktiziert, wird es euer Verhalten kopieren.

Lehrt es, auf den eigenen Atem zu achten; vielleicht auch die Atemzüge zu zählen. Es ist ein großer Segen, schon in frühen Jahren um die tröstende, heilende Wirkung des Atems zu wissen.

Haltet das Kind im Arm, lasst es mit euch atmen, während ihr selbst mit dem Gedanken an Frieden und Heilung ein- und ausatmet. Das ist eine wunderbare Möglichkeit, es an die Meditation und seine eigene innere Welt heranzuführen.

Auch gemeinsam eine Gehmeditation zu machen kann einem Kind guttun, besonders wenn es wütend ist, sich Sorgen macht oder aufgewühlt ist. Haltet seine Hand und geht mit ihm. Setzt die Füße fest auf den Boden. Lasst es gleichmäßig einatmen und wieder ausatmen. Das ist ungemein beruhigend und aufbauend!«

Nachdenklich fährt er fort: »Es ist gut für Kinder zu wissen, dass es normal ist, wenn sie sich manchmal traurig fühlen oder Angst haben, einsam oder wütend sind. Sie können lernen, mit solchen Gefühlen umzugehen, indem sie sie wahrnehmen und einfach da sein lassen oder sie sogar ›willkommen‹ heißen.

Wenn ein Kind – ja, generell: ein Mensch – traurig oder aufgewühlt ist, besteht die Versuchung, ihm Dinge zu sagen wie: ›Ach komm, ist doch alles gut!‹, oder ihm ›zum Trost‹ Süßigkeiten zuzustecken. Dabei würde es ihm viel mehr bringen, wenn man es ermutigt, in seine Gefühle hineinzuspüren, sie anzunehmen und da sein zu lassen – so wie wir selbst es üben. Dann nämlich kann es sie loslassen und sich von ihnen befreien, statt bloß Risse zuzukitten und in seinem Inneren ein wachsendes Depot an Schmerz anzulegen, mit dem es sich irgendwann auseinandersetzen muss.

Wenn wir Achtsamkeit praktizieren, was – egal, wie alt wir sind oder in welcher Lebensphase wir uns befinden – immer von großem Vorteil sein kann, gibt es ein paar Dinge, auf die es zu achten gilt: zum Beispiel unsere Neigung, das Leid aus unserem Geist verbannen zu wollen; uns mit Essen, Trinken, ja, sogar dem Denken von ›heilenden Gedanken‹ abzulenken. Alles ist uns recht, um das Leid nur ja nicht anschauen zu müssen. Auch damit kitten wir nur Risse zu, was uns letztlich gar nichts bringt.

Viel besser ist es, ehrlich zu sein, es zur Kenntnis zu nehmen und zu akzeptieren: ›Da ist Leid.‹ Schaut es an und macht euch klar, was dahintersteckt. Es ist immer irgendeine Anhaftung mit im Spiel, also geht im Kopf die Möglichkeiten durch, bis ihr wisst, um welche es sich handelt. In dem Augenblick werdet ihr spüren, wie sich der innere Druck löst, und damit kommt der Prozess des Loslassens in Gang. Nehmt es an, lasst das ›Loslassen‹ geschehen.«

Eine Zeit lang hängt der Mönch schweigend seinen Gedanken nach, dann fügt er hinzu: »Aber natürlich ohne euch an irgendein Resultat zu klammern. Das ist der zweite Stolperstein – die Anhaftung an bestimmten Ergebnissen. Der Mensch neigt dazu, immer alles regeln zu wollen. Lasst die Dinge lieber, wie sie sind –

gebt sie ans Universum ab, vertraut sie dem Fluss des Lebens an. Dann lösen sie sich von allein.

Versucht die Dinge und Menschen so zu akzeptieren, wie sie sind, ohne zu versuchen, sie zu verändern oder irgendetwas zurechtzurücken. Lassen wir los und alles einfach da sein, geben wir dem Universum den Raum, uns zu zeigen, was es für uns und unser Leben bereithält.«

»Das hört sich für mich nach einer ziemlichen Herausforderung an«, bemerkt Rodney. »Für dich als alten Kontrollfreak«, bemerkt seine Frau ironisch. Rodney verstummt.

»Ich weiß, es bedarf der Übung«, sagt der Mönch. »Die Herangehensweise ist so ganz anders als die übliche; sie entspricht so gar nicht unserer Konditionierung. Darum fangt in bescheidenem Rahmen an: Akzeptiert kleine Details, die euch persönlich betreffen; ebenso die Dinge in der Welt, auf die ihr ohnehin keinen Einfluss habt – die Regierung, die Verbrechen, die manche Menschen begehen, den Zustand der Staatsfinanzen und so weiter – alle diese ... Kleinigkeiten.« Er lacht.

»Ihr werdet merken, wie euch die Akzeptanz sehr schnell zur inneren Haltung wird. Und weißt du, Rodney, du wirst staunen, wie sich das auf dein ›inneres Klima‹ auswirkt. Das gilt übrigens für alle.

Nicht andauernd am Zustand der Welt zu verzweifeln bringt so viel inneren Frieden! Das wiederum färbt auf deine Akzeptanz für die kleinen Dinge des Alltags ab. Und ganz allmählich stellt sich Frieden ein.«

Wieder folgt ein Schweigen.

»Aber kommen wir noch einmal kurz auf die Kinder zurück«, nimmt der Mönch den Faden wieder auf. »Ich finde, dass ihnen die Metapher des ›inneren Wetters‹ sehr helfen kann. Sie können selbst sehen, wie Wolken – und manchmal auch ein Gewitter –

plötzlich aufziehen, und lernen, dass sie nur eine Weile zu warten brauchen, bis auf einmal die Sonne wieder scheint. Es ist nie zu früh, um zu begreifen, dass man selbst für sein inneres ›Wetter‹ zuständig ist.

Wenn wir Kindern solche Dinge beibringen, tun wir es stets aus einer Haltung der Liebe und Akzeptanz heraus. Nie kritisieren wir sie oder üben Druck aus, um sie zu verändern. Wir sehen in ihnen die perfekten, liebenden Wesen, die sie ja tatsächlich auch sind.«

»Na, du solltest meine kleinen Terroristen daheim mal erleben!«, wirft Ed ein. Die Bemerkung löst allgemeines Gelächter aus, aber der Mönch beharrt: »Nein, ich meine das ganz ernst. So läuft das in Beziehungen. Wir schauen durch die Brille des Ego, also durch die Fenster des Hauses, das wir uns errichtet haben, um uns vor dem Schmerz und Leid der Welt zu schützen; um ›die Pfeil und Schleudern des wütenden Geschicks zu erdulden‹, wie Shakespeare in *Hamlet* schrieb. Schauen wir stattdessen auf die im Kern vorhandene Liebe und das Potenzial an Möglichkeiten. Und helfen wir dem Kind, seine wahren Anlagen zu entfalten, indem wir es lieben und an es glauben.

Übrigens können wir dies in jeder Beziehung und mit jedem Menschen so halten. In dem Maße, wie wir mehr und mehr in Kontakt mit unserem eigenen inneren Kern kommen, öffnen wir uns für den inneren Kern der anderen. Unser Blick reicht tiefer als das Ego; wir sehen durch die Schichten des bloß dem Selbstschutz dienenden Humors, der Weltverdrossenheit und intellektuellen Verbrämung hindurch und entdecken die Unsicherheiten, Ängste und Enttäuschungen, die zum Aufbau des jeweiligen Ego-Gebäudes geführt haben.

Und wir lieben, was wir im Herzen der anderen spüren, weil wir tief im Inneren wissen, dass sie wir sind und wir sie. Wir sind

Wellen in ein und demselben Ozean des Lebens. Versteht ihr, was ich meine?«

Niemand sagt etwas, und so fährt er fort: »Beim Beherzigen der Vier Edlen Wahrheiten und beim Nachdenken über das Leid erkennen wir, dass wir, egal, wer und wo wir sind, alle das Gleiche erleben. Shakespeare hat es in seinem *Kaufmann von Venedig* in Shylocks Rede auf seine Art beschrieben. Wir mussten sie in der Schule auswendig lernen, und ich kann sie noch immer auswendig:

›Hat nicht ein Jude Augen? Hat nicht ein Jude Hände, Gliedmaßen, Werkzeuge, Sinne, Neigungen, Leidenschaften? Mit derselben Speise genährt, mit denselben Waffen verletzt, denselben Krankheiten unterworfen, mit denselben Mitteln geheilt, gewärmt und gekältet von eben dem Winter und Sommer wie ein Christ? Wenn ihr uns stecht, bluten wir nicht? Wenn ihr uns kitzelt, lachen wir nicht? Wenn ihr uns vergiftet, sterben wir nicht? Und wenn ihr uns beleidigt, sollen wir uns nicht rächen? Sind wir euch in allen Dingen ähnlich, so wollen wir's euch auch darin gleich tun.‹

Unsere wahre Natur liegt jenseits von allem Ego-Kram wie Rasse, Religion, Beruf und äußerer Erscheinung. Sie liegt in der Wirklichkeit unseres Geistes, in uns, in dem grenzenlosen Ozean, in dem wir eine Welle oder ein winziger Tropfen sind. Wenn ihr das sehen könnt, ist es nicht schwierig, anderen freundlich, liebevoll und tolerant zu begegnen. Und wenn wir uns anderen gegenüber so verhalten, wie wir von ihnen behandelt werden möchten, dann legen sie auf einmal just dieses Verhalten an den Tag, weil wir alle eins sind.«

Der Mönch schweigt, dann schaut er Suzi nachdenklich an. »Vielleicht ist das, was ich gerade beschrieben habe, ein gutes Beispiel für das Wirken von Karma.«

Ich muss daran denken, wie mir meine Mutter als kleines Mädchen das Buch *Die Wasserkinder* von Charles Kinsley vorgelesen hat. Ich mochte mir die Geschichte kaum anhören, so traurig machte sie mich, aber eins habe ich nie vergessen, nämlich wie die Fee forderte, andere genau so zu behandeln, wie wir selbst auch gern behandelt werden möchten. Mal ehrlich, warum tun wir es eigentlich nicht?

Es ist still im Raum. Wahrscheinlich denken auch die anderen über Erlebnisse aus ihrer Kindheit nach und wünschen sich, sie hätten einen so guten Start ins Leben gehabt, wie der Mönch es eben beschrieben hat.

»Ganz schön viel, um das alles aufzunehmen«, sagt er schließlich. »Habt ihr irgendwelche Fragen?«

Es gibt etwas, was mich schon seit Längerem beschäftigt, und eben musste ich an Tina Turner denken und wie nützlich sie das buddhistische Chanten fand. Da ist es mir wieder eingefallen. Ich zögere. Der Mönch schaut mich an. »Es ist nichts Großartiges ...«, beginne ich unsicher. »Nur ... ich habe früher beim Meditieren manchmal ein Mantra benutzt, und ich frage mich, was du davon hältst?«

Der Mönch lächelt. »Ein Mantra, also ein Wort oder eine Kombination von Worten, die wir während des Meditierens entweder laut oder im Stillen ständig wiederholen, kann ein nützliches Werkzeug sein. Auch in der Theravada-Tradition arbeiten wir manchmal damit. Wir wählen dazu in der Regel das Wort ›Buddho‹ – genau wie beim Chanten –, wie es mein Lehrer Ajahn Sumedho empfohlen hat, und zwar besonders dann, wenn unser Geist sehr aktiv ist. Wir richten uns damit an unsere eigene ›Buddha-Natur‹, also jenen Teil in uns, der rein und erleuchtet ist, um diesen zur Entfaltung zu bringen. Wir rufen nicht die Person des Buddha an.

Das Mantra – sei es nun ›Buddho‹ oder welches Wort wir auch immer wählen – lässt sich mit dem Atem kombinieren. Beim Einatmen sagen oder denken wir ›Bud‹ und beim Ausatmen ›dho‹. Bei Gehmeditationen ist dies besonders hilfreich, denn es hilft uns, in den Rhythmus der Bewegung hineinzufinden.

Wir nutzen die Energie des Mantras ›Buddho‹, um unseren Geist rein zu halten und leichter Zugang zu der Klarheit in unserem Inneren – unserer Buddha-Natur – zu finden. Und wir legen unsere ganze Energie hinein: ›Bud‹, ›dho‹«, tönt der Mönch mit seiner kräftigen, melodiösen Stimme. »Lasst uns diese Sitzung mit einer Mantra-Meditation beschließen.«

BUDDHO-MEDITATION

Nimm ein paar behutsame, achtsame Atemzüge, ein und aus; spüre, wie der Atem durch deine Nasenlöcher ein- und dann sanft wieder ausströmt.

Nach mehreren Atemzügen beginne, im Stillen dein Mantra zu sprechen: »Bud« beim Einatmen und »dho« beim Ausatmen.

Lass den Atem, während er ein- und ausströmt, eins werden mit dem Klang des Mantras. Spüre das helle Strahlen, das von dem Wort ausgeht und deinen ganzen Körper erfüllt. Atme gleichmäßig weiter.

Wenn du bereit dazu bist, gib dir mit dem Atem selbst etwas *Metta*. Sprich: »Möge es mir gut gehen. Möge ich glücklich sein. Möge ich sicher und frei von Leid sein.«

Und dann wende dich an alle Lebewesen mit den Worten: »Möge es allen Lebewesen gut gehen. Mögen alle Lebewesen glücklich sein. Mögen alle Lebewesen sicher und frei von Leid sein.«

Es herrscht eine wunderschöne Atmosphäre im Raum. Wir bleiben noch einige Minuten still sitzen, dann chanten wir gemeinsam, um unsere Sitzung wie üblich zu beschließen. Wir strecken behutsam die Glieder, stehen leise auf und kehren in unser Leben und unseren Alltag zurück.

AUF EINEN BLICK

» Die letzte Gruppe des Achtfachen Pfads umfasst das rechte Streben, die rechte Achtsamkeit und die rechte Konzentration.

» Der Buddha zählte vier Aspekte des rechten Strebens auf:
  – unheilsame Geisteshaltungen wie Gier, Hass und Verblendung nicht aufsteigen zu lassen
  – unheilsame Geisteshaltungen, die bereits aufgestiegen sind, loszulassen

– das zu kultivieren, was der Buddha als »heilsame«
Eigenschaften bezeichnet, etwa liebende Güte, Großzügigkeit und Weisheit

– die »heilsamen« Eigenschaften, die wir bereits in uns
tragen, zu stärken.

» Die rechte Achtsamkeit holt uns mit unserer Aufmerksamkeit in den gegenwärtigen Augenblick. Sie lässt uns wach
sein für das, was im jeweiligen Moment in unserer
Umgebung, unserem Körper und unserer Atmung vor sich
geht. Wir nehmen die Dinge zur Kenntnis, akzeptieren sie
und lassen sie da sein, ohne sie zu kommentieren, zu kritisieren, zu beurteilen, Wünsche an sie zu knüpfen oder sie zu
vergleichen.

» Bei der rechten Konzentration geht es darum, die Aspekte des
Achtfachen Pfads noch entschlossener zu entfalten und
unsere Gedankenkraft gezielt auf unser Tun zu fokussieren.

» Streben, Achtsamkeit und Konzentration – mehr braucht es
nicht. Und ein wenig Mühe. Auch du kannst es schaffen!

ÜBUNG

» Überlege dir, was dich in deiner Praxis unterstützen kann.
Organisiere dein Leben so, dass es dir so leicht wie möglich
fällt, dem Achtfachen Pfad zu folgen.

» Sei pragmatisch. Halte dich von Dingen fern, die es dir
erschweren, dich an die Tugendregeln zu halten. Sei freundlich zu dir selbst.

» Übe weiterhin im Alltag Achtsamkeit, wann immer du
daran denkst (oder stell dir zur Erinnerung den Wecker).
Du kannst zum Beispiel beim Spülen achtsam sein oder

wenn du am Computer arbeitest oder einfach, wenn du die Straße entlanggehst.

» Meditiere täglich 20 Minuten lang.

Sprich am Ende deiner Meditation weiterhin die *Metta*-Worte. Richte sie wie gewohnt zunächst an dich selbst, dann an deinen Mentor, danach an jemanden, den du liebst, und schließlich an jemanden, dem du neutral gegenüberstehst. Sage dir:»Möge ich sicher sein. Möge ich glücklich sein. Möge es mir gut gehen, und möge ich unbeschwert sein.« Dann stell dir deinen Mentor vor und sprich:»Mögest du sicher sein. Mögest du glücklich sein. Möge es dir gut gehen, und mögest du unbeschwert sein.« Nun visualisiere einen Menschen, den du liebst, und sprich:»Mögest du sicher sein. Mögest du glücklich sein. Möge es dir gut gehen, und mögest du unbeschwert sein.« Zum Schluss denke an einen Menschen, dem du neutral gegenüberstehst, und sprich wieder:»Mögest du sicher sein. Mögest du glücklich sein. Möge es dir gut gehen, und mögest du unbeschwert sein.«

Woche 8

Metta – liebende Güte

Der Juli neigt sich dem Ende entgegen, und heute ist unser letztes Treffen. Der Mönch ist schon da, und nach und nach treffen auch die anderen ein, nehmen redend und lachend ihre Plätze ein. Gespannte Vorfreude liegt in der Luft, und es ist so viel Freundlichkeit und Wärme zu spüren – wie anders fühlt sich das jetzt an als zu Beginn unserer ersten Sitzung, als alle ziemlich nervös und unsicher waren.

Das ist jetzt acht Wochen her, aber ich habe irgendwie das Gefühl, es wäre in einem anderen Leben gewesen. Würde man mich fragen, inwiefern ich mich verändert habe, ich könnte es noch nicht einmal genau sagen. Ich empfinde mich als ruhiger, entspannter, glücklicher. Ich bin zufriedener mit den Dingen, so wie sie sind.

Die Achtsamkeitspraxis tut mir wirklich gut und ist zu einem Teil meines Lebens geworden. Ich bin mir sicher, dass sie zu meiner gelasseneren Haltung mit beigetragen hat. Auch stelle ich fest, dass ich mir meiner Gefühle mehr und mehr bewusst werde – meiner Ungeduld etwa, meiner Gereiztheit oder Nervosität, dem Wollen und Nicht-Wollen. Wenn ein solches Gefühl in mir aufsteigt, nehme ich es zur Kenntnis und spüre nach, welche »Begierde« dahintersteckt – welche der »Fearsome Five« (Fürchterlichen Fünf), wie ich sie neuerdings nach der Schurkentruppe benenne, mit der sich Superman herumzuschlagen hatte: Gier, Hass, Verblendung, Anhaftung und Verlangen.

Und dann akzeptiere ich das Gefühl einfach. Ich merke, wie ich dadurch entspanne und der Druck weicht – wie auf einmal die »Luft raus ist«. Es ist faszinierend, wie das immer wieder funktioniert. Das Gefühl wird besänftigt, wenn man es annimmt; es ist, als würde man einen heilenden Balsam auf eine Wunde streichen.

Die Stimme des Mönchs holt mich aus meinen Gedanken. »Willkommen«, begrüßt er uns. »Es ist sehr schön, euch alle wiederzusehen.« Und augenzwinkernd fügt er hinzu: »Meine Mitreisenden auf dem Achtfachen Pfad.«

Wir stimmen alle in sein Lachen ein. Einen Moment lang packt mich die Albernheit, und ich sehe uns, wie wir alle zusammen auf dem gelben Ziegelsteinweg in Richtung Smaragdstadt marschieren, um den Zauberer von Oz aufzusuchen. Im Stillen summe ich die Melodie dazu: »Ich gehe den Weg, wie lang er auch sei, und wünsche mir diese Stadt herbei. Die Schuhe, sie tragen und führen mich zur Stadt, zum Schloss, zum Zauberer von Oz …«

Du meine Güte, was ist nur los mit mir! Trotzdem, ein netter Tagtraum. Die Stimme des Mönchs fängt mich wieder ein.

»Gibt es irgendwelche Fragen? Kommentare? Bedarf irgendetwas der Erläuterung? Fehlt es irgendwo an Klarheit? Oder möchtet ihr über ein spezielles Thema reden oder der Gruppe etwas mitteilen, bevor wir zu unserem heutigen Thema kommen?«

Pam hebt die Hand und sagt: »Du hast irgendwann einmal gesagt, wenn wir Zeit hätten, könnten wir noch mal auf das Thema Reinkarnation zurückkommen. Darüber würde ich gern ein wenig mehr wissen.«

»Gut.« Der Mönch nickt. »Also … Wenn wir uns ins innere Gewahrsein begeben, wo wir im reinen Bewusstsein sind, werden wir feststellen, dass wir uns außerhalb der Zeit bewegen, in der ›unendlichen Dimension ohne Anfang und ohne Ende‹, wie der Dalai Lama es nennt.

Aus dieser Erkenntnis folgt, dass es die Wiedergeburt geben muss, denn sie ist die Voraussetzung für die Kontinuität des Bewusstseins: Wir sind jetzt hier, also müssen wir aus diesem Bewusstsein gekommen sein und dorthin zurückkehren, um möglicherweise noch einmal – oder vielleicht sogar noch viele Male – wiedergeboren zu werden. Denkbar ist aber auch, dass ein Teil von uns dieses Bewusstsein nie verlässt.

Ich kann aus eigener Erfahrung von Beispielen aus meiner Zeit im Kloster in Thailand berichten, wo die Vorstellung von der Reinkarnation zum Allgemeingut gehört. So habe ich etwa mehrfach erlebt, wie Kinder, die jung verstorben sind, offensichtlich sehr schnell wiedergeboren wurden und bestimmte Gegenstände, Orte und Verwandte aus ihrem früheren Leben wiedererkannten.«

Der Mönch hält inne und nickt Robert zu, der sich gemeldet hat. Ich weiß, dass er sich ausführlich mit dem Thema beschäftigt hat und es ihn sehr interessiert.

»In einem Buch habe ich einmal von einem besonders beeindruckenden Beispiel gelesen, das die Reinkarnation beweist«, erklärt er. »Es ist vor langer Zeit erschienen. *The Case for Reincarnation* [Ein Argument für die Reinkarnation] heißt es. Der Autor, Leslie D. Weatherhead, beschreibt darin die Geschichte eines italienischen Paares. Wie er berichtet, hatte dieses Paar eine Tochter namens Blanche, für die es ein Kindermädchen aus der französischen Schweiz engagierte. Die junge Frau sang der Kleinen ein französisches Lied vor, und es gefiel dieser so gut, dass sie es sich immer wieder vorsingen ließ.

Leider verstarb die kleine Blanche. Das Kindermädchen ging in die Schweiz zurück, und das Lied geriet in Vergessenheit. Niemand im Haus sang es danach noch einmal.

Drei Jahre später wurde Blanches Mutter erneut schwanger. Als sie im vierten Monat war, hatte sie einen seltsamen Tagtraum, in dem ihr Blanche erschien und ihr mit ihrer vertrauten Stimme sagte: ›Ich komme wieder, Mama.‹ Damit endete die Vision.

Das neue Kind wurde geboren, und die Eltern nannten es ebenfalls Blanche. Es heißt, das Baby habe der ersten Blanche zudem sehr geähnelt. Als das Mädchen etwa sechs Jahre alt war, passierte etwas Außergewöhnliches: Seine Mutter saß nebenan, als sie aus

Blanches Zimmer auf einmal das früher so häufig angestimmte und dann in Vergessenheit geratene Wiegenlied hörte.

Sie lief zu der Kleinen und fragte sie, wer ihr denn dieses Lied beigebracht habe. ›Keiner‹, sagte diese. ›Ich kenne es einfach. Ich habe es im Kopf.‹

Und sie sang es fröhlich weiter, als hätte sie nie im Leben irgendein anderes Lied gesungen. Die Geschichte ist wahr. Sie wurde umfassend dokumentiert und ist mit den eidesstattlichen Erklärungen aller Beteiligten versehen.«

Ich kenne die Geschichte zwar schon – sie ist eine von Roberts Lieblingsgeschichten –, aber es läuft mir jedes Mal kalt den Rücken hinunter, wenn ich sie wieder höre.

Es ist sehr still im Raum. Nach einer Pause sagt der Mönch: »Danke, Robert. Das war sehr interessant und bewegend.«

Wir schweigen wieder eine Weile, dann meldet sich Pam noch einmal: »Ein Medium hat mir einmal gesagt, dass ich in einem früheren Leben im alten Ägypten die königliche Gemahlin eines Pharaos war. Um es genau zu sagen, Nofretete.« Sie verzieht theatralisch das Gesicht. Alles lacht, obwohl ich zugeben muss, dass Pam abgesehen von ihrem blonden Haar rein äußerlich schon etwas von einer Ägypterin hat.

»Ich glaube, es laufen eine Menge Nofretetes herum«, bemerkt Suzi amüsiert.

Der Mönch schweigt, dann sagt er schmunzelnd: »Und streichelt es nicht unser Ego, wenn wir meinen, in einem früheren Leben ein mächtiger, berühmter oder exotischer Mensch gewesen zu sein?« Wieder folgt allgemeines Gelächter.

»Wie ich schon gesagt habe«, fährt er fort, »ich halte es nicht für empfehlenswert, allzu viel über vergangene Leben nachzugrübeln. Es kann kontraproduktiv sein, weil es womöglich eine Anhaftung an das Konzept der Reinkarnation oder an die

Vergangenheit auslöst. Sobald wir in der Meditation ins Gewahrsein des reinen Bewusstseins gekommen sind, verlieren Details aus den früheren Leben von einzelnen Menschen ihre Bedeutung.« Ich schaue den Mönch an, und er nickt mir aufmunternd zu. »Da ist etwas«, sage ich, »über das ich nachgrüble, seit ich mich mit der Lehre des Buddha befasse. Ich bin in einem Umfeld aufgewachsen, in dem der Glaube an Engel tief verwurzelt ist, und ich würde gern wissen, was man im Buddhismus davon hält.« Der Mönch nimmt sich Zeit, um über meine Frage nachzudenken. *O nein! Jetzt habe ich was Falsches gesagt,* denke ich. Doch dann meint er: »Es klingt, als wäre dir dieser Glaube sehr wichtig.« »Ja«, bestätige ich. »Aber es ist mehr als ein Glauben. Meine Mutter sagte immer, dass sie ihr Leben dem Eingreifen eines Engels zu verdanken hat.« Jetzt schauen mich alle erwartungsvoll an. Einen Moment lang wünsche ich mir, das Thema nicht angesprochen zu haben, aber nun bleibt mir wohl nichts anderes übrig, als es zu erzählen.

»Meine Mutter war ungefähr zehn Jahre alt und lebte mit ihrer Familie im australischen Busch. Ihr fiel der Job zu, jeden Morgen den Paraffin-Ofen zu füllen. Eine ziemliche Herausforderung für eine Zehnjährige, finde ich, aber es gehörte nun einmal zu ihren Aufgaben. Eines Morgens, als sie wie üblich die Flüssigkeit in den Tank schütten wollte, hörte sie im Kopf eine Stimme, die sagte: ›Halt! Riech erst mal daran!‹ Sie konnte sich nicht erklären, woher die Stimme kam, aber diese hatte mit solchem Nachdruck gesprochen, dass sie sie nicht ignorieren konnte. Also hielt sie sich den Kanister unter die Nase und merkte, dass das Zeug, das da drin war, wirklich nicht den üblichen Geruch hatte. Sie stellte ihn ab und ging zu ihrem Vater, um erst einmal nachzufragen. So kam heraus, dass der am Tag zuvor an der Tankstelle gewesen war und den Kanister, in dem normalerweise das

Paraffin für den Ofen aufbewahrt wurde, versehentlich mit Benzin hatte füllen lassen. Er lobte meine Mutter dafür, dass sie so gut aufgepasst hatte, und erklärte ihr, es habe ihr das Leben gerettet.

Meine Mutter behauptete zeitlebens, es sei ein Engel gewesen, der sie gewarnt habe, und von da an war sie sich der Gegenwart der Engel immer bewusst. Während des Zweiten Weltkriegs erlebte sie noch mehrfach, wie sie in Momenten extremer Gefahr von ihnen beschützt wurde. So empfand sie es zumindest.

Dieses absolute Vertrauen in Engel lebte sie mir und meiner Schwester vor. Ich war als Kind ziemlich ängstlich, und da war es sehr tröstlich zu wissen, dass mich die Engel beschützen.

Ich bin immer noch mit Engeln in Kontakt. Sie sind ein wichtiger Teil meines Lebens«, beende ich meine Geschichte, obwohl es mir ungemein peinlich ist, so viel Persönliches von mir preiszugeben.»Aber jetzt frage ich mich, wie der Buddhismus dazu steht.«

»Danke, dass du uns von dieser berührenden Erfahrung erzählt hast.« Der Mönch denkt einen Moment lang nach, bevor er weiterspricht.»In der buddhistischen Lehre kommen Engel tatsächlich vor. Wir nennen sie Devas, und der Buddha hat sie in vielen seiner Lehrreden erwähnt. In der Tat wurde der Buddha gelegentlich als ›Lehrer von Devas und Menschen‹ bezeichnet.

Wie schon mehrfach gesagt, erschließt sich die Lehre des Buddha erst in der persönlichen Erfahrung. Er fordert uns auf, uns nur das zu eigen zu machen, was sich für uns gut und richtig anfühlt. Nehmt euch das heraus, was für euch passt. Wenn nichts dabei ist, was passt, lasst es sein. Es gibt keinen Druck.

Manche von euch können vielleicht nichts mit der Vorstellung anfangen, dass es Engel gibt oder diese in unser Leben eingreifen. Das ist in Ordnung. Du, Rose, hast dagegen die Erfahrung gemacht, dass sie präsent sind und dir helfen. Auch das ist in Ordnung.«

»Ja, aber was ist mit der Verblendung?«, will Tim wissen. »In der Zweiten Edlen Wahrheit warnt uns der Buddha doch davor, an der Verblendung anzuhaften. Für mich fallen Engel in diese Kategorie.«

»Übernimm das, was für dich stimmt, Tim. Denk an die Worte des Buddha. Nimm nur das an, was deiner eigenen Logik und deinem gesunden Menschenverstand entspricht.«

»Heißt das, dass wir uns im Buddhismus einen Wunschkorb aus all den Dingen zusammensuchen können, die uns passen?«, fragt Tim.

Nach kurzem Überlegen antwortet der Mönch: »Wie ich bereits ganz am Anfang dieses Kurses erklärt habe, steckt alles, was wir brauchen, um dem buddhistischen Pfad zu folgen und ein glückliches, freies, friedliches Leben zu leben, in den Vier Edlen Wahrheiten. Dazu gehören die ›rechte Erkenntnis‹, die bewusste Wahrnehmung des Geschehens in Körper, Geist und Emotionen, die Achtsamkeit, *Metta* sowie das Aufsuchen des Ortes von Frieden, Bewusstheit und Weisheit in unserem Inneren. Und auch der übrige Achtfache Pfad, der natürlich Teil der Vierten Edlen Wahrheit ist.

Viele neigen dazu, die ersten drei Edlen Wahrheiten – oder Teile davon – an Bord zu nehmen. ›Achtsamkeit‹ und ›Im Jetzt sein‹ etwa sind als moderne Schlüsselbegriffe in aller Munde und Teil vieler Therapieformen. Dabei wird jedoch der ganze Rest vernachlässigt oder übersehen. Das gilt insbesondere für die Vierte Edle Wahrheit, die sich auch mit den ethischen Werten befasst.

Manchen passt der Gedanke an einen ethischen Verhaltenskodex schlichtweg nicht in den Kram, aber die Vierte Edle Wahrheit umzusetzen ist für unser Glück, die Freiheit von Leid und den Frieden ebenso wichtig, wie die ersten drei es sind.

Ohne die ethischen Regeln kommen wir nicht über einen bestimmten Punkt hinaus, denn nur sie leiten uns zu einer Lebensgestaltung an, die die Voraussetzungen für Glück, Freiheit und Frieden im Inneren wie draußen in der Welt erfüllt: nicht lügen, nicht stehlen, kein sexuelles Fehlverhalten, kein Leben nehmen, keine Rauschmittel missbrauchen.

Ob man an Engel glaubt oder nicht, bleibt jedem selbst überlassen, obwohl es nach den Worten des Buddha mit zur rechten Erkenntnis gehört, die Existenz einer geistigen Welt, von Engeln und dem Übernatürlichen zu akzeptieren. Die ethischen Regeln zu beherzigen, so wie sie im Achtfachen Pfad und den Fünf Tugendregeln dargelegt sind, ist dagegen Pflicht. Es ist notwendig, um uns unsere Reinheit und Klarheit zu bewahren und auf diese Weise in unserem ganzen Sein von einem Gefühl des Einklangs durchdrungen zu sein.

Während ihr die ersten drei Edlen Wahrheiten praktiziert, werdet ihr vielleicht feststellen, dass ihr automatisch nach der Vierten Edlen Wahrheit einschließlich der Fünf Tugendregeln lebt, ohne euch groß Gedanken darüber zu machen. Es ist eine natürliche Folge, zumal alles miteinander verwoben ist, wie wir gesehen haben. Aber wenn ihr euch bewusst daran haltet, beschleunigt das – um dieses Wort ausnahmsweise einmal zu benutzen – den ›Fortschritt‹ in eurem inneren Prozess.«

Der Mönch denkt wieder eine Weile nach, dann lächelt er. »Die Leute stellen sich die buddhistische Lebensweise manchmal als total ernst und irgendwie feierlich vor, aber das stimmt nicht. Der Buddha steckte voller Späße und Humor. Vielleicht erinnert ihr euch noch. Er sagte: ›Es gibt keinen Weg ins Glück, Glück ist der Weg.‹

Es ist ein Weg der Freude und des Glücks. Seid glücklich. Seid im Frieden. Habt Freude. Das ist es, was der Buddha wollte – Glück,

Frieden und Freude für alle Menschen, alle Lebewesen. Wir sind alle eins. Und vergesst nicht, bei euch selbst anzufangen.«

Gwyn hebt die Hand und nimmt sich einen Moment Zeit, bevor sie zu sprechen beginnt. »Schließt das Tiere mit ein? Sind sie Teil der ›Einheit‹?«

»So wie der Buddha Fragen nach der Existenz einer unvergänglichen Individualseele wenig abgewinnen konnte, riet er auch davon ab, über dieses Thema nachzugrübeln«, antwortet der Mönch und fügt hinzu: »Im Zen-Buddhismus gibt es den Spruch: ›Alles ist eins, und alles ist verschieden.‹ Und es gibt ein Koan – ein Rätsel –, das lautet: ›Was ist der Unterschied zwischen einem erleuchteten und einem nicht erleuchteten Menschen?‹ Kennt einer von euch die Lösung?«

»Das ist doch ein Witz!«, wirft Rodney ein.

Aber dem Mönch ist es ernst. »Die Antwort lautet: Der Unerleuchtete sieht einen Unterschied, der Erleuchtete nicht. Aber was hat uns dieses Wissen gebracht?«

»Verwirrung.« Pam lacht.

»So ist es«, erwidert der Mönch. »Jetzt versteht ihr, warum der Buddha nichts von solchen Diskussionen hielt.«

»Oh, Entschuldigung.« Gwyn wirkt verunsichert.

»Nein, so war das nicht gemeint«, beruhigt sie der Mönch. »Ich wollte nicht sagen, dass wir einer tief greifenden, interessanten Frage wie dieser aus dem Weg gehen sollten. Bitte sprich weiter.«

Gwyn lächelt und greift ihren Faden wieder auf: »Es ist nur – wenn ich draußen in meinem Garten bin oder meditiere, ist mein Herz von Liebe und Frieden erfüllt, und ich habe das Gefühl, mit allen Lebewesen verbunden zu sein. Mir kommt es so vor, als würden zwischen ihnen Fäden aus goldenem Licht verlaufen – den Vögeln, Bienen und anderen Insekten, anderen Tieren ... ja, selbst zwischen den Bäumen und Blumen. Es ist ein so friedliches

Gefühl, so voller Freude. Ich kann es kaum in Worte fassen. Darum meine Frage.«

Der Mönch lächelt. »Ich denke, du kannst deiner Erfahrung vertrauen.« Dann fügt er hinzu: »Und du hast auf jeden Fall Mahatma Gandhi auf deiner Seite. Er sagte: ›Die Wahrheit ist, dass meine Ethik mir nicht nur gestattet, sondern es auch von mir verlangt, meine eigene Verwandtschaft nicht nur mit dem Affen, sondern auch dem Pferd und dem Schaf, dem Löwen und dem Leoparden, der Schlange und dem Skorpion nicht nur zu beanspruchen, sondern auch zu besitzen ...‹«

»War Gandhi Buddhist?«, will Rodney wissen.

»Er betrachtete sich als solchen«, antwortet der Mönch. »Er sagte, dass der Buddhismus im Hinduismus fuße und dessen reinstes Wesen verkörpere. Aber ich glaube, wir kommen wieder einmal etwas vom Thema ab.«

Maurice meldet sich. »Du hast viel von ›Erleuchtung‹ gesprochen«, meint er. »Aber ich weiß nicht recht, was das genau bedeutet.«

»Da sind wir schon zu zweit.« Der Mönch lacht. »Doch es heißt, wenn man den Zustand erreicht hat, würde man es merken. Aber im Ernst: Normalerweise definiert man den Begriff als Freiheit von dem, was der Buddha als *Dukkha* oder Leid bezeichnete. Es ist das vollständige Aufgehen in der Wahrheit der Lehre des Buddha.

Erleuchtung hat nichts mit intellektuellen Höhenflügen, irgendwelchen übernatürlichen Zuständen oder spirituellen Visionen zu tun. Erleuchtung im buddhistischen Sinn liegt auch jenseits von Wissen oder Verstand. Sie findet hier statt« – er legt sich die Hand aufs Herz. »Und nicht hier« – er deutet sich auf die Stirn. »In diesem erwachten Zustand der Bewusstheit, Klarheit und Erhellung haben wir die Dritte Edle Wahrheit erfahren. Es ist der Zustand der Reinheit, in dem wir auf diese Welt kommen und in ihr leben, bevor wir uns unser Ego-Gebäude errichtet haben, und in den wir auch wieder zurückfinden können. Jeder kann es – und zwar noch im jetzigen Leben. Ajahn Sumedho, mein Lehrer, ist in diesem Punkt sehr klar. Erleuchtung liegt für niemanden in diesem Leben außer Reichweite. Jeder kann sie durch das Praktizieren der Vier Edlen Wahrheiten erreichen.«

Der Mönch schweigt einen Moment lang.»Und damit sind wir wieder am Ausgangspunkt unseres Kurses angelangt.« Er wirft einen Blick in die Runde.»Und nun werde ich euch eine wahre Geschichte erzählen. Es geht um *Metta* – die liebende Güte.«

Erwartungsvolle Spannung macht sich im Raum breit, alle rücken sich noch einmal auf ihren Sitzen zurecht.

»Zu Lebzeiten des Buddha machte sich eines Tages eine Gruppe seiner Mönche auf den Weg in den Wald, um zu meditieren. Sie zogen fröhlich und gut gelaunt los, doch je tiefer sie in den Wald eindrangen und je dunkler die Schatten der Bäume wurden, desto unruhiger wurden sie. Da waren nämlich diese sonderbaren Laute zu hören, die – so dachten sie – von bösen Geistern stammten. Vor lauter Angst flohen sie schließlich und kehrten zum Buddha zurück. Der leitete sie daraufhin zu einer *Metta*-Übung an, in der sie den bösen Geistern liebende Güte schickten. Dann hieß er sie, abermals in den Wald zu gehen, um ihre Meditation durchzuführen. Es muss wohl funktioniert haben, denn es heißt, sie seien lange Zeit im Wald geblieben.

Wie ihr in diesem Kurs gesehen habt, brauchen wir nicht erst in den Wald zu gehen und uns vor den sonderbaren Lauten ›böser Geister‹ zu fürchten, um uns selbst und anderen *Metta* zu schicken. Es ist eine einfache, nützliche Technik, die wir jederzeit und überall anwenden können und die sich bei regelmäßiger Übung lebensverändernd auswirken kann. In der Tat haben wir es hier mit einer der schnellsten Möglichkeiten zu tun, um einen Wandel herbeizuführen.

Ich gehe sogar so weit zu behaupten: Wenn ihr nur eine einzige Sache aus diesem Kurs mitnehmt, lasst es die *Metta*-Praxis sein: ›Dr. Buddhas allerbeste Rundum-glücklich-Medizin‹. Wenn ihr nach einem lebenden Beispiel für das Wirken von *Metta* sucht, schaut euch einfach den Dalai Lama an, der sagt: ›Meine Religion ist die liebende Güte.‹ Der Satz ist ernst gemeint; er ist nicht einfach so dahergesagt. Er will in der Tiefe durchdacht sein; er will ergründet werden. Je mehr *Metta* ihr praktiziert, desto besser werdet ihr verstehen, wie viel Tiefe diese Worte des Dalai Lama wirklich haben.«

Nach einer längeren Redepause fährt der Mönch so leise fort, dass man fast meint, er spräche zu sich selbst:»Ich frage mich manchmal, wie das Leben wohl wäre, wenn jeder auf dieser Welt die Religion der liebenden Güte praktizieren würde.«

Wir sind alle still. Durch die Terrassentür sehe ich, dass die Schatten im Garten allmählich länger zu werden beginnen. Im Raum herrscht eine so friedliche, liebevolle Atmosphäre. Schon fangen meine Gedanken zu wandern an, doch die Stimme des Mönchs holt mich zurück.

»*Metta* – liebende Güte – ist ein wunderbares Gegenmittel gegen Angst, Zorn, Hass, Eifersucht, Traurigkeit, Unsicherheit, Sorgen, was auch immer. Und die Dosis kann nie hoch genug sein. Je mehr *Metta* ihr in eurem Leben praktiziert, *umso stärker die Wirkung und desto besser fühlt ihr euch.*

Der Buddha wies seine Anhänger immer auf die vielen Vorzüge von *Metta* hin. Um nur einige zu nennen: ›Wir schlafen glücklich ein. Wir wachen glücklich auf. Wir haben keine schlechten Träume. Wir schätzen unsere Mitmenschen. Wir schätzen die nichtmenschlichen Lebewesen. Wir können uns leichter konzentrieren. Unser Wesen strahlt Gelassenheit aus. Wir sterben geistig klar und mit der Brahma-Welt als Ziel vor Augen. Und wir haben eine leichte Geburt in der nächsten Inkarnation.‹

Bedenken wir, dass zu Lebzeiten des Buddha viele seiner Anhänger Hindus und im Glauben an die Reinkarnation tief verwurzelt waren. Sie hatten also besonderes Interesse an Praktiken, die es ihnen ermöglichen würden, im nächsten Leben in gute Verhältnisse hineingeboren zu werden.

Der Buddha wies jedoch darauf hin, dass die Vorteile, die ihnen das Üben von *Metta* im Hinblick auf eine ›leichte Geburt‹ einbringen würde, nicht einmal ein Sechzehntel dessen ausmachen, was ihnen die Befreiung des Herzens durch die Praxis der liebenden Güte bringen würde. An ›Leuchten und Glanz und Strahlen‹ würde diese Ersteres bei Weitem übertreffen.«

Alles schweigt. Sam sucht den Blick des Mönchs, doch als dieser zu ihm hinschaut, weicht er ihm aus.

»Hast du eine Frage, Sam?«

»Ja, schon.« Es liegt ein Zögern in seiner Stimme. »Das klingt alles gut und schön, und ich habe mir während des gesamten Kurses große Mühe mit der *Metta*-Praxis gegeben. Das Problem ist nur – ich weiß nicht recht, wie ich es formulieren soll ...« Er sucht nach Worten. »Ich finde es sehr schwer, im Herzen irgendetwas zu spüren, was sich auch nur ansatzweise nach Liebe anfühlt. Ich meine, ich habe deine Anleitung zum Üben von *Metta* genau befolgt und versuche auch, ein freundlicher Mensch zu sein, aber wenn ich in mir nach Emotionen suche, dann fühle ich mich irgendwie ... wie taub.«

»Das kommt gar nicht selten vor«, sagt der Mönch mit sanfter Stimme, »und ich versichere dir, dass das nicht heißt, du hättest keine Liebe in deinem Herzen. Liebe ist in jedermanns Herz. Ohne sie gäbe es keine Lebendigkeit. Zu Beginn unseres Lebens finden wir alle leichten Zugang zu der Liebe und der Freundlichkeit in unserem Inneren, aber im Laufe des Erwachsenwerdens errichten wir angesichts erlittener Verletzungen und Enttäuschungen immer mehr Schutzwälle um diesen empfindsamen Kern, bis wir uns schließlich in unser Ego-Haus eingemauert haben.

Versuchen wir dann, mit der Liebe in unserem Inneren Verbindung aufzunehmen, sind wir emotional wie abgeschnitten. Gut möglich, dass sich unser Herz wie taub anfühlt. Wir wissen, dass wir andere lieben, und wollen dies auch spüren, aber wir sind dazu nicht in der Lage.

Bei vielen von uns zerbricht dieser Schutzwall, dieses Ego-Haus, wenn wir uns verlieben. Dann kommen wir in Berührung mit der Liebe und Freundlichkeit im Kern unseres Wesens – dem Gefühl der Offenheit und des Einsseins mit einem anderen Menschen.«

Wieder ist es still im Raum. Vielleicht geht es den anderen wie mir, und sie spüren ebenfalls in Gedanken ihren Erinnerungen an Momente der Verliebtheit nach – das Kribbeln im Bauch, die rauschhafte Euphorie, die uns alles intensiver wahrnehmen lässt, sodass ein Zauber über allem zu liegen scheint und die Welt bunter und schöner als je zuvor erstrahlt.

Doch bevor ich mich von meinen Träumen entführen lassen kann, fährt der Mönch fort: »Aber natürlich ist dieser Zustand nicht von Dauer.« Nach einer Pause fügt er hinzu: »Es gibt jedoch eine gute Nachricht: Durch das Üben von *Metta* – wie im Übrigen durch alle Techniken, die ihr hier in unserem Kurs kennengelernt habt – können wir wieder mit diesem inneren Kern von liebender Güte in Verbindung treten und genau diese Freude und Begeisterung, ja, diese Verzückung, erleben, wie wir sie aus Phasen der Verliebtheit kennen.«

Er schweigt eine lange Zeit, bevor er weiterspricht. »Wenn ihr die *Metta*-Praxis erst einmal richtig verinnerlicht habt, wird es sich so anfühlen, als wäret ihr in die ganze Welt verliebt – ein Zustand permanenter *Verzückung.* Kennt ihr das Zitat des Buddha: ›Verzückung ist das Tor zum *Nirvana*‹?« Ich glaube nicht, dass es irgendeiner von uns schon mal gehört hat. Mir ist es definitiv neu. Bisher war ich davon überzeugt gewesen, dass sich im Buddhismus immer alles um Leid und Selbstverleugnung dreht; ich hatte ihn mir als eine ziemlich prüde und überkorrekte Angelegenheit vorgestellt, für Leute mit mürrischen Gesichtern und zusammengekniffenen Lippen, die angesichts von allzu lustvollem Treiben gern mal die Nase rümpfen. Und jetzt eröffnet uns der Mönch – und noch dazu mit den Worten von keinem Geringeren als dem Buddha höchstselbst! –, dass das Glücklichsein, die Verzückung, das Tor zum *Nirvana* sei? Und mehr noch: Wir sollen zudem damit anfangen, uns selbst zu lieben? Ich traue meinen Ohren kaum.

»Aber um auf deine Frage zurückzukommen, Sam«, sagt der Mönch, »wir können wieder Zugang zu diesem Gefühl von Verzückung, von Liebe, finden.«

Einen Moment höre ich, wie die Righteous Brothers in meinem Kopf das Lied ›You've lost that lovin' feeling‹ anstimmen. Ich kann nichts dafür. *Reiß dich zusammen,* denke ich. *Dieses ganze Gerede von der Liebe macht dich noch ganz schwindelig.* Ich versuche, mich wieder ganz auf die Worte des Mönchs zu konzentrieren.

»Es ist möglich, wieder in Berührung mit der Liebe und Offenheit, ja, diesem Gefühl der Verzückung, zu kommen, wenn wir regelmäßig *Metta* üben. Vielleicht müssen wir in Kauf nehmen, dass wir bei dem Prozess anfangs nichts Besonderes fühlen, aber irgendwann geschieht das Wunder: Bleiben wir beharrlich dran, lösen sich allmählich die Blockaden und Barrieren in unserem

Herzen auf – die Blockaden und Barrieren unseres Ego-Hauses, die uns daran hindern zu fühlen.

Um es anders und etwas bildlicher auszudrücken: Unser Herz ist wie eine Rosenknospe, die sich in unserem Inneren langsam öffnet, wenn die Sonne – in Form von *Metta* – auf sie scheint. Das Üben von liebender Güte kann uns wirklich verändern. Wir lassen die warme Sonne von *Metta* auf unser verschlossenes, für Gefühle taub gewordenes Herz scheinen, und es öffnet sich.«

Der Mönch hält inne, wie um seine Gedanken zu sammeln. Dann wirft er erst Sam einen Blick zu, bevor er in die Runde schaut. »Vertraut mir. Vertraut auf die Weisheit des Buddha«, sagt er. »Vertraut auf die Erfahrungen, die Tausende und Abertausende von Buddhisten im Laufe von über 2000 Jahren gemacht haben. Es funktioniert. Es funktioniert wirklich.

Es ist wie bei jeder neuen Fähigkeit, die wir erlernen. Am Anfang mag sich das alles unnatürlich anfühlen, denn wir müssen erst den ›Herzmuskel‹ trainieren, der lange nicht benutzt wurde. Vielleicht fällt es euch schwer, so ›zu tun, als ob‹, bevor ihr es wirklich spürt. Aber Schritt für Schritt kommt etwas in Bewegung, und ihr bekommt Zugang zu diesem inneren Kern. Und ich verspreche euch, es wird euer Leben verändern und das Leben der Menschen in eurem Umfeld gleich mit. Ihr müsst es bloß *tun*.

Es funktioniert so: Liebt euch selbst. Seid freundlich zu euch selbst. Konzentriert euch auf das Gefühl, das in euch aufsteigt, wenn ihr an jemanden oder etwas denkt, dem eure Liebe gilt – und sei es ein Haustier, das euch sehr ans Herz gewachsen ist. Pflegt dieses Gefühl von Wärme, damit es wachsen und sich ausdehnen kann. Beobachtet euren inneren Dialog – diese kritische, strenge innere Stimme, über die wir schon gesprochen haben. Redet euch gut zu, wie einem geliebten Kind. Man könnte auch sagen: Bringt eurem inneren Kind Wertschätzung entgegen. Dieses innere Kind muss sich erst geliebt fühlen, muss glücklich, gesund und voller Freude sein, bevor ihr andere wirklich lieben könnt. Ich denke in diesem Zusammenhang immer an die Aufforderung im Flugzeug, sich erst selbst die Sauerstoffmaske aufzusetzen, bevor man anderen dabei hilft.«

»Es wirkt immer so egoistisch, sich selbst etwas Gutes zu tun«, bemerkt Pam. »Mir fällt das wirklich schwer.«

»Das geht vielen so«, pflichtet der Mönch ihr bei. »Aber wie könntet ihr anderen liebende Güte geben, bevor ihr euch nicht im Inneren einen Zugang zu deren Quelle eröffnet habt? Habt ihr euch erst einmal daran gewöhnt, freundlich zu euch selbst zu sein, fällt es euch wesentlich leichter, dieses Gefühl generell in eurem Leben zum Zuge kommen zu lassen – ja, es erscheint euch auf einmal völlig natürlich. *Metta* könnt ihr eurem Partner oder eurer Partnerin schicken; euren Kindern, Familienmitgliedern und Freunden; Leuten, die euch helfen und unterstützen; euren Nachbarn; auch Menschen, zu denen ihr keine besondere emotionale Verbindung habt. Und dann – wenn die Zeit reif ist – könnt ihr *Metta* sogar Leuten zuteilwerden lassen, die ihr als schwierig empfindet, die eine Herausforderung für euch darstellen, die ihr überhaupt nicht mögt oder sogar hasst und verabscheut.«

Der Mönch hält inne. Es ist unruhig im Raum – überraschtes Gemurmel.

»Leute, die wir wirklich *hassen?* Die wir verabscheuen? Also zum Beispiel Massenmörder?«, fragt Suzi ungläubig.

»Ja«, antwortet der Mönch ungerührt.

»Echt jetzt?«, ruft Rodney. »Das geht mir aber nun doch ein bisschen zu weit. Ich glaube nicht, dass ich das je tun könnte. Hitler zum Beispiel könnte ich nie verzeihen, und schon gar nicht ihn lieben oder Mitgefühl für ihn empfinden. Wo bliebe denn da die Gerechtigkeit?!«

Es folgt eine Pause, bevor der Mönch zu bedenken gibt: »Glaubst du, dass es in der Vergangenheit je irgendwem geholfen hat, wenn Leute wie Hitler ›Gerechtigkeit‹ erfahren?«

»Ja, es statuiert ein Exempel für andere«, gibt Rodney zurück.

»Und dieses ›Exempel statuieren‹ – hältst du das für einen legitimen Grund, um jemanden zu bestrafen?«, fragt der Mönch.

»Es klingt ein bisschen, als würde man jemanden zum Sündenbock machen«, meint Tim.

»So ist es.« Der Mönch nickt. »Wir müssen vorsichtig sein, dass wir den Täter nicht aus Rachlust oder dem Wunsch nach Vergeltung bestrafen. Wenn wir das nämlich tun, geraten wir in eine karmische Verstrickung, und alles wird kompliziert und verfahren.«

»Aber ist nicht Bestrafung die karmische Konsequenz von Fehlverhalten?«, will Suzi wissen.

Nach kurzem Überlegen erwidert der Mönch: »Das mag so sein. Nach Darstellung des Buddha schaffen böse Taten sicherlich Karma. Aber ich denke, wir können uns darauf verlassen, dass das karmische Gesetz wunderbar funktioniert, ohne dass es unseres Eingreifens bedarf.«

»Das heißt also, wir sollten im Angesicht von Kriminalität beide Augen zudrücken?«, fragt Rodney. »Wir mögen Buddhisten sein, trotzdem sollten wir realistisch bleiben.«

Alles schweigt. Rodneys Gesicht ist wie versteinert.

»Könntest du mir sagen, Rodney, wie sich dein Herz in diesem Augenblick fühlt, wenn du an Hitler und die Forderung nach ›Gerechtigkeit‹ denkst?«, fragt der Mönch.

Ich fühle mit Rodney, weil er plötzlich so in den Fokus geraten ist, aber der Mönch schaut ihn wohlwollend an, und er strahlt Wärme und Zugewandtheit aus.

Nach längerem Schweigen sagt Rodney leise: »Ich fühle gar nichts.« Es folgt eine weitere Pause, bevor er weiterspricht. »Ich fühle mich im Moment von meinem Herzen wie abgeschnitten. Es fühlt sich einfach hart an. Ich kann keine Liebe empfinden. Ich denke nur an die Millionen von Menschen, die infolge von Hitlers Taten ihr Leben verloren haben.«

»Hm«, gibt der Mönch zurück, »Verletztheit, Wut und der Wunsch nach Rache sind wie harte Felsen in deinem Herzen, die den Strom der Liebe blockieren, der deinem wahren, natürlichen Zustand entspricht. Welchen Nutzen haben diese harten Steine? Und für wen? Für die Menschen, die ihr Leben ließen? Für dich? Für die Welt? Hitler bestrafst du gewiss nicht damit. Du bestrafst nur dich selbst.

›Realistisch bleiben‹, wie du es genannt hast, bedeutet, die Situation im Hier und Jetzt genau so zu akzeptieren, wie sie ist. Das Leid in dir zu spüren – all den Zorn und die Verletztheit, wenn du an Hitler und die Millionen Menschen denkst, die unter ihm zu leiden hatten. Spüre in diese Gefühle hinein, wirklich tief hinein – in deine Gefühle angesichts des Geschehens, deine Gefühle Hitler gegenüber. Spüre sie, ohne sie zu kommentieren, und lass sie da sein. Und wenn du dies eine Zeit lang gemacht hast, was geschieht dann?«

Der Mönch schaut uns erwartungsvoll an, doch keiner sagt etwas. »Dann wirst du feststellen, dass sie verschwinden. All die Verletztheit und all der Zorn werden nachlassen. Die Felsen, die dein Herz blockieren und dir Leid bereiten, schmelzen dahin wie Eis in der Sonne. Das ›Daseinlassen‹ wird zum ›Loslassen‹, und dann bist du frei.

Und im Laufe der Zeit wirst du in diesem Prozess zu der Klarheit und Bewusstheit vordringen, die tief in deinem Inneren sind, und feststellen, dass dort gar kein Mensch ist – weder ›ich‹ noch ›Hitler‹ noch sonst irgendwer. Es gibt keine Notwendigkeit, Urteile zu fällen; kein Bedürfnis nach Rache. Es ist nichts da als absoluter

Frieden und Liebe und Freundlichkeit. Denn nachdem wir all die harten, schützenden Schichten des Ego durchdrungen und die Steine und Felsen aufgelöst haben, sind sie das Einzige, was bleibt.«

Wieder haben die Worte des Mönchs ein greifbares Gefühl von Liebe und Frieden – ja, sogar Glückseligkeit – in den Raum gebracht. Ich atme es ein. Fühle mich glücklich.

»Das Praktizieren der Vier Edlen Wahrheiten in unserem Leben kann uns helfen, dorthin zu gelangen. Wisst ihr noch? Alles, was wir für ein glückliches Leben und das Erreichen von *Nirvana* brauchen, passt auf eine Postkarte. Im Zweifelsfall kommt einfach immer zu den Vier Edlen Wahrheiten zurück. Sie lassen euch nie im Stich.

Daneben aber könnt ihr *Metta* üben. Auch das bringt euch an diesen Ort, vorausgesetzt, dass ihr es gewissenhaft tut. *Metta* zu praktizieren unterstützt und fördert eure Arbeit mit den Vier Edlen Wahrheiten – es wirkt wie ein Turboantrieb, der eure Reise beschleunigt.

Wenn wir uns durch das Üben von *Metta* wahrhaft zu lieben lernen, kommen wir mit unserer menschlichen Natur in Berührung – unserem Schmerz, unserer Traurigkeit, unseren geplatzten Hoffnungen, unseren Ängsten. In dem Maße, wie wir diese in uns zu erkennen beginnen, fangen wir an, sie auch in anderen zu sehen.

Wir begreifen, dass andere Menschen genau wie wir selbst sind – auch sie wollen glücklich sein; auch sie wünschen sich Sicherheit und wollen respektiert, geschätzt und geliebt sein. Warum sollten sie sich das nicht wünschen? Sagt mir«, wiederholt der Mönch langsam: »*Warum sollten sie sich das nicht wünschen?*

Diese Art zu denken bringt uns an einen Punkt, an dem wir offen für alle sind und jeden lieben und akzeptieren. Wir haben das Gefühl, dass sie alle ein Teil von uns sind.

Irgendwann ist es so weit, dass wir allen Menschen gegenüber so empfinden, denen wir begegnen; sogar denen, von denen wir nur in den Nachrichten hören. Wir öffnen uns einfach für sie; wir sind eins mit ihnen. So wirkt sich *Metta* aus.

Wir erkennen, dass sich alle Lebewesen – und dabei sind Tiere ausdrücklich inbegriffen – Liebe und Verständnis wünschen. Sie wollen freundlich behandelt werden; sie wollen glücklich sein – genau wie wir selbst. Wie jeder von uns. Wir können keinem von ihnen irgendein Leid zufügen, denn es wäre, als würden wir uns selbst verletzen.

Diese Erkenntnis deckt sich mit den Werten des Achtfachen Pfads – kein Leben nehmen, nicht stehlen, kein sexuelles Fehlverhalten, nicht lügen ... Wir kommen an einen Punkt, wo wir außerstande sind, uns anderen gegenüber auf irgendeine Weise verletzend oder unfreundlich zu verhalten, weil es sich so anfühlt – wirklich so anfühlt, manchmal sogar körperlich –, als würden wir uns damit selbst etwas antun, als würden wir uns selbst verletzen. Was wir natürlich aus karmischer Sicht auch tun.

Eine wirklich nützliche Daumenregel rät uns, andere – einschließlich der Tiere – so zu behandeln, wie wir selbst gern behandelt werden möchten. Es ist keine Geheimwissenschaft, sondern ganz einfach.

Lasst uns jetzt noch einmal zu der Geschichte zurückkommen, die ich euch vom Buddha, seinen Mönchen und deren *Metta*-Praxis erzählt habe. Ich werde mit euch jetzt die komplette Übung durchgehen, so wie er sie dargelegt hat und wie sie bis heute weltweit in buddhistischen Klöstern lebendig gehalten wird.

Es handelt sich dabei um einen spezifischen Prozess, in dem *Metta* – liebende Güte – an fünf verschiedene Adressaten geschickt wird. Wir beginnen in der bereits bekannten Weise mit uns selbst.

Dann wählen wir nacheinander vier weitere Personen, stellen sie uns einzeln vor und hüllen sie mental – oder, wenn es uns gelingt, emotional – in *Metta*.

Zuerst kommt jemand, der uns wohlgesonnen ist und uns unterstützt – einer, den der Buddha als Mentor oder Wohltäter bezeichnet hätte. Es könnte Mutter oder Vater sein, ein Lehrer, Vorgesetzter oder Freund. Als Nächstes wenden wir uns jemandem zu, den wir sehr mögen oder lieben, etwa unsere Partnerin, unseren Partner oder unser Kind. Dann suchen wir uns jemanden, dem wir neutral gegenüberstehen, zum Beispiel den Verkäufer, der im Laden um die Ecke an der Theke steht. Und zuletzt wenden wir uns jemandem zu, den wir als schwierig empfinden, den wir nicht mögen, verabscheuen oder sogar hassen.

Du könntest zum Beispiel üben, *Metta* an Hitler zu senden«, sagt der Mönch mit einem Blick zu Rodney.»Es spielt keine Rolle, dass er tot ist. Du hüllst Hitler in deinem Herzen in *Metta*. Erinnerst du dich an die Geschichte von dem Mönch, der die schöne Frau über den Fluss getragen hat? Und von seinem Begleiter, der darüber so in Rage geriet, dass er die Frau in Gedanken noch ewig mit sich herumtrug? Sitzt Hitler immer noch in deinem Herzen?

Schicke in diesen Teil von dir *Metta*. Wenn du das kannst, weißt du, dass du die Praxis in ihrer ganzen Tiefe begriffen hast – und du wirst eine unglaubliche Leichtigkeit des Seins erleben. Der Raum, den du dir in deinem Herzen eröffnest, wenn die Verbitterung und der Zorn – dein innerer Hitler also – weichen; dieser Raum wird sich mit Liebe, Freundlichkeit und Glück füllen.

Während der folgenden Meditation sendet ihr, so gut es euch gelingt, *Metta* nacheinander an die vier gewählten – mit euch selbst also fünf Menschen. Selbst wenn ihr es emotional nicht spürt, ihr könnt zumindest die Worte zu euch sagen.

Um die Praxis noch intensiver zu gestalten, könnt ihr euch auch jeden Schritt einzeln vornehmen und euch, mit euch selbst beginnend, mehrere Tage lang – eine Woche oder länger – darauf konzentrieren, jeweils nur einem Menschen *Metta* zu schicken, bis ihr sie schließlich alle bedacht habt.

Im Kloster tun wir dies manchmal. Und dann, nachdem die Mönche mehrere Wochen lang den ganzen Tag *Metta* geübt haben ...«

»Mehrere Wochen lang den ganzen Tag?« Suzi schnappt hörbar nach Luft.

Der Mönch nickt und fährt lächelnd fort: »Ja, nachdem sie mehrere Wochen lang den ganzen Tag *Metta* geübt haben, stellt man ihnen unter anderem die folgende Frage:

›Stellt euch vor, ihr seid mit vier Begleitern im Wald unterwegs: eurem Mentor, der Person also, die euch freundlich gesonnen ist und euch unterstützt; dem Menschen, den ihr liebt; der neutralen Person und demjenigen, den ihr hasst, also eurem Feind – für dich wäre das wohl Hitler, Rodney. Und plötzlich kommt eine Räuberbande daher und verlangt von euch, einen aus eurer Mitte zu wählen und ihn zu opfern. Wen würdet ihr dem Tod preisgeben?«

Der Mönch gibt uns Zeit, die Frage abzuwägen. »Denkt darüber nach. Wen würdet ihr sterben lassen?«

Es folgt eine lange Stille. Keiner weiß eine Antwort.

»Vielleicht sollte ich abwarten, bis ihr eine Zeit lang die komplette *Metta*-Meditation gewissenhaft praktiziert habt, und euch die Frage dann noch einmal stellen«, meint er schließlich. »Ich denke, dann würdet ihr vielleicht anders reagieren.

Lasst uns also zur *Metta*-Praxis kommen. Heute machen wir die komplette Übung so, wie der Buddha sie lehrte. Noch mal zur Wiederholung: Es handelt sich dabei um einen spezifischen Pro-

zess, in dem liebende Güte an fünf verschiedene Menschen geschickt wird.
Seid ihr bereit? Dann lasst uns beginnen.«

METTA-MEDITATION FÜR FORTGESCHRITTENE

Setz dich bequem hin, mit aufrechtem Rücken. Wenn du auf einem Stuhl sitzt, halte möglichst einen kleinen Abstand zur Stuhllehne. Schließ die Augen.

Wende deine Aufmerksamkeit deinem Atem zu. Spüre, wie die Luft durch deine Nasenlöcher ein–, in die Lunge hinab- und dann wieder durch die Nasenlöcher ausströmt.

Nun komm mit deiner Aufmerksamkeit zur Brustmitte, zu deinem Herzzentrum. Um deinen»*Metta*-Muskel« zu aktivieren, denke an etwas oder jemanden, der dir das Gefühl gibt, geliebt zu werden, einen Geliebten zum Beispiel, ganz gleich, ob aktuell oder verflossen; an ein kleines Kind; an ein Elternteil; an ein ganz besonderes Haustier. Es kommt nicht darauf an, wen oder was du wählst, es geht um das Gefühl von Liebe, das durch diese Gedanken in dir ausgelöst wird.

Spüre diese Liebe und dieses Wohlwollen; spüre das warme Glühen in deinem Herzen. Das macht es dir leichter, die Übung durchzuführen. Wenn du Schwierigkeiten hast, einen emotionalen Zugang zu finden, stell dir das Gefühl einfach vor.

Bleib einen Moment lang bei diesem Gefühl von Liebe. Atme gleichmäßig ein und aus. Genieße es. Wärme und Liebe. Sie strahlen im Zentrum deines Seins wie eine goldene Sonne.

Spüre die Liebe, spüre das Wohlwollen. Liebe und Wohlwollen sind unser natürlicher Seinszustand. Jeder von uns trägt Liebe und Wohlwollen in seinem Wesenskern.

Während du nun einatmest, schicke diese Liebe und dieses Wohlwollen zu dir selbst. Wenn du kannst, visualisiere das Licht in deinem Herzen, wie es sich ausdehnt und schließlich deinen ganzen Körper umhüllt wie warmer Sonnenschein. Dann richte die folgenden *Metta*-Worte an dich: »Möge ich sicher sein. Möge ich glücklich sein. Möge es mir gut gehen, und möge ich unbeschwert sein.«

Nun denke an jemanden, der dir hilft und dich unterstützt – deinen »Wohltäter« oder Mentor also. Visualisiere diese Person; spüre, wie von deinem Herzen liebende Güte zu ihr hinfließt. Vielleicht fühlst du ein warmes, goldenes Glühen im Herzen wie von der Sonne. Und du stellst dir vor, wie sich dieses Strahlen mehr und mehr ausdehnt und die Person in goldenes Licht hüllt. Und dann sage zu ihr: »Mögest du sicher sein. Mögest du glücklich sein. Möge es dir gut gehen, und mögest du unbeschwert sein.«

Als Nächstes denkst du an jemanden, den du liebst; visualisiere auch diesen Menschen und spüre das goldene Glühen in deinem Herzen und wie deine Liebe zu ihm hinfließt. Stell dir vor, wie er ganz in dieses goldene Licht gehüllt ist, und sprich: »Mögest du sicher sein. Mögest du glücklich sein. Möge es dir gut gehen, und mögest du unbeschwert sein.«

Dann stelle dir jemanden vor, dem du neutral gegenüberstehst, eine Person, für die du weder in der einen noch der anderen Richtung irgendwelche starken Gefühle empfindest. Und auch für sie wiederholst du nun den Prozess. Du hüllst sie in Liebe und goldenes Licht ein und sagst: »Mögest du sicher sein. Mögest du glücklich sein. Möge es dir gut gehen, und mögest du unbeschwert sein.«

Schließlich denke an jemanden, mit du deine Schwierigkeiten hast oder den du nicht magst oder sogar hasst, und gehe mit ihm die gleichen Schritte durch. Schicke auch dieser Person in Gedanken *Metta*, selbst wenn du keine liebende Güte für sie empfinden kannst. Aber wenn du es schaffst, ihr Liebe zu schicken, dann tu es. Spürst du das warme Glühen im Herzen, wie von einer Sonne, dann lass es sich ausdehnen und diesen Menschen einhüllen; und richte auch an ihn die Worte: »Mögest du sicher sein. Mögest du glücklich sein. Möge es dir gut gehen, und mögest du unbeschwert sein.«

Spüre diese Liebe in deinem Herzen. Spüre, wie sie sich ausdehnt und jeden hier in diesem Raum mit einhüllt, alle

Menschen in dieser Stadt, in dieser ganzen Gegend, in diesem Land, auf dieser Welt ... weiter, weiter und immer noch weiter.

Selbst wenn du die Liebe nicht spüren und das goldene Licht nicht sehen kannst, dann tu so, als ob. Allmählich wird dein Herz aufwachen; die Rosenknospe wird sich öffnen. So kommst du wieder mit der Liebe in dir in Berührung, und sie wird sich zu rühren beginnen und das Packeis des Ego zum Schmelzen bringen.

Je öfter du diese Übung machst und je tiefer du dich darauf einlässt, desto deutlicher wirst du spüren, wie sich die Grenzen, die du rings um dich gezogen hast, aufzulösen beginnen. Du bist grenzenlos, du bist Teil von allem und jedem: dem Himmel, den Bäumen, den Bergen, den Flüssen, den Meeren, den Menschen, den Säugetieren, den Vögeln, den Reptilien, den Insekten. Du bist eins mit dem gesamten Universum.

Öffnen wir nun unser Herz in Dankbarkeit für diese Erfahrung – für die Zeit, die wir heute und insgesamt in diesem Kurs miteinander verbringen durften. Atme ein und lass dein Herz weit werden. Möge es sich mit Dankbarkeit füllen.

Nun kehre mit deiner Aufmerksamkeit allmählich in diesen Raum zurück und öffne behutsam die Augen.

Ich genieße die Meditation. Den Leuten *Metta* zu schicken fühlt sich für mich total positiv an und gibt mir ein gutes Gefühl.

Die anderen beginnen sich allmählich zu rühren. Ein Gefühl von Frieden, von Glückseligkeit liegt über dem Raum. Dass eine einfache Übung wie diese so viel bewirken kann ...

Der Mönch schaut lächelnd in die Runde.»Und, wie war das?

Ihr könnt *Metta* formal in der Meditation praktizieren, wie wir es gerade getan haben, oder einfach so, untertags, wann immer ihr gerade daran denkt, in jedem freien Moment – und speziell dann, wenn ihr gestresst oder nervös seid, euch über irgendetwas ärgert oder euch Sorgen macht. Ihr könnt euch jeden Tag oder jede Woche eine der Personen herausgreifen und mit ihr arbeiten, wobei ihr mit der Praxis natürlich jedes Mal bei euch selbst beginnt.

Ich habe für mich festgestellt, dass ich nach einer Unstimmigkeit oder einem ›Streit‹ mit jemandem ungefähr 14 Tage brauche, um die Geschichte mit täglicher *Metta*-Praxis im Herzen zu bereinigen und loszulassen. Dann stellt sich ein wunderbares Gefühl von Frieden ein.

Je öfter ihr diese Meditation macht, umso leichter fällt sie euch und desto natürlicher fühlt sie sich an. Ihr werdet tatsächlich erleben, wie eure Fähigkeit zur liebenden Güte wächst, euer Herz sich weitet und sich im Laufe der Zeit das Gefühl einstellt, mit allen Lebewesen eins zu sein.«

»Ich kann mir nicht vorstellen, je so zu empfinden«, bemerkt Rodney.

Es folgt eine längere Pause, dann schaut der Mönch ihn an und sagt:»Vielleicht hast du das folgende Zitat von Henry Ford schon einmal gehört, aber ich finde, es lohnt sich, es sich ab und zu ins Gedächtnis zu rufen. Er sagte: ›Es gibt zwei Arten von Menschen auf der Welt: solche, die glauben zu können, und solche, die nicht glauben zu können.‹« Und nach einem Moment der Stille fügt er hinzu:»Sie haben beide recht.«

Wir brauchen einen Augenblick, um den Satz sinken zu lassen, dann folgt lautes Gelächter.

Der Mönch fährt fort:»Schaff einen Raum in deinem Herzen und deinem Kopf, um es geschehen zu lassen. Dann wird es auch geschehen. Diese Übungen entfalten ihre Wirkungen in der praktischen Umsetzung. Setz einen Fuß vor den anderen, Schritt für Schritt, und gehe einfach immer weiter.«

Gwyn bemerkt leise:»Wenn ich das Ganze aus meiner Sicht als Mutter – genau genommen als Großmutter – betrachte ...«

Wenn das mal keine Überraschung ist. Schaut man sich Gwyn so an, zierlich und allzeit perfekt gestylt wie sie ist, kann man sie sich eher auf einem Laufsteg als im Kinderzimmer vorstellen. Wieder einmal ein Beweis dafür, wie sehr der äußere Eindruck täuschen kann.

»Also«, fährt sie fort,»mir hilft es, wenn ich mir den schwierigen Menschen als verletzliches, kleines Kind vorstelle – ein Kind, das missverstanden wird, traurig ist oder leidet. Ich stelle mir vor, wie ich ihm ins Gesicht schaue, und dann fällt es mir ganz leicht, es in den Arm zu nehmen, es an mich zu drücken und es liebevoll zu trösten, wie man es auch mit den eigenen Kindern macht.

Das Gleiche gilt für Tiere. Ich schaue ihnen in ihr kleines Gesicht, sehe die Verletztheit, das Nicht-verstanden-Werden, das Leid; und dann will ich sie nur festhalten, sie trösten, ihnen meine Liebe schenken, ihren Schmerz lindern.«

»Danke für diesen Beitrag«, sagt der Mönch.»Das ist eine sehr schöne Art, die Dinge zu betrachten, Gwyn. Ich denke, du hast den Kern von *Metta* erfasst.« Nach einem Moment des Nachdenkens fügt er an:»Darf ich dich etwas fragen?«

Als Gwyn nickt, fährt er fort:»Um noch einmal auf die Geschichte von der Räuberbande und den fünf Menschen zurückzukommen: du selbst, die Person, die dir wohlgesonnen ist und dich unterstützt, der Mensch, den du liebst, die neutrale Person und die, die du hasst oder als schwierig empfindest – kannst du mir sagen, wen von ihnen du den Banditen opfern würdest?«

Es folgt eine erwartungsvolle Stille. Gwens Blick ist auf den Boden gerichtet. Alles wartet gespannt auf ihre Antwort – wahrscheinlich sind wir anderen alle froh, dass wir uns nicht entscheiden müssen.

»Es tut mir leid«, sagt Gwyn schließlich nach langem Überlegen.»Ich kann dir deine Frage nicht beantworten, weil ich zwischen ihnen einfach keine Wahl treffen kann.«

»Du würdest also nicht dich selbst wählen, weil Selbst-Liebe etwas so Wichtiges ist?«, fragt der Mönch.

Wieder sitzen wir lange schweigend da. Dann antwortet Gwyn ganz ruhig:»Nein. Es tut mir leid. Es ist eigenartig, aber irgendwie kann ich zwischen mir und den anderen nicht wirklich unterscheiden. Wir scheinen alle eins zu sein. Ich liebe uns alle gleichermaßen. Es geht einfach nicht. Ich kann dir deine Frage nicht beantworten.«

Gwyn wirkt traurig. Der Mönch lässt einen Moment verstreichen, bevor er über das ganze Gesicht zu strahlen beginnt. »Danke, Gwyn. Du hast es wirklich begriffen! Das ist genau die richtige Antwort.«

Ganz langsam gehen Gwyns Mundwinkel in die Höhe, dann lacht sie leise, und wir stimmen alle mit ein.»Wenn ihr *Metta* wirklich begreift«, erklärt der Mönch,»erkennt ihr, dass wir alle eins sind.

Ihr wisst, dass ihr *Metta* verstanden habt, wenn ihr andere exakt so lassen könnt, wie sie sind, selbst wenn ihr nicht mit ihrer

Art oder ihrem Handeln einverstanden seid – oder sie nicht mit dem euren, ihr sie aber trotzdem liebt; wenn ihr jedem mit offenem Herzen begegnet und ihn akzeptiert; wenn ihr euch über die guten Nachrichten und Erfolge anderer genauso freuen könnt, als wären es eure eigenen. Es ist das schönste Gefühl, das man sich vorstellen kann.

Euren ›Grad an *Metta*‹ könnt ihr anhand dieser simplen Fragen bestimmen; ihr braucht dazu hoffentlich nicht in den Wald unter die Räuber zu gehen.

Und damit sind wir, glaube ich, am Ziel angekommen – zumindest für den Augenblick. Lasst uns diesen Kurs mit einem kleinen Chant zu Ehren des Buddha beenden.«

Die klangvolle Stimme des Mönchs erfüllt den Raum. Wir stimmen mit ein und rezitieren wie immer vom Blatt. Die Worte schwingen im Raum und verklingen dann sanft. Am Schluss neigt der Mönch leicht das Haupt, legt die Hände in Gebetsposition aufeinander und führt sie sich erst an die Stirn und dann zum Herzen. Anschließend verharrt er mit geschlossenen Augen in stillem Sitzen.

Seinem Beispiel folgend verneigen auch wir uns und berühren Stirn und Herz mit den aneinandergelegten Händen. Es herrscht eine Atmosphäre von Frieden und Dankbarkeit im Raum. Nach ein bis zwei Minuten schaut der Mönch schließlich lächelnd auf.

Wir strecken uns ein wenig und fangen an, unsere Sachen zusammenzusuchen. Manche unterhalten sich leise, während sie nach ihren Meditationsmatten, Decken und Kissen greifen. Mit ihren Schuhen und Taschen in der Hand verlässt einer nach dem anderen den Schreinraum.

Ich öffne die Haustür, und die kühle Abendluft strömt in die Halle. Die Leute umarmen und bedanken sich. Es wird gelacht, und es ist Freude zu spüren – jede Menge *Metta*. Einige der Männer helfen Robert freundlicherweise, die Sofas und Tische wieder an ihren Platz zu rücken.

Nachdem alle gegangen sind, bleiben nur der Mönch, Robert und ich zurück. »Vielen, vielen Dank«, sage ich. »Das war eine lebensverändernde Erfahrung. Ich kann dir gar nicht genug danken.«

Der Mönch lächelt. »Das freut mich sehr«, sagt er einfach. Dann nimmt er seine Schale und folgt Robert zum Auto. Er wird ihn zurück ins Kloster fahren.

Ich stehe in der offenen Tür, lege meine Hände in Gebetsposition zusammen und neige noch einmal leicht mein Haupt. Der Wagen rollt die Einfahrt entlang und biegt in die Straße ein.

Langsam gehe ich ins Haus zurück, ins Wohnzimmer. Die Sofas stehen wieder an ihrem Platz, aber der Altar ist noch da, mit dem Buddha und den Blumen. Die Atmosphäre des Tages, der Frieden und die Freude, sind noch nicht gewichen und beinahe mit Händen zu greifen. Ich setze mich eine Weile und atme sie tief in mich ein.

Es war ein guter Kurs.

AUF EINEN BLICK

» Die Vier Edlen Wahrheiten einschließlich *Metta* zu praktizieren führt zu Glück, Freiheit und Frieden. Dies ist der Weg des Buddha, der sagte: »Es gibt keinen Weg ins Glück. Das Glück ist der Weg.«

» »Erleuchtung« bedeutet Freiheit vom Leid – das allumfassende Begreifen der Wahrheit der Lehre des Buddha. Der Begriff bezeichnet einen erwachten Zustand der Glückseligkeit, des Gewahrseins, der Klarheit, des Leuchtens und der Einheit mit allen Lebewesen, zu dem jeder Mensch Zugang finden kann, indem er die Vier Edlen Wahrheiten befolgt.

» *Metta* ist ein wunderbares Gegenmittel gegen Angst, Zorn, Hass, Eifersucht, Traurigkeit, Ungewissheit, Sorgen sowie generell alle negativen Zustände. Man kann liebende Güte gar nicht hoch genug dosieren. Je häufiger man sie praktiziert, desto mehr *Metta* kommt ins Fließen.

» Alles, was wir wissen müssen, um zu einem glücklichen Leben zu finden und »ins *Nirvana* einzugehen«, passt auf eine Postkarte. Im Zweifelsfall kannst du immer auf die Vier Edlen Wahrheiten zurückkommen. Sie werden dich nie im Stich lassen.

ÜBUNG

» Mach weiter mit deiner Achtsamkeitspraxis. Wann immer du kannst, nimm dir untertags deine »Achtsamkeitsminuten«. Lass Achtsamkeit zu deiner Lebensweise werden.

» Meditiere jeden Tag 20 bis 30 Minuten lang.

» Beginne und beende deine Meditation sooft es geht mit *Metta*. Tu es auf jeden Fall immer dann, wenn du Schmerzen oder Probleme mit anderen Menschen hast. Dies ist die schnellste Möglichkeit zur Schmerzlinderung und Heilung – ob auf der körperlichen, emotionalen oder geistigen Ebene.

» Nimm dir oft Zeit für eine Gehmeditation oder einen Body-Scan.

» Genieße das Glück, die Freiheit und den Frieden, die dir zuteilwerden, und sei dafür dankbar.

Epilog

Was danach geschah

Es ist nun über ein Jahr her, dass ich dem Mönch zum ersten Mal die Türe öffnete und dieser Kurs begann, der mein Leben zweifellos verändert hat. Was mich persönlich anbelangt, hatte ich anfangs keine besonderen Erwartungen daran geknüpft. Nur meinem Mann zuliebe hatte ich bei den Vorbereitungen mitgeholfen und mich zur Teilnahme entschlossen.

Dass diese Nachmittage eine derartig prägende Wirkung auf mein weiteres Leben haben sollten, lag nicht zuletzt an der Person des Mönchs selbst, denn er war ein leuchtendes Beispiel für die Gültigkeit seiner Lehre: Weise, humorvoll, wohlwollend und pragmatisch, hatte er eine beeindruckende Ausstrahlung und wirkte selbst so überaus glücklich. Spirituelle oder religiöse Führer mögen predigen, so viel sie wollen – wie gut die Inhalte sind, die sie vertreten, zeigt sich in ihren Worten und Taten – und insbesondere darin, wie viel *Metta* sie verströmen.

Außerdem gab es ein paar Dinge, die der Mönch gleich zu Anfang des Kurses sagte und die mich aufhorchen und seine weiteren Ausführungen aufmerksam verfolgen ließen.

Die erste dieser Bemerkungen war, dass der Buddhismus alles beinhalte, was der Mensch zu einem Leben in Glück, Freiheit und Frieden brauche, und *dass dies so einfach sei, dass man es auf die Rückseite einer Postkarte schreiben könne*. Dieser Gedanke gefiel mir sehr und hat für mich bis heute nichts von seinem Reiz verloren. Immer wieder stelle ich fest, wie wahr er ist.

Ein weiterer wichtiger Hinweis für mich war, als der Mönch uns erklärte, wir sollten das »Werdenwollen« loslassen, das ständige Verfolgen von Zielen im Leben. Stattdessen empfahl er uns, die Dinge so sein zu lassen, wie sie sind, und zu schauen, was passiert. Er forderte uns auf, mit unserer Aufmerksamkeit in die Gegenwart zu kommen und auf das Aufsteigen des Gefühls zu achten, bestimmte Dinge haben oder verändern zu wollen, und sie einfach so zu lassen, wie sie waren. Und anstatt uns einen Vortrag darüber zu halten, was dann passiert, riet er uns, es auszuprobieren, um zu sehen, was durch dieses »Einfach-so-sein-Lassen« wohl geschehen würde. Diese Herangehensweise faszinierte mich. Der Mönch wirkte so geradeheraus, so sicher. Ich verstand seine Worte so: Würde ich tatsächlich loslassen, mich davon verabschieden, bestimmte Entwicklungen herbeiführen zu wollen, und Achtsamkeitsmeditation praktizieren, könnte ich mein Leben in neue Bahnen lenken und all die Dinge verwirklichen, die ich mir wünschte. Und davon gab es eine ziemliche Menge, wie meine alten Listen und »Vision Boards« zeigen – die Collagen von all dem, was ich in meinem Leben realisieren wollte.

Während ich versuchte, die Lehre des Buddha in meinem Leben praktisch umzusetzen, merkte ich, wie allmählich sowohl in mir selbst als auch in der Welt um mich herum mehr Ruhe, Entspannung, Frieden und Harmonie einkehrten. Ich denke, es lag vor allem daran, dass ich mehr auf meine Gedanken achtete – und immer noch achte – und, so oft ich daran denke, achtsam atme. Wenn es ums Meditieren geht, bin ich ein echter Fan der »Achtsamkeitsminuten« und des Prinzips »Viele Male kurz«, wie der Mönch es uns lehrte.

Noch etwas anderes hat bei mir sehr viel bewirkt: mit dem Bewerten, Vergleichen, Kritisieren und Verurteilen aufzuhören. Ich bin selbst erstaunt, als wie positiv es sich für mich erwies. Uns auf Kosten anderer lustig zu machen, andere zu kritisieren, um selbst größer herauszukommen, oder uns mit anderen zu vergleichen, um uns dann minderwertig zu fühlen, weil jemand besser aussieht, cleverer, erfolgreicher, wohlhabender usw. ist als wir selbst: Dieses Verhalten ist den meisten von uns so sehr zur Gewohnheit geworden, dass es sich anfangs geradezu unnatürlich anfühlt, es sein zu lassen.

Bei meinen ersten Versuchen, mit dem Bewerten, Vergleichen, Kritisieren und Verurteilen aufzuhören, wusste ich nicht, wie ich antworten sollte, wenn jemand im Gespräch über einen anderen zu lästern begann. Doch dann legte ich mir ein paar neue Strategien zurecht, und es wurde besser.

Eine davon habe ich von dem weisen, wunderbaren Mönch Ajahn Chah übernommen, der auf Wertungen, Vergleiche, Kritik und Verurteilung mit den Worten reagierte: »Ist das so?« Oft sage ich auch: »Nun gut, es ist, wie es ist.« Und noch eine weitere Ajahn-Chah'sche Reaktion finde ich hilfreich: »Gut genug!« Es ist gut genug. Er oder sie ist gut genug. Und vor allem: »Ich bin gut genug.«

Ich bin seither zweifellos glücklicher geworden und fühle mich wohler in meiner Haut. Es ist ein großartiges Gefühl, den Fernseher einzuschalten oder die Zeitung zu lesen und nicht automatisch an allem und jedem Kritik zu üben, etwa nach dem Motto: »Wie die wieder aussieht!« Oder: »Meine Güte, was für ein Idiot!« Oder: »Wie bescheuert!« Oder: »Wie kann man nur so gierig sein!« Und so weiter.

Inzwischen weiß ich aus eigener Erfahrung, dass das Denken solcher Gedanken und das Aussprechen solcher Bemerkungen in *mir* ein ungutes Gefühl auslöst und mir den inneren Frieden raubt. Um wie viel besser fühlt es sich dagegen an, das Leben so zu nehmen, »wie es ist«, ohne es zu kritisieren.

All dies gehört mit zum Akzeptieren des gegenwärtigen Augenblicks, so wie er ist. »Es ist, wie es ist«, wie der Mönch so schön sagte. Der Satz war mir natürlich nicht neu, aber ich hatte ihn mir nie wirklich zu Herzen genommen. Mittlerweile erscheint er mir so naheliegend. Die Dinge – ob Situationen oder Menschen – genau so zu akzeptieren, wie sie sind, schenkt uns ein außerordentliches Maß an Frieden.

Hilfreich fand ich auch, bewusst die Entscheidung zu treffen, nicht auf emotionale Angriffe oder Beleidigungen einzusteigen. Es zu tun bringt absolut nicht weiter, sondern hält nur den Schmerz wach – und oft beruhen sie ohnehin nur auf Vermutungen und Missverständnissen. Aber als ich darauf zu achten begann, war ich doch überrascht zu sehen, wie oft ich kurz davor war, darauf anzuspringen, und mich gerade noch rechtzeitig bremsen konnte.

Eines der Dinge, die ich für mich erkannt habe, ist: Wann immer wir an etwas Anstoß nehmen, an Verletzungen oder Wut festhalten oder andere verurteilen und kritisieren, tun wir nur uns selbst weh. Wir lassen unseren Ärger über den Angriff oder die Person, die uns attackiert hat, an uns selbst aus.

Im Laufe meiner Praxis ist mir das Akzeptieren zu etwas so Natürlichem geworden, dass es mir, wenn ich tatsächlich einmal etwas Kritisches oder Wertendes denke oder sage, körperliche Herzschmerzen bereitet. Statt mich beim gelegentlichen Tratsch über andere zu amüsieren oder mich über den Zustand der Welt zu ereifern, genieße ich jetzt ein Gefühl von innerem Frieden und Freude. Kein schlechter Tausch, wie ich finde.

In mancherlei Hinsicht ist es jedoch schwierig, die Veränderungen im eigenen Leben selbst zu beurteilen, da viele von ihnen sich erst ganz allmählich und auf so natürliche Weise einstellen. Manchmal nehmen andere Leute sie deutlicher wahr als man selbst, besonders wenn man sich längere Zeit nicht gesehen hat. Das wurde mir einige Zeit nach dem Kurs klar, als ich nach Monaten zum ersten Mal wieder meine Tochter, meinen Schwiegersohn und meinen Enkel besuchte. Eigentlich war es nur eine kleine Sache, aber sie sprach Bände. An einem sonnigen Vormittag waren wir an den Strand gefahren, der bei ihnen in der Nähe ist. Wir hatten jede Menge Spaß, und die Zeit war im Flug vergangen. Für den Kaffee, den wir in einem hübschen, viel frequentierten

Café am anderen Ende des Strands hatten trinken wollen, war es ziemlich spät geworden.

»Was ist?«, fragte meine Tochter. »Wollen wir noch hinfahren? Es wird ziemlich voll sein um diese Zeit. Wir müssten sicher eine Weile anstehen, bis wir einen Platz finden.«

»Na klar fahren wir hin«, antwortete ich. »Wenn wir warten müssen, dann müssen wir eben warten.«

Es folgte ein überraschtes Schweigen. Meine Tochter wirkte regelrecht geschockt. Ich wusste ihre Reaktion nicht zu deuten. Dann sagte sie: »Das klingt so gar nicht nach dir, Mama! Wo ist die Frau geblieben, die sich, als wir damals in Goa waren, um fünf Uhr morgens aus dem Bett quälte, bloß um uns zwei Strandliegen zu ergattern, die genau so standen, dass sich uns keiner vor die Nase setzen und uns den Blick versperren konnte? Du hast dich aber mächtig verändert!«

Die Sache mit den Liegen hätte ich eigentlich lieber für mich behalten, und ich bin mir nicht sicher, ob ich nicht einen Rückfall erleiden würde, wenn ich wieder in der gleichen Situation wäre. Woran jedoch kein Zweifel besteht, ist, dass ich tatsächlich viel ruhiger geworden bin. Ich spüre mehr inneren Frieden, bin zentrierter, begegne anderen mit mehr Liebe und bin zufriedener mit mir als je zuvor. Das ist etwas, wofür ich zutiefst dankbar bin.

Und angesichts der jüngsten Ereignisse in meiner Familie kann ich diese neue Einstellung dringend gebrauchen, so viel steht fest. Der Kurs war noch nicht lang vorbei, als Robert eines Abends mit dem Auto losfuhr. Ich erwartete ihn allerspätestens gegen 20 Uhr zurück, und als es 21 Uhr wurde und ich noch immer nichts von ihm gehört und auch keine Nachricht von ihm bekommen hatte, war es schwer, nicht vom Schlimmsten auszugehen. Ich rief schließlich die Polizei an, aber es lagen keine Berichte zu Autounfällen vor.

Mir blieb nichts anderes übrig, als zu warten. Ich konnte nicht begreifen, warum er mich nicht anrief. Es war weit nach 22 Uhr, als ein Abschleppwagen bei uns vorfuhr – mit Robert vorne auf dem Beifahrersitz und seinem Auto hinten auf der Ladefläche. Er hatte Benzin statt Diesel getankt, und nach ein paar Kilometern hatte der Motor den Geist aufgegeben. Das schockierte ihn derart, dass sein Gedächtnis total aussetzte. Darum hatte er nicht angerufen. Es war der Hilfe fremder Menschen zu verdanken, dass er es überhaupt bis nach Hause schaffte. Er konnte sich weder an seine eigene Adresse erinnern, noch erkannte er unser Haus oder mich. Er war ein völlig anderer Mensch als der, der ein paar Stunden zuvor unser Haus verlassen hatte.

In den darauffolgenden Wochen kehrte sein Gedächtnis teilweise zurück. Er wurden diverse Tests und Scans gemacht, und man stellte fest, dass Robert an Lewy-Körperchen-Demenz leidet. Das ist nun einige Monate her. Es geht ihm sehr schlecht, und unser Leben hat sich total verändert. Mein dynamischer, energiegeladener, erfindungsreicher, warmherziger, witziger, weiser, lustiger und praktischer Ehemann ist jetzt tatterig, verwirrt und verloren und lebt in einer anderen Welt. Die Prinzipien des Buddhismus liegen – wie alles andere – jenseits seines Horizonts, und ich habe täglich das Gefühl, ihn noch ein Stück mehr zu verlieren. Er entgleitet mir, und es gibt immer seltener Momente, in denen ich ihn als Begleiter erlebe oder so etwas wie Verbundenheit spüre, obwohl ich ihn oft ermutige, achtsam zu atmen und »ins Jetzt« zu kommen. Es lindert seine Unruhe und tut ihm gut. Und wenn wir abends zu Bett gehen, atmen wir, indem ich seinem Atem folge, oft gemeinsam *Metta* und Licht ein.

Ich spüre, wie mein Herz von Liebe für ihn überfließt, wobei ich bisweilen auch viele andere, gemischte Gefühle in mir aufsteigen fühle: Gereiztheit, Zorn, Angst, Erschöpfung, Frustration,

Trauer und Einsamkeit. Ich habe erkannt, dass es mir immer dann am allermeisten das Herz bricht, wenn ich an die Vergangenheit denke – an die wunderbaren Zeiten, die wir gemeinsam hatten, und die Dinge, die uns verbunden haben und die wir nun nie mehr erleben werden. Oder wenn ich an die Zukunft denke, ohne ihn, so wie er einmal war, oder überhaupt ohne ihn.

Wenn ich merke, dass es mich in Gedanken in die Vergangenheit oder Zukunft zieht, komme ich in den gegenwärtigen Augenblick zurück, nehme mein Gefühl zur Kenntnis, spüre in den Schmerz hinein, den die Gedanken und Erinnerungen in mir auslösen, und gestehe mir auch zu, zu weinen. Und dann lässt der Schmerz tatsächlich nach, und Heilung geschieht.

Wenn ich richtig traurig bin, hilft es mir auch, statt meiner Sehnsucht nach – bzw. meinem Trauern um – Vergangenes nachzuhängen, bewusst in ein Gefühl der Dankbarkeit für das zu gehen, was gewesen ist. Dann denke ich, wie gut ich es doch habe, dass ich all diese Dinge gemeinsam mit ihm erleben durfte, wir so viel Zeit miteinander verbringen und so vieles zusammen tun konnten. Ich fühle mich privilegiert, wenn ich an unsere gemeinsamen Projekte denke, an unsere tollen Urlaube, die Geburt unserer wunderbaren Kinder, die Art und Weise, wie er mich immer unterstützt hat. Er war ein Mensch, der stets an meiner Seite stand, der mich liebte, egal, was geschah. Und ich bin unendlich dankbar dafür, dass er mir den Zugang zum Buddhismus eröffnet hat, und auch für die Kurse, die wir hier bei uns im Haus veranstaltet haben. Es gibt also eine Menge, wofür ich dankbar sein kann, und ich weiß aus eigener Erfahrung, dass Dankbarkeit – wie *Metta* – eine heilende Wirkung hat.

In dem Maß, wie es mir gelingt, mich immer wieder in den gegenwärtigen Augenblick zurückzuholen, die Dinge so zu akzeptieren, wie sie sind, und einfach den Frieden und die Kraft dieses

Moments zu spüren, scheinen sich die Dinge in meinem Leben wie von allein zu fügen. Die Hilfe, die ich brauche, wird mir aus heiterem Himmel zuteil, ohne dass ich irgendetwas zu unternehmen brauche. Wie der Mönch es beschrieb, scheint das Leben einfach zu fließen, und dafür bin ich zutiefst dankbar. Dies ist mir jetzt so oft passiert, dass ich inzwischen, wann immer ich ein Problem habe oder etwas brauche oder mich eine Frage beschäftigt, mich einfach in der Meditation an diesen Ort der Klarheit und des Friedens in meinem Inneren begebe und weiß, dass ich getragen bin, dass alles gut wird und mir das, was ich brauche, zufließen wird.

Ich bin so dankbar, dieses innere Reservoir an Frieden, Kraft, Liebe und – ja, sogar Freude – gefunden zu haben. Wenn mir das noch vor einiger Zeit jemand gesagt hätte, ich hätte es nicht geglaubt. Aber die Kraft und der Frieden sind beinahe mit Händen greifbar. Sie helfen mir, geduldig, tolerant, liebevoll, sanft und glücklich zu sein.

Neulich bin ich auf ein Zitat gestoßen, dass dies perfekt beschreibt. Es stammt aus dem Buch des ersten Theravada-Lehrers »unseres« Mönchs, Ajahn Chah – *Ein stiller Waldteich.*

»Sei achtsam und lass die Dinge ihren natürlichen Lauf nehmen. Dann wird dein Geist in jeder Umgebung still werden wie ein klarer Waldteich. Alle Arten wunderbarer und seltener Tiere werden zu diesem Teich kommen, um zu trinken, und du wirst die Natur aller Dinge klar erkennen. Du wirst viele eigenartige und wunderbare Dinge kommen und gehen sehen, doch du wirst unbewegt sein. Dies ist die Glückseligkeit des Buddha.«

Ich hoffe, du, liebe Leserin, lieber Leser, findest die Lehre ebenso hilfreich wie ich, in welcher Lebenssituation du dich auch immer befinden magst.

Mit sehr viel *Metta,*
Rose Elliot

Dank

Dieses Buch ist aus dem Zusammenwirken vieler Einflüsse, Erfahrungen und Menschen in meinem Leben entstanden, und ich danke ihnen allen.

An erster Stelle gilt mein Dank Gautama Buddha für seine Lehre, der dieses Buch seine Existenz verdankt, und allen, die in den vergangenen 2500 Jahren den Buddhismus praktiziert und in seiner heutigen Form an uns überliefert haben. Zutiefst dankbar bin ich dem verstorbenen Ajahn Chah, der den Theravada-Buddhismus nach England brachte. Sein Einfluss lebt in den von ihm gegründeten Klöstern und von ihm ausgebildeten Mönchen weiter; ebenso Ajahn Sumedho, dessen Bücher *The Four Noble Truths* (dt. *Die Vier Edlen Wahrheiten,* übersetzt von Désirée Schoen und Sister Cittapala) und *Don't Take Your Life Personally* zu meinen ständigen Begleitern wurden und mein Leben verändert haben. Mein Dank gilt auch den Mönchen von Kloster Chithurst, vor allem Ajahn Succito und Ajahn Karuniko, und insbesondere Ajahn Subhaddo, der mir eine außerordentliche Inspiration gewesen ist und mir während der Arbeit an diesem Buch all meine Fragen geduldig beantwortet hat.

In Dankbarkeit verbunden bin ich meiner Großmutter, Grace Cooke, für ihre Vision, ihren Mut und dafür, dass sie (gemeinsam mit meinem Großvater, Ivan Cooke) das spirituelle Umfeld schuf, in das ich hineingeboren wurde und in dem ich aufwachsen durfte; meinen Eltern, Joan and John Hodgson, für ihre Weisheit und die überaus liebevolle Erziehung, die sie mir angedeihen ließen; auch meiner Tante, Ylana Hayward, die am Anfang meines Lebens eine wichtige Rolle für mich spielte; und meiner Schwester, Jenny Dent, der engsten Gefährtin meiner Kindheit und Jugend, sowie meinen Cousins Colum und Jeremy Hayward, die für mich mehr Brüder als Cousins waren und ebenfalls im Retreat Center aufwuchsen.

Mein Dank und jede Menge *Metta* gehen an meine eigene geliebte Familie, insbesondere an meine drei Töchter, Kate Ellis, Meg Ashton-Key und Claire Carr, für ihre unglaubliche, unerschütterliche Liebe und Unterstützung. Claire danke ich speziell für das Lesen des Manuskripts, ihre wertvollen Anregungen und fachkundige Hilfe beim Redigieren, und das so kurz vor der Entbindung; und Robert, meinem geliebten Mann und ständigen Begleiter, mit dem ich so vieles teile und der in unserem Haus die »Tage der buddhistischen Lehre« eingeführt hat.

Mein Dank geht auch an all jene, die zu den Belehrungen in unserem Wohnzimmer gekommen sind und das Ganze mit ihrer Anwesenheit zu einem so besonderen Erlebnis gemacht haben.

Im Leben gibt es immer wieder Höhen und Tiefen, die uns Gelegenheit zum Lernen und Wachsen geben, und ich möchte jenen danken, die mir während manch einer durchlittenen düsteren, schwierigen Zeit »das Leben gerettet« haben, sodass ich an den Punkt gelangen konnte, an dem ich heute stehe: dem verstorbenen Ian Gordon-Brown und Barbara Somers für ihre Kurse in Transpersonaler Psychologie; Beata Bishop für ihre Weisheit und Führung; dem verstorbenen Graham Browne und Babette Hayes für ihre Kurse in Selbsttransformation; und den Autoren Louise Hay, Doreen Virtue und – im Speziellen – Wayne Dyer.

Ich danke meinen Freunden Elinor Dettiger, Suna Jones, Mary Kennard, Lynda Lawrence, Liz Newnham und besonders Chryssa Porter. Sie haben an dieses Buch geglaubt, erste Entwürfe gelesen, konstruktive Rückmeldungen gegeben und mir immer wieder den Rücken gestärkt.

Überaus dankbar bin ich auch dem großartigen professionellen Team, mit dem ich zusammenarbeiten durfte: meiner Agentin,

Barbara Levy, dafür, dass sie von dem Augenblick, in dem ich ihr von meiner Idee erzählte, absolut an dieses Buch geglaubt und mich in allen Phasen unterstützt hat; Jo Lal, die ebenfalls sofort begriffen hat, worum es mir ging, und mich in die richtige Richtung lenkte, um mein Vorhaben zu verwirklichen; dem Art & Design Team für das Cover, das den Geist des Buchs perfekt widerspiegelt; meiner Lektorin, Ingrid Court-Jones, für ihre sorgfältige Arbeit und inspirierenden Anregungen; der Projektmanagerin Deborah Hercun sowie dem gesamten Produktionsteam, das an der Entstehung des fertigen Buchs mitgewirkt hat.

Über die Autorin

ROSE ELLIOT ist Autorin von über 60 vegetarischen Kochbüchern, die einen Ehrenplatz in vielen Haushalten gefunden haben. Ihre Karriere begann damit, dass sie in dem spirituellen Zentrum ihrer Familie, in dem sie aufgewachsen ist, für die Retreat-Teilnehmer zu kochen begann. Ihr erstes Buch, *Simply Delicious*, entstand in dieser Zeit, weil so viele Leute sie um ihre Rezepte gebeten hatten. Obwohl Rose nach einigen Jahren dem Zentrum den Rücken kehrte, erwies sich das spirituelle Umfeld ihrer Kindheit nicht nur als Sprungbrett für ihre Karriere, sondern weckte zudem, wie dieses Buch zeigt, nachhaltig ihr spirituelles Interesse. Mittlerweile entwickelt Rose ihre Rezepte zu Hause beim Kochen für ihren Mann Robert und ihre drei Töchter sowie eine wachsende Schar von Enkeln, die sich alle vegetarisch ernähren, und deren wachsenden Freundeskreis.

Rose wurde viel Lob und Anerkennung für ihre Arbeit zuteil. Sie schaffte es auf die Shortlist der Glenfiddick Awards, und *The Gourmand World Cookbook Awards 2010* wählte einen ihrer Titel zum besten vegetarischen Kochbuch der Welt. Sie ist Ehrendoktor der University of Winchester und trägt seit 1999 den von der Queen verliehenen Ehrentitel *Member of British Empire* (MBE) in Anerkennung ihrer Verdienste um die vegetarische Küche.

Rose Elliot ist zudem ausgebildete Astrologin, Autorin von *Life Cycles* und *Fellow der Association of Professional Astrologers International* (FAPAI).

Weitere Informationen unter www.roseelliot.com

Quellenangaben

Ajahn Chah: *Ein stiller Waldteich*, Theseus: Bielefeld 1996

Ajahn Sumedho: *Die Vier Edlen Wahrheiten*, Amaravati Publications: Hemel Hempstead, UK, 2009

Ders.: *Don't Take Your Life Personally*, Buddhist Publishing Group 2010

Baum, Lyman Frank: *Der Zauberer von Oz*, unter: www.theatermithorizont.at/sites/default/public/.../der-zauberer-von-oz-songtexte.pdf

Eliot, T.S.: »Aschermittwoch«, unter: http://www.literatur-live.de/gerhardt/1_eliot.pdf

Gibran, Khalil: *Der Prophet*, Patmos: München 2012

Hay, Louise: *Gesundheit für Körper und Seele*, Allegria: Berlin 2013

Kingsley, Charles: *Die Wasserkinder*, Westermann: Braunschweig 1912

Lee, Harper: *Wer die Nachtigall stört*, Rowohlt TB: Reinbek 2016

Shakespeare, William: *Hamlet: Prinz von Dänemark*, Anaconda: Köln 2009

Ders.: *Der Kaufmann von Venedig*, Diogenes: Zürich 1979

Achtsames Atmen für Einsteiger

Flexocover, 13,5 x 18,5 cm, 176 Seiten, ISBN 978-3-95736-112-7

Belastendes loslassen und den inneren Schalter auf Frieden umlegen – wer wünscht sich das nicht? Das Werkzeug dazu haben wir alle ständig bei uns: den Atem. Er trägt uns durch jeden Augenblick unseres Lebens, wir können uns jederzeit mit ihm verbinden – auch in schwierigen Phasen. Rose Elliot führt uns Schritt für Schritt an eine Atem-Achtsamkeit heran, die uns Ruhe, Gelassenheit und Wohlbefinden schenkt.

www.leoverlag.de

L·E·O